L'UN EST L'AUTRE

ELISABETH BADINTER

L'UN EST L'AUTRE

DES RELATIONS ENTRE HOMMES ET FEMMES

FRANCE LOISIRS
123, boulevard de Grenelle, Paris

Édition du club France Loisirs, Paris

ISBN 2-7242-3283-6
(ISBN 2-02-009178-X, éd. Odile Jacob)

© ÉDITIONS ODILE JACOB, AVRIL 1986

A Michèle ma sœur,
A Henri mon ami.

Préface

Depuis une quinzaine d'années, tous les spécialistes des sciences humaines observent, fascinés, l'évolution, en Occident, des valeurs, des désirs et des comportements de l'homme et de la femme. Alors que, dans d'autres parties du monde, on constate un retour volontaire aux anciennes valeurs, le monde industrialisé de l'Ouest constitue un bloc uni par des bouleversements similaires et accélérés. Les transformations paraissent si rapides, presque brutales, et si contraires à nos traditions récentes, que l'on est tenté de parler de révolution. Un autre ordre du monde se met en place dont nous sommes à la fois les spectateurs intéressés et les acteurs inquiets.

Les statistiques, les témoignages et l'expérience personnelle de chacun montrent, sans conteste, qu'hommes et femmes sont en train de modifier en profondeur l'image qu'ils se font d'eux-mêmes et de l'Autre. Leurs attributions respectives — longtemps définies par la « nature » de chacun des sexes — se distinguent de plus en plus difficilement. Leurs relations n'ont plus les mêmes fondements et suivent d'autres voies que celles tracées par leurs pères. Les critères se dissolvent en se multipliant, et nos repères commencent à faire défaut. De quoi légitimement rester perplexe et ressentir quelque angoisse !

Ayant, comme beaucoup d'autres, fait ces constatations,

9

j'ai d'abord pensé que le changement de modèle que nous vivions n'était pas fondamentalement différent d'autres, nombreux, qui ont ponctué notre histoire. Même si, jadis, ils étaient plus lents et donc moins perceptibles à ceux qui en étaient les acteurs, les modifications d'habitudes et de représentations n'ont jamais dû s'opérer sans quelque malaise, explicite ou non. Puis, le temps faisant son ouvrage, le nouvel ordre s'impose comme allant de soi, dans la continuité de l'ancien.

Pourtant, ce rappel du passé qui se veut rassurant demeure ici inefficace. Les bouleversements que nous connaissons sont peut-être d'une autre nature qu'une simple évolution — ou même une révolution — des mœurs. Le changement de modèle ne remet pas seulement en cause nos comportements et nos valeurs, il touche à notre être le plus intime : notre identité, notre nature d'homme et de femme. C'est pourquoi l'inquiétude prend la forme d'une véritable angoisse existentielle qui oblige à reposer la grande question métaphysique : Qui suis-je ? Quelle est mon identité, ma spécificité d'homme ou de femme ? Comment nous distinguer l'Un de l'Autre ? Comment vivre l'Un avec l'Autre ?

Descartes avait raison. La question de l'Être donne le vertige, et nous n'avons pas son génie pour nous rassurer par quelques jours de méditation. Les réponses sont dans le Livre, dit-on, mais nous ne les trouvons plus. Soit que, trop impliqués dans ce « grand chambardement », nous n'arrivions pas à prendre de la hauteur ; soit que le Livre, pour une fois, ne contienne pas les réponses aux questions nouvelles !

Mais comment ces nouvelles questions sont-elles donc apparues ?

Il faut remonter deux siècles en arrière pour en saisir la lointaine origine, avec la naissance des démocraties occidentales. L'égalité étant leur principe, elles n'ont cessé de combattre pour l'imposer, et mettre fin aux systèmes de pouvoir fondés sur l'idée d'une hiérarchie naturelle entre les êtres humains. Même si l'on reconnaît que la véritable égalité est une utopie, la puissance idéologique et morale qu'elle détient n'en fut pas moins féconde pour changer substantiellement le rapport des hommes entre eux.

Au demeurant, il fallut attendre le XXe siècle pour que l'égalité des sexes soit réellement mise à l'ordre du jour. Deux décennies ont suffi pour mettre un terme au système de représentations permettant aux hommes d'exercer sur les femmes un pouvoir plusieurs fois millénaire : le patriarcat. Ce faisant, on n'a pas seulement réalisé les conditions de possibilité de l'égalité des sexes, on a aussi remis en cause le modèle archaïque de leur complémentarité et brouillé la donne identitaire.

Persuadés que la distinction des rôles sexuels est la racine principale de l'inégalité, nous avons systématiquement, méticuleusement, substitué la règle de la mixité à celle de la division sexuelle des tâches. Tant et si bien, qu'en même temps que disparaît de notre environnement l'image d'un monde scindé en sphères masculines et féminines (le foyer et le monde du travail ; la nursery et le bureau...), nous avons l'impression de perdre nos repères les plus personnels. Il y a encore peu de temps, les certitudes ne manquaient pas. Elle donnait la vie et Il la protégeait. Elle prenait soin des enfants et du foyer, Lui partait à la conquête du monde et faisait la guerre quand cela était nécessaire. Cette division des tâches avait le mérite de développer chez chacun des caractéristiques différentes qui contribuaient puissamment à former le sentiment d'identité.

A ce jour, une seule différence subsiste, mais essentielle : ce sont les femmes qui portent les enfants et jamais les hommes. Mais, à supposer que l'on puisse limiter l'identité féminine à la puissance maternelle [1], l'identité masculine pose aujourd'hui une énigme. Quelle est l'expérience, autre que sexuelle, qui soit propre à l'homme et totalement inconnue à la femme ? Peut-on se contenter de donner du mâle une définition négative : celui qui ne porte pas d'enfants ? Ce type de questions, qui ne peut que marquer notre inconscient, soulève des problèmes radicalement nouveaux. A n'en pas douter, la remise en cause du modèle de la complémentarité des sexes n'a pas que des conséquences sociales ou « politiques ». Elle nous oblige à nous interroger sur notre nature, sa malléabilité et la part toujours plus grande de la culture. A l'heure de la fécondation *in vitro* et des possibles manipulations génétiques, que va-t-il rester d'inaltérable qui nous tienne indissolublement liés à nos plus lointains ancêtres ?

A défaut de savoir répondre à ces questions vertigineuses, nous pouvons mesurer l'ampleur du phénomène actuel en interrogeant l'histoire et l'ethnologie. Aucune société, nous apprend-on, n'a jamais ignoré la complémentarité des sexes. En revanche, la question de la nature de ces liens complémentaires reste posée. Bien des ethnologues considèrent qu'ils ont toujours été asymétriques, et ce aux dépens des femmes. D'autres, non. Il est vrai qu'à scruter la période proprement historique de nos sociétés, nous ne trouvons traces que d'un patriarcat qui a souvent pris la forme d'un pouvoir masculin absolu. Mais, puisque nous avons mis un terme à l'idéologie patriarcale et que ce pouvoir lui-même est tout à fait moribond, nous sommes en droit de supposer sa contingence.

La coïncidence entre la fin d'un système de pouvoir (le

---

1. Ce qui ne va pas de soi à l'époque de la contraception qui permet aux femmes le désirant de n'être jamais mères.

patriarcat) et un modèle de relations des sexes (la complémentarité) ne signifie pas qu'ils soient originellement liés. Si la complémentarité semble le propre de l'humanité, en revanche la suprématie masculine qui est de mise dans la majeure partie du monde n'est qu'une manière, parmi d'autres possibles, de vivre cette complémentarité. Même si elles sont fort rares, il existe encore des sociétés dites primitives, qui témoignent d'une complémentarité équilibrée et d'une « quasi-égalité des deux sexes [2] ».

L'égalité dans la différence, c'est-à-dire la symétrie, n'est pas seulement un slogan féministe. C'est peut-être même pour avoir fait fi de cette symétrie que la chute du patriarcat, dans les sociétés démocratiques, entraîne avec elle celle du modèle complémentaire. A tort ou à raison, la distinction des rôles propre à ce modèle nous paraît si étroitement liée à l'inégale relation des sexes que, pour modifier celle-ci, nous mettons tout en œuvre pour mettre fin à celle-là, quitte à bouleverser la donne « naturelle ».

L'hypothèse d'une disjonction entre le rapport de complémentarité, qui unit l'homme et la femme, et le système de pouvoir de l'Un sur l'Autre oblige à s'interroger sur les conditions de la naissance de ce dernier ; à mettre au jour la logique qui le sous-tend ; à montrer comment elle s'est révélée incompatible avec celle des sociétés démocratiques qui engendre un tout nouveau modèle : *la ressemblance des sexes*.

Cette réflexion appelle une double démarche éminemment périlleuse. Il nous faut d'abord revenir à la question des origines, dont on sait qu'elle est à la fois une fiction méthodologique et une réalité préhistorique quasiment inconnue. Après quoi, il faut tenter l'aventure consistant à décrire l'évolution du rapport homme/femme dans notre

2. F. Héritier, « L'Africaine. Sexes et signes », *Cahiers du GRIF*, n° 29, p. 10.

civilisation, et surtout mettre en lumière les raisons de celle-ci. Si la démarche suit le fil du temps, l'important est moins le survol de l'histoire que le désir d'en apercevoir le moteur.

La question *du* pouvoir se révèle déterminante. En effet, la distribution *des* pouvoirs entre les sexes ne paraît pas avoir été effectuée une fois pour toutes par quelque *Deus ex machina*. Elle a varié dans le temps et dans l'espace pour des raisons qui restent parfois difficiles à cerner. Certes, les révolutions écologiques, économiques, idéologiques ou scientifiques constituent de précieux repères. Mais elles ne suffisent pas à clarifier entièrement l'histoire du rapport des sexes. Il subsiste une foule d'impondérables qui échappent à la raison, tels les désirs qu'on ne peut plus analyser ou les multiples non-dits qui seront toujours ignorés.

Les risques de notre entreprise sont donc considérables.

Son ampleur l'expose par avance à de multiples reproches : ignorance, légèreté, schématisme, caricature, etc. En avoir pris conscience ne suffit pas à nous en préserver totalement. En outre, cette histoire, ô combien passionnelle, emporte avec elle le poids de nos propres passions. Mais comment se libérer des vieilles rancœurs transmises de génération en génération ou des complicités inconscientes tissées avec les uns contre les autres ?

Last but not least, reconnaissons le parti pris ouvertement culturaliste qui imprègne ce travail. L'évolution présente du rapport des sexes nous paraît si considérable que nous sommes tentés d'y voir le début d'une véritable mutation. Mutation culturelle qui ne se contente pas de bouleverser les rapports de pouvoir entre hommes et femmes, mais oblige à repenser la « nature » de chacun. En outre, les possibilités scientifiques qui s'ouvrent devant nous ne pourraient-elles, dès demain, achever de mettre à mal nos fragiles identités ? Les perspectives de la mère artificielle ou, pourquoi pas, de « l'homme enceint » font ressurgir le spectre de l'homme-machine et du déni de nature que d'autres appelleraient tout simplement « déni de réalité ».

Reste que, contrairement à d'autres mutations, celle-ci est moins l'effet de la pression de l'environnement que le résultat de la confrontation des désirs de l'homme et de la femme. A ce jour, les femmes ont dit ce dont elles ne voulaient plus et ont entamé une révolution sans précédent. La balle est à présent dans le camp des hommes qui doivent accepter de réfléchir sur la nouvelle donne, dire ce qu'ils veulent, et comment ils conçoivent le nouveau contrat sexuel.

Pouvons-nous espérer qu'un nouvel équilibre puisse s'instaurer entre deux parties également responsables ? Ou devons-nous craindre qu'une fois encore le désir de domination l'emporte sur la sagesse ?

Seule l'utopie du futur réconforte contre le pessimisme de l'Histoire.

PREMIÈRE PARTIE

L'UN *ET* L'AUTRE

« *L'homme du futur est incompréhensible si l'on n'a pas compris l'homme du passé.* »

A. LEROI-GOURHAN.

Le retour aux premières sociétés est la tentation impossible à évacuer. Tentation dangereuse puisque, à ce jour, nous ne savons presque rien des mœurs de l'homme de la préhistoire. Les difficultés sont infinies dès qu'il s'agit de comprendre le rapport des sexes. Des lois qui le régissaient, des sentiments qu'ils éprouvaient, des conflits qui les agitaient, nous n'avons que de fragiles et indirects témoignages. Ce qui explique le quasi-silence des préhistoriens sur ce sujet.

Mis en garde par Rousseau [1] contre les dangers de l'ethnocentrisme et de l'anachronisme, puis par Lévi-Strauss [2] contre les comparaisons abusives entre cultures archaïques et cultures primitives, par quel biais aborder le continent noir du paléolithique ? Comment comprendre les relations de l'homme et de la femme durant une si longue période, marquée par différentes civilisations, la diversité des conditions de vie et des mœurs sociales ? Comment deviner les rôles assignés à l'Un et à l'Autre, la part prise par chacun dans la gestion de la vie quotidienne et les pratiques religieuses ou magiques, enfin l'importance de leurs pouvoirs respectifs ?

1. « Le grand défaut des Européens est de philosopher toujours sur les origines des choses d'après ce qui se passe autour d'eux », *Essai sur l'origine des langues*, Ducros, Bordeaux, 1968, chap. 8, p. 87.
2. *Race et Histoire*, Gonthier, 1967, chap. 4.

Les hommes de la préhistoire ont laissé trace — depuis plus de trente mille ans — de leurs conditions de vie matérielles et de leurs préoccupations spirituelles. Mais les vestiges techno-économiques, les tombes ou les œuvres d'art, servant de fils directeurs à notre histoire, ne sont que des « messages tronqués [3] ». Comment les interpréter, privés que nous sommes de tout modèle comparatif ? L'imagination est notre seul guide, mais elle ne peut être une création *ex nihilo*. Au contraire, elle se nourrit d'analogies et de nos inévitables projections.

Pour parler des chasseurs magdaléniens de Pincevent, A. Leroi-Gourhan n'a pas hésité à signaler leurs ressemblances avec des groupes d'Esquimaux, d'Australiens ou de Bochimans d'Afrique, qui vivaient encore récemment dans les mêmes conditions. Pour évoquer les rapports entre hommes et femmes du paléolithique, nous sommes conduits à faire flèche de tout bois. Notre imagination s'inspire aussi bien de l'étude de certaines sociétés primitives que de réflexions suscitées par l'évolution présente de la société occidentale. Autrement dit, nous adoptons des règles du jeu que l'anthropologie contemporaine juge dangereuses, pour ne pas dire condamnables.

Mais comment faire autrement, dès lors que l'on persiste à imaginer les représentations des sexes, les systèmes de valeurs et de pouvoirs des sociétés archaïques, disparues depuis des milliers d'années ? Une part de fabulation est inévitable, mais l'essentiel n'est-il pas d'en rester conscient ?

Au fur et à mesure que l'on se rapproche de l'homme historique, les repères se font plus clairs. Les nouveaux objets techniques nous renseignent sur les révolutions économiques et les nouvelles relations qui ont pu s'établir

3. A. Leroi-Gourhan, *Les Religions de la préhistoire*, PUF, 1964, p. 3 ; rééd. 1983.

entre les sexes. Les représentations religieuses et artistiques — dont on perçoit mieux la signification — en disent plus long encore sur la place respective de l'homme et de la femme. Leur évolution indique les changements de perspectives et le bouleversement des rapports de force. A regarder les objets du culte et de l'art, on devine lequel du masculin ou du féminin est auréolé de la puissance magique ou religieuse, qui détient le pouvoir procréateur, essentiel en cette période préhistorique. La représentation d'un nouveau personnage n'est jamais gratuite. Elle indique au contraire une réévaluation des pouvoirs de l'Un ou de l'Autre, qui modifie le rapport de force antérieur. Celui-ci n'est donc jamais acquis une fois pour toutes, mais fluctue en fonction des bouleversements techniques et idéologiques.

Au demeurant, lorsqu'on entrevoit cette lointaine période de l'histoire de l'humanité, on n'est pas seulement frappé par l'évolution du rapport des sexes, on garde aussi l'impression d'un relatif équilibre des pouvoirs attribués à chacun. Contrairement à la période qui suivra, nous percevons mal l'oppression générale d'un sexe par l'autre. Mais là commence peut-être notre fabulation...

La complémentarité originelle des sexes

Partout où l'on porte les yeux, l'homme et la femme ne sont pas seulement différents, mais se complètent si bien, qu'ensemble ils sont presque tout-puissants : maîtres de la vie, artisans de leur survie, de leur plaisir et de la nécessaire chaleur affective sans laquelle, aussi, l'humain dépérit. Séparés l'Un de l'Autre, ils semblent à la fois inutiles et en danger de mort, comme si seule l'unité des deux avait sens et efficacité. L'Un doit épouser l'Autre et collaborer avec lui pour que l'humanité soit complète, c'est-à-dire « accomplie, achevée, parfaite ». Rien n'indique *a priori* la suprématie de l'Un ou la moindre nécessité de l'Autre.

Si la complémentarité des sexes est évidente au regard de leur anatomie, elle l'est moins au niveau de leurs fonctions respectives. Mais il suffit d'un minimum d'observation pour constater que, dans toute collectivité humaine, ont toujours existé des tâches réservées à un sexe et interdites à l'autre.

Même si elle varie grandement d'une société à l'autre, la division sexuelle du travail semble être une constante. Non seulement elle distingue la société humaine du monde animal, mais on la retrouve en tous lieux, à l'œuvre dans la multiplicité des sociétés connues à ce jour. C'est peut-être là une règle essentielle de la nature humaine. Si tel était le cas, nous serions tentés de lui donner un statut analogue à celui que Lévi-Strauss accorde à la prohibition de l'inceste. En montrant qu'elle constitue le lien entre le biologique et le social, le grand anthropologue a marqué son universalité et sa nécessité. S'il en était de même de la division sexuelle des tâches, l'évolution que l'on constate aujourd'hui dans nos sociétés pourrait bien annoncer une sorte de mutation.

Mais, avant d'en juger, il nous faut d'abord écouter les témoignages des anthropologues et des primatologues, qui semblent conformes à ce que l'on sait des premières sociétés. Après quoi, on pourra s'interroger sur le contenu et la nature de la complémentarité des tâches, poser la question importante des pouvoirs de l'Un et de l'Autre et de la suprématie de l'Un sur l'Autre.

Le propre de l'homme.

Une règle universelle de la nature humaine ?

Ethnologues et anthropologues peuvent seuls nous parler de la diversité des cultures qu'ils observent directement, et donc des points communs qui les unissent par-delà les multiples différences. Unanimes à proclamer l'universalité de la prohibition de l'inceste, ils ne le sont pas moins pour souligner celle de la division sexuelle des rôles.

Il y a presque trente ans, Margaret Mead écrivait déjà : « Qu'il s'agisse de petites ou de grandes questions... *on retrouve toujours la distinction* revêtant des formes infiniment variées — et souvent grossièrement contradictoires — *des rôles* attribués respectivement aux hommes et aux femmes. *Cette différenciation, on la rencontre immanqua-*

24

blement. On ne connaît aucune culture qui ait expressément proclamé une absence de différences entre l'homme et la femme en dehors de la part qui leur revient dans la procréation de la génération suivante ; qui ait professé l'idée qu'ils ne sont, hors cela, que des êtres humains aux attributs variables dont aucun ne peut être exclusivement assigné à l'un ou l'autre sexe... Aussi différemment qu'ils aient été attribués, les uns à un sexe, d'autres à l'autre et certains à tous les deux, quelque arbitraires qu'il faille considérer ces attributions... La dichotomie se retrouve invariablement dans chaque société [1]. »

Aujourd'hui, Françoise Héritier fait le même constat. L'important, dit-elle, est de reconnaître que la binarité est première, que « tout sera distribué en deux et affecté à un sexe ou à l'autre selon deux pôles qui seront aménagés en opposés [2] ». Davantage que M. Mead, F. Héritier insiste sur le caractère asymétrique et inégal de la dichotomie sexuelle. Hommes et femmes, note-t-elle, sont toujours « inverses » : la femme agit à l'envers de l'homme, « il est le sexe majeur, elle est le sexe mineur [3] », ce qui constitue à ses yeux un scandale primaire. Alors que l'anthropologue américaine se posait toujours la question de l'*origine* et de la *réalité* de ces différences (viennent-elles de la nature ou de la société ? s'agit-il d'un impératif profondément enraciné dans notre nature de mammifères dont la transgression causerait une maladie individuelle ou sociale ? ou d'un impératif moins profond qui s'avère socialement commode ?), Françoise Héritier pense que la source de l'asymétrie des sexes se trouve dans la nature de l'Un et de l'Autre. « Il y a peu de doutes que la supériorité physique

1. *L'Un et l'Autre Sexe*, Denoël-Gonthier, 1975, p. 13-14. (Souligné par nous.)
2. *Le Fait féminin*, Fayard, 1978, p. 400.
3. *Ibid.*, p. 387.

masculine et surtout l'alourdissement, l'immobilisation forcée et la fragilisation des femmes pendant la plus grande partie de leur vie en aient été les causes essentielles aux origines de l'humanité [4]. » Autrement dit, le dualisme des sexes s'enracine dans la vérité du corps. Puis l'idéologie s'empare de cette dichotomie première, qui exprime la suprématie du masculin, et l'étend à tous les niveaux de la vie et à tous les aspects particuliers de la connaissance. D'ailleurs, on retrouve dans *toute société* ce classement binaire valorisé des aptitudes, comportements et qualités selon les sexes.

Mais, que l'on assigne ou non une valeur positive et négative aux deux pôles sexuels, on s'accorde à reconnaître le caractère universel de leur complémentarité, y compris dans les sociétés qui ont une préférence marquée pour les comportements symétriques. Ainsi dans la tribu des Manus, des îles de l'Amirauté, le rôle des femmes et des hommes est très peu différencié : tous participent largement à la vie religieuse, tous dirigent les affaires. Dans ce groupement de puritains, le sexe et l'attraction sexuelle sont si bien dévalorisés [5], que la différence de représentation qu'en ont l'homme et la femme s'en trouve fort atténuée. Pourtant, si l'égalité prévaut dans la vie économique et religieuse des Manus, « tout contribue à rendre le sort des femmes moins agréable que celui de l'homme. Elles restent toujours les représentantes d'activités charnelles désavouées, membres d'un sexe dont le corps est plus souvent mis à contribution... Elles ne sont pas heureuses d'être femmes, non parce qu'on leur refuse une notoriété publique accordée aux hommes — influence, pouvoir,

4. *Ibid.*, p. 387.
5. *L'Un et l'Autre Sexe, op. cit.*, p. 71 : « Les relations sexuelles ont un caractère hâtif et honteux... L'acte sexuel devient une sorte d'excrétion partagée. »

richesse, tout leur est accessible — mais parce que la portée sensuelle et créatrice du rôle féminin de la femme et de la mère est dépréciée [6] ».

Ici, comme partout où le féminin est perçu comme le mal à occulter, la complémentarité réapparaît avec force, de manière négative, au détriment des femmes et de leurs relations affectives avec les hommes. Chez les Mundugumor [7], qui mettent l'accent sur une agressivité commune aux deux sexes [8], sans caractère complémentaire autre que celui de l'anatomie sexuelle, la vie proprement féminine nous paraît détestable. A l'exception de la sexualité génitale, grossesse et allaitement sont tenus en exécration et évités dans la mesure du possible. Ce qui fait dire à M. Mead que, si la division de la société en deux groupes (hommes adultes d'une part, femmes et enfants de l'autre) est presque supprimée, c'est à un prix exorbitant : la survie du groupe.

La leçon à tirer est double : l'évacuation totale des caractéristiques propres à l'un des sexes est difficile et risquée, car à méconnaître cette vérité, on risque la mort. L'évidence du propos peut apparaître à certains comme une lapalissade. Pourtant, quand on observe les comportements des hommes et des femmes de notre société occidentale, les évidences se brouillent et le propos reprend de la force, voire de l'originalité.

Il est vrai, comme le note Georges Balandier, que « les rapports institués entre les sexes semblent conformes à des structures fort anciennes, et intangibles [9] » ; que toute

6. *Ibid.*, p. 89.
7. Peuplade des mers du Sud étudiée par M. Mead.
8. M. Mead, *op. cit.*, p. 70 : « Les rapports sexuels sont menés comme le premier round d'un match de boxe ; mordre et égratigner tiennent une grande place dans les préludes. »
9. *Anthropo-logiques*, PUF, 1974, p. 14.

tentative pour « miner » ce système est une révolution bien plus corrosive que celle visant à la seule élimination des rapports de classe. Le dualisme sexualisé est le paradigme de tous les dualismes, « le paradigme de l'histoire du monde ».

C'est dire à quel point son actuelle remise en cause par nos sociétés touche à ce qu'il y a de plus archaïque en nous et risque de bouleverser l'ordre immémorial du monde humain.

Le point de rupture entre le primate et l'humain.

Dans tous les groupes humains connus, les rapports techno-économiques de l'homme et de la femme sont d'étroite complémentarité. Pour les primitifs, ces rapports sont même d'« étroite spécialisation [10] ». Or, cette situation n'a aucun parallèle dans le monde animal. Chez les carnassiers, mâles et femelles chassent pareillement ; chez les primates, la quête de la nourriture est individuelle et n'offre pas trace de spécialisation sexuelle.

L'anthropologue et primatologue Sarah Hrdy y voit la condition d'une plus grande autonomie de l'animal par rapport aux êtres humains : « Dans de nombreuses sociétés, une femme qui n'a pas un homme pour chasser ou ramener de l'argent, ou un homme qui n'a pas d'épouse pour lui faire la cuisine, sont considérablement désavantagés. Au contraire, chez tous les primates non humains, chaque adulte est entièrement responsable de sa propre subsistance. On connaît comme seule exception le partage occasionnel de la viande parmi les chimpanzés. Mais même là, les mâles ont tendance à s'approprier la chair des proies

10. A. Leroi-Gourhan, *Le Geste et la Parole*, Albin Michel, 1970, tome I, p. 214.

28

chassées en commun. En aucun cas un sexe ne dépend de l'autre pour se procurer son alimentation de base [11]. »

Mais cette autonomie des femelles pour leur nourriture se paye de lourdes contreparties lorsqu'elles sont mères. Jane Goodall, qui passa des années à regarder vivre la chimpanzé Flo et ses enfants, rapporte les difficultés que rencontrait celle-ci. Il lui fallait à la fois porter le dernier-né sur son dos, chercher la nourriture tout en le surveillant, passer de longues heures à la pêche aux termites, initier les aînés à celle-ci, jouer avec eux, les gratter, les câliner et les protéger contre les humeurs des mâles [12].

Le régime alimentaire humain implique le partage des tâches et des ressources. Dans tous les groupes primitifs connus, la chasse revient normalement à l'homme, la cueillette à la femme [13]. L'alliance de la viande et des légumes est essentielle à l'équilibre alimentaire de chacun des sexes. L'un et l'autre échangent donc leurs ressources : protéines animales contre protéines végétales. C'est probablement dans cet échange primitif que réside la différence première entre l'humain et le primate, à la fois source de complémentarité des sexes et d'un phénomène social totalement humain.

On admet généralement [14] que cette spécialisation

11. *Des guenons et des femmes. Essai de sociobiologie*, Éd. Tierce, 1984, p. 20.

12. *Les Chimpanzés et moi*, Stock, 1971.

13. Il est vrai qu'on lit parfois qu'« au paléolithique, hommes et femmes chassaient et cueillaient également » (Dossier du ministère des Droits de la femme sur l'histoire du travail féminin / G.G. / M.F. / 1984). Cependant, si les paléontologues pensent que les femmes ont effectivement chassé, elles pratiquaient une chasse bien différente de celle des hommes. Elles ont sans doute chassé les petits animaux rencontrés sur les lieux de la collecte, mais seuls les hommes partaient en expédition, parfois très loin de leur habitation, chasser le gros gibier.

14. Cf. A. Leroi-Gourhan, R. Leakey, J. Goodall, S. Mellen, S. Moscovici, etc.

sexuelle fut la « solution organique [15] » au problème de l'hominisation. Pour mieux comprendre l'origine physio-biologique de la complémentarité, il faut remonter très loin en arrière, lorsque la femelle primate évolua fort lentement vers le modèle humain.

Tout commence en Afrique, il y a entre huit et neuf millions d'années. Avant, chacun pourvoyait à ses besoins et se déplaçait seul. Selon certains, c'est lorsque se posa le problème des saisons sèches prolongées, et donc l'appari-tion de dangereuses savanes, que les protohominidés durent apprendre à transporter leur nourriture dans des endroits sûrs. Telle est pour de nombreux anthropologues, notamment Helen Fisher, l'origine de la bipédie qui engen-dra une triple mutation : physique, sociologique... et affec-tive [16]. Même si certains [17] récusent l'argument des savanes, il règne un relatif consensus quant aux conséquences de la bipédie.

Peu à peu, le squelette des protohominidés se modifia [18], de manière à s'adapter à la marche. Le gros orteil tourna sur lui-même et se plaça parallèlement aux autres doigts de pied. Les chevilles se renforcèrent. Les genoux tournèrent vers l'intérieur dans le prolongement des hanches. Le bassin s'aligna et se consolida pour porter le poids du

15. Au moment où l'on met sous presse, A. Testart publie un essai très décapant sur *Les Fondements de la division sexuelle du travail chez les chasseurs-cueilleurs*, Éd. de l'École des hautes études en sciences sociales, 1986. Il veut montrer que la division sexuelle du travail n'est pas une donnée naturelle, mais une donnée sociale liée à une idéologie complexe qui écarte les femmes de toutes les opérations sanglantes de la chasse.

16. Helen Fisher, *La Stratégie du sexe*, Calmann-Lévy, 1983.

17. Par exemple, cf. Owen Lovejoy, spécialiste de la locomotion, abondamment cité par Donald Johanson et Maitland Edey dans leur livre, *Lucy, une jeune femme de 3 500 000 ans*, Laffont, 1983. Celui-ci pense que la locomotion est l'un des éléments d'une stratégie d'ensemble de survie, étroitement lié à la sexualité et intégré dans un circuit complexe de rétroaction.

18. Pour toute la description qui suit, cf. H. Fisher, *op. cit.*, p. 86-108.

tronc. Cette évolution du squelette eut d'abord pour les femelles des conséquences néfastes, qui les firent progresser vers l'humanité.

La restructuration du petit bassin entraîna un raccourcissement des diamètres de la filière génitale, qui rendit les accouchements difficiles et mortels pour de nombreuses femelles. La sélection naturelle fit son œuvre, et de nouveaux traits génétiques apparurent. Les femelles accouchaient avant terme d'enfants prématurés dont le crâne, plus petit, suivait plus facilement la filière génitale. Mais les femelles n'étaient pas libérées pour autant, car les enfants prématurés exigeaient des soins supplémentaires durant des mois, voire des années. La bipédie les obligeait à porter leur nourrisson dans leurs bras ou à le fixer sur le dos. Elles avaient ainsi plus de mal à capturer des animaux et à subvenir à leurs besoins et à ceux de leur progéniture. Le temps était venu de conclure un marché avec les mâles. Le contrat sexuel allait bientôt rentrer dans les mœurs.

Au cours des générations, la sélection opéra en faveur des protohominidés qui copulaient pendant la plus grande partie de leur cycle mensuel. Les femelles commençaient à perdre leur œstrus, leur vie quotidienne changea. La réceptivité sexuelle permanente de la femelle et la copulation frontale inauguraient, selon H. Fisher, l'un des échanges les plus fondamentaux de la race humaine : l'amour. Leurs appâts permettaient aux femelles de survivre en nouant des liens économiques avec les mâles. Ils apprirent à répartir leurs tâches, à échanger viande et végétaux. L'activité sexuelle les avait liés, et la dépendance économique renforçait leurs liens.

Dorénavant, la mère peut s'occuper de plusieurs petits à la fois. Elle se déplace moins et passe sa vie sur un territoire restreint qu'elle connaît à fond. Pendant qu'elle cueille les végétaux, les mâles vont chercher la viande qu'ils partageront ensuite avec elle et les petits, lesquels survivent plus aisément grâce à cette répartition des tâches.

Il y a plus de deux millions d'années, les hominidés se distinguaient déjà nettement des singes anthropoïdes. Owen Lovejoy fit le tableau des différences [19] :

HOMINIDÉS	SINGES ANTHROPOÏDES
- Habitat exclusivement terrestre.	- Certains vivent essentiellement dans les arbres, d'autres essentiellement au sol. Aucun n'est exclusivement terrestre.
- Bipèdes.	- Quadrupèdes.
- Vie de couple conduisant à la création de familles nucléaires. Immobilité croissante des femelles et des petits. Possibilité de foyer fixe.	- Pas de vie de couple. Pas de familles nucléaires, sauf chez les Gibbons. Les femelles se déplacent pour chercher de la nourriture et emmènent leurs petits. Pas de foyer fixe.
- Partage alimentaire.	- Pas de partage alimentaire.
- Début d'utilisation et de fabrication d'outils.	- Usage d'outils insignifiants.
- Le cerveau continue de se développer.	- Le cerveau ne se développe pas.
- Sexualité continue.	- Sexualité uniquement pendant l'œstrus.
- Éducation simultanée de plusieurs petits.	- Éducation d'un seul petit à la fois.

Bien sûr, on est encore loin de l'*homo sapiens*. Mais les caractéristiques qui sont les nôtres, et notamment la division sexuelle du travail, sont déjà présentes, réalisées ou en puissance. Il faudra à peine deux millions d'années pour que l'Australopithèque laisse place au Pithécanthrope puis

19. Tableau qui figure dans le livre de Johanson et Edey, *op. cit.*, p. 379.

au Néanderthal et enfin à l'homme de Cro-Magnon, notre père à tous, premier représentant en Europe des *sapiens sapiens*, voilà plus de trente mille ans.

Avec le temps, le rapport de complémentarité entre les sexes s'est accusé et codifié, comme s'il était l'estampille de l'humanité, la condition la plus nécessaire à sa survie.

La complémentarité au temps des chasseurs-cueilleurs.

Les préhistoriens font commencer le paléolithique supérieur vers 35 000 avant J.-C. C'est au cours de cette période que l'*homo sapiens* prend possession de la plus grande partie du monde et que se mettent en place de prestigieuses civilisations [20]. En même temps que s'affirme le culte des morts [21], la création artistique [22] se développe de façon prodigieuse, marquant ainsi l'émergence d'une spiritualité dont on commence à peine aujourd'hui à découvrir la complexité.

Pendant ce temps, qui représente près de dix fois notre histoire, les changements climatiques eurent des répercussions sur les conditions de vie de nos ancêtres, et donc très probablement aussi sur les relations entre hommes et femmes. C'est dire à quel point tout propos sur celles-ci est conjecturel et à coup sûr approximatif.

Ce qui incline néanmoins à s'y risquer est la certitude que

20. L'ensemble de ces brillantes cultures, qui ont toutes trouvé leur appellation à partir de sites français (périgordien, aurignacien, solutréen et magdaléen), évolue au cours d'une période qui dura à peu près 25 000 ans (de — 35 000 à — 10 000). Cf. annexe, p. 348-349.

21. On en trouve déjà les signes dans la période précédente du néanderthal.

22. Il y a deux sortes d'art : l'art pariétal exécuté sur les parois rocheuses, dans les grottes, et l'art mobilier : objets décorés, statuettes...

toutes ces civilisations ont en commun de vivre grâce à la chasse et la cueillette, mode de vie qui n'a pas complètement disparu aujourd'hui. Même si la trentaine de sociétés de chasseurs-cueilleurs qui subsistent dans le monde n'offrent pas une vision commune des rapports hommes/femmes, A. Leroi-Gourhan note que les Esquimaux, les Australiens, les Bochimans ou les Pygmées d'Afrique vivaient encore récemment sur les mêmes bases techno-économiques que les chasseurs magdaléniens de Pincevent [23]. Ces conditions de vie sont à la fois propices à une certaine distance entre les sexes et à leur complémentarité.

Indices de la séparation des sexes.

Nombreuses sont les légendes africaines qui évoquent la séparation originelle des sexes, ségrégation radicale puisque géographique et économique. Ainsi au Kenya, les Maasai racontent qu'à l'origine, hommes et femmes formaient deux tribus séparées qui vivaient chacune de leur côté. Les femmes élevaient des antilopes, les hommes du bétail. Chaque tribu était autonome par rapport à l'autre et l'on ne se rencontrait que fortuitement dans les forêts pour se livrer à des ébats amoureux. Les enfants nés de ces unions restaient avec leur mère, mais lorsque les petits mâles grandissaient, ils allaient rejoindre la tribu des hommes. Jusqu'au jour où par leur sottise et leurs querelles [24], les femmes perdirent leurs troupeaux et furent obligées de rejoindre la tribu des hommes. Elles acceptèrent alors de devenir leurs épouses et de dépendre entièrement d'eux [25].

23. A. Leroi-Gourhan, *Le Fil du temps*, Fayard, 1983, p. 258.
24. C'est toujours la même malédiction divine qui pèse sur Ève !
25. Mythe raconté par Jacqueline Roumeguère-Eberhardt, *Les Maasai, guerriers de la savane*, Berger-Levrault, 1984, p. 32-33.

En Afrique de l'Ouest, les légendes diffèrent parfois quant à la cause du rapprochement des sexes, mais là aussi le mythe de la séparation initiale est fréquent.

Tout en sachant que ces représentations archaïques ne sont pas réalistes, mais parlent un langage idéologique qui n'est parfois qu'une simple inversion de la réalité, il n'est pas indifférent qu'une multitude de légendes primitives pense le rapport des sexes sous le signe de la séparation originelle. Comme si elles transmettaient le lointain souvenir du temps de l'*homo erectus*...

La société des chasseurs-collecteurs du paléolithique supérieur n'en était certes plus à ce stade. Mais certains signes laissent penser qu'hommes et femmes avaient deux styles de vie bien distincts et qu'ils formaient peut-être deux sociétés relativement séparées, se tolérant l'une l'autre.

La division naturelle de la chasse et de la cueillette transforme, tout en s'appuyant sur elle, la distinction des sexes. Elle engendre deux champs d'activités et peut-être aussi deux types d'intelligence nettement séparés. Serge Moscovici rapporte que, chez les Ainu, population subarctique, les tâches de l'homme et de la femme étaient si différenciées qu'elles ne se recouvraient pour ainsi dire pas. « La femme ne sort guère, pour son ramassage et sa collecte, d'un espace étroitement circonscrit près du camp, alors que la chasse amène l'homme à parcourir un terrain beaucoup plus vaste. Même lorsque les femmes chassent, les disparités subsistent. Elles capturent de petits animaux [26]. »

Le semi-nomadisme des chasseurs-collecteurs, motivé par la fluctuance des ressources animales et végétales, a des effets déterminés sur le rapport des sexes. Les femmes et les

---

26. *La Société contre nature*, coll. « 10/18 », 1972, p. 234. Habituellement, les femmes recherchent des feuilles tendres, des fruits, des tubercules, des bulbes.

hommes suivent des trajectoires indépendantes pour s'approvisionner, et se répartissent le territoire de telle sorte qu'ils vivent grandement séparés les uns des autres : les femmes avec leurs enfants et les chasseurs entre eux.

Lorsqu'ils se retrouvaient aux lieux d'habitation, hommes et femmes du paléolithique continuaient d'observer une certaine distance. André Leroi-Gourhan parle « d'espace féminin et d'espace masculin dans l'habitation préhistorique [27] ».

On peut également supposer qu'hommes et femmes ne mangeaient pas ensemble. La ségrégation des sexes au moment des repas est une coutume qui reste encore très vivace chez grand nombre de populations primitives. En Afrique, la prohibition est observée presque partout [28], mais elle a existé aussi dans des cultures aussi différentes que celles des Kurdes, des Indiens de Guyane, de l'Inde védique ou du Yucatan, etc. Même le partage de la nourriture devait impliquer une certaine ségrégation sexuelle [29].

En fait, les chasseurs-cueilleurs du paléolithique ne nous ont laissé aucun signe tangible de leur vie de « cou-

---

27. *Les Racines du monde*, Belfond, 1982, p. 206. A. Leroi-Gourhan reprend à son compte l'hypothèse de M. Guerassimov qui avait découvert au nord du Baïkal des tentes très longues dans lesquelles les objets étaient répartis de façon différente du côté considéré comme masculin et du côté considéré comme féminin.

28. En Afrique centrale, de nombreux villages possèdent des « réfectoires » séparés pour les deux sexes.

29. A. Leroi-Gourhan, cours polycopié sur les Bochimans, 1956-1957 : chez les Bochimans d'Afrique (cueilleurs-chasseurs auxquels on a souvent comparé les sociétés paléolithiques), lorsque du gros gibier est tué, le chasseur en donne une part déterminée (la graisse, la viande de l'arrière-train, les entrailles) à sa femme qui la partage avec les autres femmes du camp. Le reste de l'animal est partagé entre le chef, les adolescents (pas encore incorporés au groupe des chasseurs) et les chasseurs eux-mêmes, selon des règles strictes et particulières à chaque catégorie de personnes.

ple ». A ce jour, nous ne possédons pas la moindre représentation du couple humain dans l'art pariétal et mobilier pourtant si riche à cette époque. André Leroi-Gourhan s'est constamment étonné de « l'absence totale de représentations d'accouplements humains ou animaux, et, plus encore, de celle des caractères sexuels primaires [30] ». Tout au plus trouve-t-on indiqués les caractères sexuels secondaires, qui montrent l'appartenance des animaux à l'un et l'autre sexe. Mais on ne connaît aucun cas d'une figure masculine ithyphallique [31] au voisinage immédiat d'une figure féminine [32].

Pourtant, lorsqu'on considère l'ensemble des figurations du paléolithique supérieur, il ne manque pas de figures féminines et masculines. L'art pariétal de l'époque magdalénienne est riche de représentations sexuées, réalistes ou abstraites selon les périodes. Mais leur disposition spatiale forme des ensembles séparés, comme on peut l'observer notamment à Lascaux. Là, comme ailleurs [33], trois zones décorées (l'entrée, le centre, les fonds) constituent des entités bien distinctes. Les signes mâles sont constants à l'entrée et au fond de la grotte. La fréquence des signes femelles est la plus élevée au centre, dans les compositions principales ou dans leur voisinage [34].

Apparemment, la séparation des sexes au paléolithique s'est opérée jusque dans l'art. Du moins est-ce l'image que nos lointains ancêtres ont laissée d'eux. Les femmes et les hommes semblent avoir constitué deux groupes à part, dont on ignore les relations et les échanges. Pourtant, ils en

30. *Les Racines du monde, op. cit.*, p. 21.
31. Qui représente un phallus en érection.
32. A. Leroi-Gourhan, *Préhistoire de l'art occidental*, Mazenod, 1965, p. 90.
33. Cf. les grottes des Trois-Frères, Combarelles, Gabillou, Pech-Merle, Altamira, Rouffignac, etc.
34. *Le Fil du temps, op. cit.*, p. 288.

eurent d'essentiels pour assurer ensemble la vie et la survie du groupe.

Les indices de la complémentarité.

La division sexuelle des tâches, aussi radicale soit-elle, n'est pas exclusive de leur complémentarité. Au contraire, la séparation des sexes et des fonctions dévolues à chacun en est le plus sûr garant.

Lorsque hommes et femmes s'efforcent d'obtenir des ressources différentes, ils instaurent leur dépendance réciproque. Aucune fraction de la collectivité ne monopolise définitivement les richesses. L'alimentation régulière des individus appelle une mise en commun de ces ressources et la possibilité d'y avoir accès lorsqu'elles sont présentes. La complémentarité est objective, puisque aucune fraction du groupe ne peut subsister sans l'autre.

Cette mutuelle dépendance est un facteur d'égards pour l'autre et, peut-être plus qu'on ne le croit, d'égalité. Chez les Maasai, peuple de chasseurs-éleveurs, de type semi-patriarcal, si les hommes ont la propriété de la viande, les femmes gardent la haute main sur le lait, qui constitue la part essentielle de la nourriture quotidienne. Elles peuvent la refuser à quiconque manquerait de manières.

Jusque dans les années 1970-1980, la plupart des chercheurs ont pensé cette division sexuelle du travail en termes de hiérarchie. La chasse, activité collective, était censée développer plus vite l'intelligence des hommes alors que la cueillette individuelle aurait laissé les femmes dans une sorte de sous-culture. Edgar Morin et Serge Moscovici, en France, Robin Fox et Lionel Tiger, aux États-Unis, furent parmi beaucoup d'autres les chantres de la chasse civilisatrice : « Phénomène humain total... elle va transformer la

38

relation à l'environnement, la relation d'homme à homme, d'homme à femme, d'adulte à jeune [35]. »

E. Morin a raison de dire que la chasse en savane a développé les sens et l'intelligence de l'homme, en lui apprenant à interpréter les stimuli sensoriels, en le confrontant aux animaux les plus rusés et en stimulant ses aptitudes stratégiques : l'attention, la ténacité, la combativité, l'audace, la ruse, le leurre, le piège, l'affût [36]. Il est indiscutable qu'elle fut un puissant facteur de socialisation, puisqu'en chassant les hommes apprirent la coopération, la transaction et les règles de distribution. Contrairement aux singes supérieurs qui font preuve d'intolérance entre mâles, les chasseurs ont dû pratiquer la solidarité, l'amitié et une certaine égalité.

Comme les femmes participaient rarement à la chasse — ayant la charge des enfants et de la cueillette individuelle —, on décréta qu'elles étaient restées des « mineures sociales et culturelles [37] ». Décrites comme plus lentes, plus faibles, moins coordonnées ou sujettes à humeur en raison de leur cycle menstruel, objets sexuels qui perturbent le groupe, les femmes, qui n'avaient pas les mêmes motifs de se lier entre elles, auraient été condamnées tout naturellement à se soumettre aux hommes plus forts, plus intelligents, plus courageux.

Un certain nombre d'anthropologues et de primatologues — en majorité des femmes [38] — ont remis en cause le stéréotype de l'infériorité intellectuelle et sociale de la

35. Edgar Morin, *Le Paradigme perdu : La nature humaine*, Le Seuil, 1973, p. 71.

36. *Ibid.*, p. 72.

37. *Ibid.*, p. 78.

38. Je refuse l'usage déplaisant qui consiste à qualifier de « féministe » toute femme de science qui lutte contre les préjugés sexistes alors qu'on appelle respectueusement « scientifique » tout chercheur qui fait le contraire...

femme des temps préhistoriques, en développant un nouveau type d'argumentation.

Adrienne Zilhman [39] décrit la cueillette féminine d'une tout autre manière. Elle pense que c'était une activité dangereuse, exigeant de la part des femmes d'autant plus d'énergie et d'intelligence que celles-ci n'avaient pas les capacités physiques de leurs compagnons. Elles durent pratiquer l'art du ramassage rapide et efficace des plantes nourricières, apprendre à se servir d'outils et aiguiser leur perception du danger. Par-dessus tout, les femmes devaient être capables d'une attention soutenue, de manière à satisfaire les besoins de leurs enfants : les protéger, les nourrir, les distraire, les préparer à la vie [40].

Contrairement à ce qui a été dit, le sexe féminin n'a pas moins participé que les hommes à l'œuvre de socialisation. L'apport des femmes fut différent mais essentiel. Les soins maternels prolongés sont la source première de la sociabilité humaine. Ce sont les mères qui enseignent les règles élémentaires de la vie sociale, le langage et l'amour.

Solidarité et intelligence ne sont pas le propre des hommes. Les deux sexes, chacun à leur manière, ont développé ces qualités humaines. Là aussi la complémentarité a joué pleinement son rôle, en renforçant les besoins de l'Autre et en tempérant les effets de l'inévitable inégalité individuelle.

Enfin, les précieuses recherches de Leroi-Gourhan et d'Annette Laming-Emperaire sur l'art des cavernes ont, elles aussi, contribué à montrer que les hommes du paléolithique avaient une réelle conscience de leur complémentarité, même s'ils l'exprimaient d'une façon encore

39. Nancy Tanner et Adrienne Zilhman, « Woman in evolution : innovation and selection in human origins », *Signs I* (3), 1970.
40. Comme le dit D. Johanson, *op. cit.*, p. 364, il faut à la mère humaine un Q.I. très élevé pour s'occuper des petits...

relativement peu compréhensible pour l'observateur du XXe siècle. Outre les représentations humaines explicitement figurées, il y a, dans les sanctuaires pariétaux, des signes abstraits ou réalistes qui symbolisent les deux sexes et des figurations d'animaux d'espèces différentes (toujours les mêmes) associées en couple [41]. On découvrit ainsi tout un réseau de relations entre les animaux, les êtres humains et les signes, divisés chacun en deux groupes complémentaires. Par exemple, la répartition topographique des figures masculines, associées aux chevaux, aux bouquetins et aux cerfs, forme un groupe distinct de celui composé des figures féminines, des bisons, des bœufs et des mammouths. La répartition des figures en un groupe mâle et un groupe femelle paraît donc fort probable.

Leroi-Gourhan en conclut que le « *couplage* » est un principe fondamental auquel l'idée de reproduction n'est peut-être pas étrangère. « On a l'impression d'être en présence d'un système poli par le temps, comme dans les vieilles régions du monde actuel où *il peut exister des entités divines masculines et féminines* dont l'action ne fait pas ouvertement allusion à la reproduction sexuelle, encore que leurs vertus masculines et féminines soient indispensablement complémentaires [42]. »

Finalement, malgré leur apparente distance, masculin et féminin sont inséparables. Mais l'art des cavernes ne dit pas seulement leur complémentarité, il indique aussi que l'Un n'a pas meilleure place que l'Autre. A ce jour, nul n'a pu déceler une hiérarchie quelconque entre le groupe des figures féminines et celui des figures masculines. Alors que les conditions de la survie semblent militer en faveur d'un certain équilibre entre les sexes, la représentation idéo-

---

41. A Lascaux, la majeure partie des compositions est occupée par le thème bœuf-cheval. A Pech-Merle, par celui du bison-mammouth.
42. *Préhistoire de l'art occidental, op. cit.*, p. 86. (Souligné par nous.)

logique que constitue l'art indique à son tour leur symétrie et peut-être même leur égalité. En tous les cas, rien ne permet de croire que les hommes de cette époque ont exercé un pouvoir tyrannique sur les femmes. Ni elles sur eux.

La question du pouvoir.

S'il règne un véritable consensus à propos de la nécessaire répartition des tâches, les désaccords sont en revanche profonds, presque violents, dès que l'on s'interroge sur les rapports de pouvoir entre hommes et femmes dans les premières sociétés. En règle générale, la complémentarité a davantage été pensée en termes de hiérarchie et de domination qu'en termes d'égalité et de symétrie. D'ailleurs, la vulgarisation populaire a plus souvent représenté l'homme des cavernes traînant une femme par les cheveux, qu'en situation d'égalité avec elle. Même si on laisse de côté la caricature et l'humour, nous sommes bien obligés de constater que l'égalité et le respect réciproque des sexes sont des idées moins répandues que la suprématie de l'Un et l'oppression de l'Autre.

Depuis quelques années, certains anthropologues américains proposent une autre représentation du rapport des sexes dans la société paléolithique. Les uns [43] insistent sur la nécessité de leur coopération et pensent qu'en l'absence d'un véritable système de propriété privée, la division du travail ne pouvait à elle seule fournir la base de l'exploita-

43. Eleanor Leacock, « Women in egalitarian societies », in Bridenthal et Koonz, *Becoming visible. Women in European History*, Boston, Houghton Mifflin, 1977.

tion de l'Un par l'Autre. D'autres font de l'impératif de l'équilibre alimentaire la raison d'une relation égale entre les sexes. Pour Adrienne Zilhman, la question du pouvoir n'est pas dissociable du problème des ressources. Même si l'on a beaucoup parlé des habitudes carnivores de l'homme préhistorique [44], il est non moins certain que les nourritures végétales, dont la collecte incombait aux femmes, constituaient une part essentielle des vivres, pour ne pas dire la plus importante en certaines saisons. Cet argument de poids en faveur du respect mutuel des partenaires des deux sexes ne paraît pas avoir retenu l'attention de la majeure partie des anthropologues. Depuis près d'un siècle, ils ont en effet élaboré une problématique unique de parenté. Pour les uns, l'évidente filiation matrilinéaire fondait le pouvoir des femmes. Pour d'autres, la force et l'alliance des hommes étaient à l'origine de l'échange des femmes et de leur pouvoir sur elles et leurs enfants.

Quelle que soit l'hypothèse retenue, il n'est pas absurde de supposer que les uns et les autres ont partiellement projeté sur les premières sociétés leurs plus secrets désirs, ou pris pour modèle le monde qui était le leur. La thèse matriarcale l'a emporté surtout au XIXe siècle, qui célébrait avec force le pouvoir de la mère, et elle a connu un regain de faveur auprès des féministes de notre époque. De même, le fait que la plus grande partie du monde vive encore sous le régime patriarcal a pu inciter les anthropologues à considérer celui-ci comme le modèle de pouvoir originel.

L'hypothèse que nous suggérons est sans doute à son tour influencée par notre observation de l'évolution actuelle de nos sociétés.

---

44. A. Leroi-Gourhan, *Les Racines du monde, op. cit.*, p. 211. Il a calculé que la ration moyenne de viande de renne des Magdaléniens, en milieu clément, était de huit cents grammes par jour et par individu.

Ni matriarcat ni patriarcat primitifs.

A la fin du XIXe siècle, la thèse évolutionniste d'un matriarcat primitif connut un succès inouï. L'Allemand Bachofen et l'Anglais Lewis Henry Morgan postulèrent que les familles primitives avaient d'abord été des matriarcats, des lignées femelles qui ne reconnaissaient que l'ascendance maternelle. Peu de temps après, Friedrich Engels adoptait la même thèse.

Cette théorie s'appuyait sur le fait que la filiation mère/enfant est indiscutable, alors que la paternité peut être mise en doute, voire ignorée. Il semblait donc logique que l'ascendance fût établie à partir de la femme et que l'homme qui se liait à l'une d'elles s'intègre à son groupe social. Ce ne serait que beaucoup plus tard que les peuples primitifs auraient commencé à concevoir la notion de paternité. Les hommes se seraient alors approprié le pouvoir, les biens et les titres acquis par les femmes en tant que chefs de famille et se seraient donné le rang de patriarches, dont les enfants retiendraient l'ascendance patrilinéaire.

Cette conception, note Françoise Picq, « met en lumière la relation culturelle de la famille patriarcale monogamique et permet d'imaginer sa disparition et d'interroger sa légitimité. La filiation maternelle apparaît comme naturelle... tandis que la paternité n'est qu'une croyance, une présomption, une fiction, œuvre de droit positif [45] ». Ce n'est donc pas un hasard si la théorie du matriarcat primitif, sévèrement critiquée par les anti-évolutionnistes au début du siècle, fut reprise par les féministes dans les années 1970-1980 avec plus ou moins de bonheur.

45. *Sur la théorie du droit maternel, discours anthropologiques et discours socialistes*, thèse pour le doctorat d'État, octobre 1979, Paris IX.

La plupart soulignèrent avec raison à quel point les femmes avaient joué un rôle dans la subsistance, la fabrication des outils et les traditions culturelles. L'anthropologue américaine Evelyn Reed publia un livre qui fit quelque bruit, *Woman's Evolution* [46], lequel reprenait presque mot pour mot les thèses développées par R. Briffault. Dans *The Mothers* [47], celui-ci soutenait que les mères, en créant l'affectivité, avaient rendu possible la socialisation humaine, et que la biologie, plus primitive que l'économie, était le fondement de leur pouvoir. Mais comme Briffault n'avait produit qu'une énorme compilation ethnographique aux sources incertaines, l'ouvrage de Reed qui n'en était que le doublon ne pouvait convaincre les spécialistes, ni renverser l'idéologie actuellement dominante d'un patriarcat primitif [48].

En vérité, les premiers théoriciens du matriarcat n'avaient pas défini assez clairement les pouvoirs de la mère, ni donné suffisamment d'indications sur la période de la préhistoire qui aurait pu être concernée par un tel système de pouvoirs. Les illustrations prises ici ou là dans le matériel ethnologique se révélèrent souvent fausses ou invérifiables. En outre, le schéma matriarcal laissait aux hommes une place trop réduite pour être convaincante. Depuis plusieurs décennies, les travaux des préhistoriens ont clairement montré l'importance de la civilisation des chasseurs, tant au point de vue social et économique que religieux et intellectuel. La représentation des hommes du paléolithique, telle des brutes soumises aux mères toutes-

46. Pathfinder Press Inc., N.Y. et Toronto, 1975 ; traduit en français sous le titre plus adéquat : *Féminisme et Anthropologie*, Denoël-Gonthier, 1979.

47. Publié à Londres en 1927 ; n'a jamais été traduit en français.

48. Le livre plus subtil et mieux documenté de Françoise d'Eaubonne, *Les Femmes avant le patriarcat*, Payot, 1977, n'y parvint pas davantage.

puissantes, n'a plus guère de crédibilité. Il est vrai que les thèses matriarcales ont souvent été caricaturées par leurs adversaires, notamment en leur faisant dire que les mères auraient eu un pouvoir politique équivalent à celui que les pères détiendront plus tard. En vérité, si les anthropologues féministes n'ont rien dit de tel, leurs adversaires ont profité de la caricature pour exclure leurs thèses de la cité scientifique, quitte à occulter leurs arguments les plus intéressants. Depuis cent ans, les tenants du patriarcat primitif ont refusé tout compromis avec les partisans du matriarcat.

Quand l'anthropologie américaine du début du siècle [49] a liquidé les théories évolutionnistes, la théorie du droit maternel a été rejetée avec elles [50]. L'accent fut mis sur l'extrême variété des phénomènes. D'autres allèrent plus loin encore, en contestant le caractère primitif de la maternité que les tenants du droit maternel expliquaient par l'ignorance de la paternité et l'instabilité des liens conjugaux. Lowie et plus tard l'anthropologie lévi-straussienne prirent le contre-pied de ce schéma. Pour eux, c'est la famille, unité sociale universelle, qui se trouve aux origines, et non le clan [51]. L'humanité ne commence vraiment qu'avec la relation triangulaire et le pouvoir du père sur la femme et l'enfant. Les thèses récentes de la sociobiologie américaine vinrent, à point nommé, entériner cette hypothèse.

49. Représentée par Boas, et ses disciples Kroeber, Lowie, etc.
50. F. Picq, *op. cit.*, p. 84 : « Contestant que l'évolution ait été la même partout, on refusa de considérer que la filiation matrilinéaire ait généralement précédé la filiation patrilinéaire, on inversa l'ordre des séquences ou refusa tout ordre régulier. »
51. R. Lowie, *Traité de sociologie primitive*, Payot, 1969, p. 102 : « Même si la paternité n'est pas établie, cela ne prouve pas la nécessité de la descendance utérine, car paternité biologique et paternité sociologique sont deux choses différentes. »

Dans les années 1960, L. Tiger et R. Fox [52] défendirent avec ardeur l'idée que les pratiques primitives de chasse masculine étaient à l'origine de la parenté humaine. La coopération, la solidarité et la répartition auraient créé dès l'origine une alliance des mâles. Ceux-là auraient appris à choisir une partenaire dans d'autres groupes et à assumer un rôle dirigeant en tant que patriarches.

En 1973, Edgar Morin développa ces thèmes plus avant. A l'homme chasseur, explorateur, socialisé, il opposa la femme tendre, routinière et plus démunie : « Deux silhouettes apparaissent dans le paysage hominien : celle de l'homme redressé l'arme haute, affrontant l'animal, celle de la femme courbée sur l'enfant ou ramassant le végétal... la classe des hommes s'approprie le gouvernement et le contrôle de la société et impose sur les femmes et sur les jeunes une domination *politique* qui n'a pas encore cessé [53]. »

Pour lui aussi, le patriarcat serait la structure familiale et sociale originelle, car l'hominisation aurait resserré les liens entre l'homme et l'enfant. Peu importe que la paternité hésite entre le frère de la mère [54] et son compagnon, celle-ci élargit la relation nucléaire mère-enfant en y introduisant l'homme et en même temps le principe de hiérarchie masculin. « Le grand phénomène qui prépare l'hominisation et qu'accomplit, croyons-nous, Sapiens, est non le " meurtre du père ", mais la naissance du père [55]. »

La famille s'articule à la société par l'organisation de la parenté et la réglementation de la sexualité, toutes deux

52. Tous deux anthropologues à l'université Rutgers, aux USA.
53. E. Morin, *op. cit.*, p. 78.
54. L'oncle peut être considéré, encore aujourd'hui dans certaines sociétés, comme père.
55. E. Morin, *op. cit.*, p. 173.

liées par la loi de l'exogamie à une nouvelle ouverture de la société elle-même sur d'autres sociétés alliées [56].

En décidant de la répartition des femmes, les hommes ont mis fin au risque de les voir choisir leur partenaire, c'est-à-dire de contester la domination masculine en son domaine originel. En réglementant le désir des femmes, la classe masculine a confirmé sa cohésion et sa domination, conclut E. Morin.

Telle est la thèse la plus généralement admise aujourd'hui. Chacun s'accorde pour reconnaître avec Lévi-Strauss que l'asymétrie entre les sexes caractérise la société humaine. Même Simone de Beauvoir s'est dite convaincue par ce propos. A ses yeux, l'âge d'or de la femme n'est qu'un mythe. « La société a toujours été mâle ; le pouvoir politique a toujours été aux mains des hommes... Le triomphe du patriarcat ne fut ni un hasard ni le résultat d'une révolution violente. Dès l'origine de l'humanité, leur privilège biologique a permis aux mâles de s'affirmer seuls comme sujets souverains [57]. »

Pour notre part, aucune des deux hypothèses du matriarcat ou du patriarcat primitif ne nous convainc. Probablement parce que la société dans laquelle nous vivons nous en suggère une autre. S'il n'est pas question de comparer l'incomparable, à savoir les sociétés les plus archaïques aux plus développées, nous pouvons du moins remarquer que la chute du patriarcat à laquelle nous assistons n'a pas pour contrepartie l'émergence d'un quelconque matriarcat. Notre société démocratique paraît fort bien s'accommoder de l'absence d'un pouvoir exclusif du père ou de la mère. Il ne serait donc pas absurde d'imaginer que les premières sociétés aient pu, elles aussi, se passer de l'un ou de l'autre,

56. *Ibid.*, p. 174.
57. *Le Deuxième Sexe*, Gallimard, 1949 ; coll. « Idées », NRF, 1974, tome I, p. 91 et 100.

et partager les pouvoirs d'une façon différente de celle observée dans la majeure partie du monde actuel.

Au demeurant, ayant avoué l'une des raisons de notre démarche, il est des arguments qui militent en sa faveur. Tout d'abord, les notions de patriarcat ou de matriarcat semblent trop complexes et rigides pour pouvoir s'appliquer aux sociétés humaines archaïques. Que le lien mère-enfant soit la première relation sociale et la plus évidente n'implique pas nécessairement l'existence d'un pouvoir matriarcal [58] dont, par ailleurs, nous ne trouvons aucun exemple dans la multiplicité des sociétés connues à ce jour.

Celles que nous appelons « sociétés matrilinéaires [59] » ne paraissent pas non plus très adaptées à la condition des chasseurs de l'âge du renne. Si l'on peut encore imaginer la transmission du « nom » maternel, il est plus difficile de concevoir celle des « terres » dans une société nomade... D'autant qu'elle supposerait la notion de propriété individuelle qui est loin d'être établie à cette époque [60].

Quant au pouvoir politique des mères, Françoise Héritier pense que ce n'est rien d'autre qu'un mythe. Aucune société matrilinéaire connue n'est un matriarcat. Même chez les Iroquois [61] qui s'en rapprochent le plus (dans cette

58. « *Une société matriarcale* est une société où une partie sinon la totalité des pouvoirs légaux qui relèvent de l'organisation et du gouvernement de la famille — propriété, héritage, mariage, maison — sont entre les mains des femmes plutôt que des hommes » (M. Mead, *op. cit.*, p. 272).

59. On parle de *sociétés matrilinéaires* quand un homme tient soit son nom, soit ses terres, soit tout du frère de sa mère par l'intermédiaire de cette dernière. Ce qui n'implique pas que les femmes disposent d'un grand pouvoir, bien qu'elles soient assez favorisées pour qu'il n'y ait pas de polygamie » (M. Mead, *op. cit.*, p. 272).

60. Les fouilles de tombes préhistoriques ont montré qu'on enterrait parfois les morts avec certains objets de leur vie quotidienne : outils et bijoux ; ce qui devait laisser peu de choses à « léguer » aux descendants, si toutefois l'idée leur en était venue.

61. C'est l'observation de la société iroquoise et de son système de parenté qui inclina Morgan à soutenir la thèse du matriarcat.

société de chasseurs-collecteurs, les femmes jouissent de droits et de pouvoirs rarement égalés), les hommes se considéraient comme supérieurs. L'anthropologue remarque que si « les matrones commandaient la vie des grandes maisons et dirigeaient le travail féminin... elles étaient représentées au Conseil des anciens par un *représentant masculin* qui parlait en leur nom et faisait entendre leur voix [62] ».

L'hypothèse patriarcale, au sens où nous l'entendons [63] aujourd'hui, nous paraît tout aussi discutable. Elle présuppose l'institution du mariage et la reconnaissance du père biologique qui sont hautement improbables à l'époque. Sans postuler, comme Bachofen, un état de promiscuité sexuelle chaotique et déréglé, on peut imaginer que la femme connaissait plusieurs partenaires pendant la période procréatrice. On peut donc supposer qu'à l'instar de certaines sociétés mélanésiennes ou australiennes [64], qui pensaient la maternité comme une fonction sociale du sexe féminin, les chasseurs de la préhistoire envisageaient la paternité sous le même angle, c'est-à-dire collectif. Tous les hommes se seraient trouvés être soit réellement, soit potentiellement, les « pères » de la communauté. Il leur aurait incombé de protéger et de nourrir tous les enfants du groupe.

Rien dans les sociétés du paléolithique supérieur ne prouve l'existence d'un système de pouvoir plutôt que d'un autre. Nous ne savons pas si les hommes échangeaient déjà

62. F. Héritier, « L'Africaine. Sexes et signes », *Cahiers du CRIF, op. cit.*, p. 10. (Souligné par nous.)
63. Forme de famille fondée sur la parenté par les mâles (famille agnatique) et sur la puissance paternelle.
64. E. Reed, *op. cit.*, p. 25 : « Pour nous une mère est un individu de sexe féminin qui a donné naissance à un enfant. Mais dans les sociétés primitives (Aruntas ou Australie centrale), toutes les femelles adultes de la tribu, qu'elles aient enfanté ou non, sont appelées " Mère ". »

les femmes à leur convenance. Nous pouvons seulement penser que les mères avaient la responsabilité des enfants et les hommes celle des adolescents mâles.

Reste la question du pouvoir « politique » sur le groupe, que les théoriciens actuels du matriarcat ne revendiquent pas pour les femmes seules, mais que la plupart des anthropologues considèrent comme le critère essentiel, la quintessence du pouvoir.

Il y a actuellement un consensus pour admettre que ce pouvoir a toujours appartenu aux hommes, puisqu'on ne connaît aucune société, même matrilinéaire, où les femmes dominent, explicitement les hommes [65]. Mais de ce constat, on ne peut rien déduire quant à un prétendu pouvoir paternel originel. Le pouvoir masculin n'était pas nécessairement celui du père. Et, surtout, les femmes du paléolithique détenaient peut-être d'autres pouvoirs inconnus de nous aujourd'hui.

La multiplicité des pouvoirs.

En parlant des primates non humains, Sarah Hrdy utilise le terme « dominant » pour décrire l'animal qui est généralement vainqueur dans une relation d'individu à individu. Les femelles ont, note-t-elle, beaucoup plus de pouvoir qu'il n'est généralement admis, mais il est toutefois exceptionnel qu'elles contrôlent directement le comportement des mâles. Au contraire, les primates mâles n'ont cessé, de génération en génération, ou dans le cas humain, de culture en culture, de dominer les femelles et de transformer leur

65. Cf. Michelle Zimbalist Rosaldo et Louise Lamphère, Editor's « Introduction », dans *Woman, Culture and Society*, Stanford, Stanford University Press, 1974. Cf. aussi F. Héritier, « L'Africaine... », *op. cit.*, p. 9, et *Le Fait féminin*, *op. cit.*, p. 397.

supériorité au combat en prépondérance politique sur le sexe apparemment plus faible et moins compétitif [66].

Les raisons de cette domination sont d'ordre bio-physiologique. Chez la majorité des primates, les mâles sont plus gros que les femelles et susceptibles de les brimer.

De même, dans l'espèce humaine, le dimorphisme sexuel est partout et de tout temps observable. La découverte en 1974 [67] de Lucy [68], vieille de plus de trois millions d'années, puis de ses « amis [69] », l'année suivante, dans le triangle des Agar en Éthiopie, vient confirmer le fait.

Pour la première fois dans l'Histoire, on avait découvert au même endroit suffisamment de fossiles d'hominidés pour pouvoir faire des comparaisons entre les individus. Leur étude révéla que la moitié d'entre eux étaient nettement plus grands et plus lourds que les autres. Après quelques hésitations, Johanson et ses collègues en conclurent que les grands os appartenaient à des hommes, et les petits à des femmes. Les différences étaient même plus importantes qu'entre les femmes et les hommes d'aujourd'hui [70]. Ce dimorphisme sexuel des fossiles semblerait confirmer que la division du travail entre les sexes remonte à plus de trois millions d'années. La dominance mâle également.

Mais, en admettant que la supériorité physique fût d'emblée la cause du pouvoir politique masculin, il existe

66. Cf. Sarah Hrdy, *op. cit.*, p. 32-35.
67. « International Agar Research Expedition » dirigée par Y. Coppens, D. Johanson et M. Taieb.
68. Y. Coppens, *Le Singe, l'Afrique et l'Homme,* Fayard, 1984, p. 86-88 : « Lucy mesurait près d'un mètre de haut, marchait en position verticale, était dotée d'une organisation cérébrale hominienne et de mains capables d'une préhension précise. »
69. Des vestiges de treize individus furent rassemblés et surnommés « la première famille ».
70. On admet généralement que la taille des hommes dépasse en moyenne de 15 à 20 % celle des femmes, et que cette différence aurait actuellement tendance à diminuer.

d'autres types de pouvoirs chez les humains qui n'appartiennent pas nécessairement aux hommes. Durant la période pré-historique qui nous occupe, certains signes permettent d'imaginer que les femmes ont, elles aussi, détenu de très grands pouvoirs. Et plutôt que de s'en tenir à la question *du* pouvoir d'un sexe sur l'autre, il semble préférable de réfléchir *aux* pouvoirs spécifiques de l'Un et de l'Autre. On a un peu vite dit que la femme était condamnée à l'immanence, alors que la transcendance appartenait de droit aux hommes.

L'art de la préhistoire montre qu'il n'en est rien. L'évolution de la représentation des sexes prouve un intérêt extrême pour les deux acteurs de l'humanité, et même une fascination particulière à l'égard des femmes [71]. Dès l'aurignacien (— 30 000), à un âge qui ne produit guère que des incisions et graffitis, on voit déjà apparaître des vulves, symboles de fécondité. A l'époque suivante, aux confins du gravettien et solutréen (— 25 000 à — 15 000), se multiplient les statuettes féminines d'os, d'ivoire et de pierre qui viennent de l'Ukraine à l'Europe centrale [72]. Pendant ce temps, le nombre des statuettes masculines est tellement réduit qu'on peut à peine les mentionner.

En revanche, durant la période magdalénienne, si les figures humaines se font beaucoup plus rares, ce sont les représentations masculines qui l'emportent [73]. L'apparition de plus en plus fréquente de personnages masculins masqués, semblant observer un rite magique, marque l'importance de la chasse. Le gibier est alors la nourriture prédominante de l'homme, tandis que les plantes ne

---

71. Cf. le très beau livre de Henri Delporte, *L'Image de la femme dans l'art préhistorique*, Picard, 1979.

72. Une quarantaine en France, 35 dans le groupe sibérien.

73. Silhouettes de profil, personnages ithyphalliques, parfois un phallus isolé ou un visage de face ou de profil.

constituent plus qu'un appoint intéressant pendant la belle saison. La représentation des sexes est l'expression du nouvel équilibre alimentaire...

La plupart des commentateurs ont mis l'accent sur l'extraordinaire prestige du chasseur, l'homme capable d'affronter la mort et qui s'élève de ce fait au-dessus des contingences vitales. C'est par là qu'il fonde son pouvoir sur le monde et les autres humains. En risquant sa vie pour défendre la caverne contre les grands carnassiers ou rapporter la nourriture carnée, le mâle fait la démonstration de sa supériorité sur la nature. Sa puissance physique n'est rien à côté du prestige métaphysique qu'il acquiert ainsi. Et lorsque, dans les cavernes, l'homme est représenté vaincu par l'animal [74], ce n'est peut-être pas tant sa faiblesse qui est mise en exergue que son courage et sa grandeur tragiques.

Il semble qu'aujourd'hui encore, partout où subsistent des sociétés de chasseurs, leur prestige soit infiniment plus grand que celui des agriculteurs, éleveurs ou collecteurs... Mircea Eliade remarque que les Desana de la Colombie se proclament chasseurs, bien que 75 % de leur nourriture proviennent de la pêche et de l'horticulture, parce qu'à leurs yeux, seule la vie de chasseur est digne d'être vécue [75]. F. Héritier en donne l'explication suivante : « Ce qui est valorisé par l'homme, du côté de l'homme, est sans doute qu'il peut faire couler son sang, risquer sa vie, prendre celle

74. Cf. l'homme étendu blessé devant un bison à Lascaux. Les trois hommes de Coufignac et celui de Pech-Merle lardé de sagaies, etc.

75. *Histoire des croyances et des idées religieuses*, Payot, 1984, tome I, p. 48. De son côté, F. Héritier constate que partout une valeur inégale est attribuée aux tâches accomplies, laquelle ne tient pas à la quantité de travail fournie, ni à la maîtrise de son exécution. La part des femmes, par la cueillette, représente parfois les trois quarts des ressources alimentaires du groupe, mais cela ne change pas le fait que la seule fonction de chasseur est dotée d'un véritable prestige.

des autres, par décision de son libre arbitre : la femme " voit " couler son sang hors de son corps... et elle donne la vie (et meurt parfois ce faisant) sans nécessairement le vouloir ni pouvoir l'empêcher. Là est peut-être le ressort fondamental de tout travail symbolique greffé aux origines sur le rapport des sexes [76]. »

Nous voudrions proposer une autre hypothèse concernant le rapport des sexes au paléolithique. Nous croyons qu'au pouvoir physique et métaphysique du chasseur correspond symétriquement le pouvoir procréateur de la femme. Cette suggestion se fonde sur deux caractéristiques propres à l'art de cette époque.

D'abord, le grand nombre de statuettes féminines témoigne d'un authentique culte de la fécondité qui conduira aux Déesses-Mères de la période néolithique. De toute évidence, les artistes de l'aurignacien et du gravettien s'intéressent essentiellement à l'aspect maternel de la naissance et de la perpétuation de l'espèce. Les statuettes du gravettien au ventre énorme, aux seins hypertrophiés descendant jusqu'au bassin, représentent la femme sur le point d'accoucher. A quelques exceptions près [77], celles qu'on a improprement appelées des « Vénus » n'ont pas de visage. Seule est marquée de façon hyperbolique la partie du corps qui participe à la fécondité [78]. « Les seins, le ventre, le pubis et les hanches s'inscrivent sommairement dans un cercle que prolongent en s'effilant le torse et les jambes [79]. » C'est le cercle magique de la fécondité. S'il est impossible de préciser la fonction exacte de ces « Vénus [80] », on peut

76. F. Héritier, *Cahiers du GRIF, op. cit.*, p. 20.
77. La vénus de Willendorf, la tête de Brassempouy, etc.
78. On comprend mal la réflexion de Leroi-Gourhan : « Dire que ces statuettes sont des symboles de fécondité conduit à quoi ? » (*Les Racines du monde, op. cit.*, p. 89).
79. A. Leroi-Gourhan, *Préhistoire..., op. cit.*, p. 90.
80. A. Leroi-Gourhan, *Les Racines..., op. cit.* p. 90 : « Ces " Vénus "

présumer qu'elles représentent la sacralité féminine et, par conséquent, la puissance magico-religieuse des déesses.

Mais si le féminin-maternel exerce une aussi grande fascination sur les artistes du paléolithique, c'est peut-être aussi pour une autre raison, tout à fait propre à cette époque.

Nous avons vu que Leroi-Gourhan a constamment fait remarquer l'absence de toute représentation de l'acte sexuel [81]. Pas le moindre couple procréateur, aucune marque d'érotisme dans tout l'art paléolithique. N'est-ce pas le signe que la procréation était un pouvoir strictement féminin ? Même si les hommes soupçonnaient leur participation à celle-ci, la paternité biologique ne pouvait être à cette époque qu'une idée vague [82], sans commune mesure avec l'évidence de la création féminine. Il n'est donc pas exclu que les hommes se soient représenté la reproduction de l'espèce comme une sorte de *parthénogenèse* [83], reconnaissant du même coup à leurs compagnes le pouvoir exorbitant de créer la vie. Une telle puissance, qu'ils ne possédaient pas, ne pouvait que susciter l'envie et l'admiration des hommes. Elle valait bien celle du chasseur, à moins peut-être qu'elle ne la surpassât.

On admet volontiers aujourd'hui que les hommes préhistoriques ont pu connaître deux sortes de cultes différents : les chasseurs adoraient une divinité animale, et les femmes,

---

dont le corps est si éloigné de la réalité anatomique sont des images " repensées " de la femme, des œuvres surréalistes et symboliques. »

81. *Préhistoire... op. cit.,* p. 89-90 ; *Courrier du CNRS,* janvier 1978, p. 9-13 ; *Les Racines... op. cit.,* p. 193, etc.

82. Il est certain que cette hypothèse ne peut plus être faite à propos des sociétés primitives actuelles qui connaissent la part essentielle prise par l'homme dans la procréation, même si toutes n'en ont pas une conception biologique exacte.

83. Mircea Eliade, *Traité d'histoire des religions,* Payot, rééd. 1983, chap. 7, décrit l'histoire des croyances sur l'origine des enfants.

des déesses de la fécondité. La séparation des sexes permet de supposer l'existence de rites secrets, réservés aux hommes et célébrés avant les expéditions de chasse [84], dans les zones les plus profondes des sanctuaires. Les paléolithiques auraient pratiqué les danses initiatiques et la chasse sous un déguisement animal, pour mieux leurrer le gibier [85]. Ce qui expliquerait nombre de représentations masculines, le corps courbé ou le profil allongé en museau.

On s'est souvent demandé quelles raisons avaient poussé à la stylisation « bestiale » du visage masculin. A. Leroi-Gourhan [86] n'exclut pas une certaine recherche d'assimilation avec l'animal, notamment avec le cheval qui était le symbole mâle le plus fréquent. Hypothèse qui s'accorde parfaitement avec la fascinante théorie dualiste d'Henri Delporte : « La représentation de l'animal serait celle du monde vivant extérieur à l'homme. Au contraire et par opposition, l'homme, le groupe humain, *l'humanité seraient traduits par la figuration féminine,* la forme féminine étant parfaitement légitime, puisqu'elle assure le renouvellement et la persistance de l'espèce. Cette opposition entre le principe " *humain-femme* " et le principe " *animal-monde vivant* " expliquerait les différences fondamentales qui ont été observées entre la figuration de la femme (les traits du visage mi-perceptibles dans le souci de la protéger) et celle de l'animal (réalisme et exactitude morphologique), en même temps que la relative médiocrité dans la représentation masculine dans l'art paléolithique [87]. »

---

84. Mircea Eliade, *Histoire...*, *op. cit.,* tome I, p. 28-35.
85. L'abbé Breuil a rendu célèbre le « Grand Magicien » de la grotte des Trois-Frères, portant une tête de cerf, des oreilles de loup et une barbe de chamois. Il n'y a que les membres inférieurs, le sexe et sa position de danseur qui indiquent qu'il s'agit d'un homme.
86. A. Leroi-Gourhan, *Préhistoire...*, *op. cit.,* p. 96.
87. *L'Image de la femme dans l'art préhistorique, op. cit.,* p. 307. (Souligné par nous.)

Si l'humain s'incarnait mieux dans les formes féminines, on peut également supposer qu'au pouvoir de la génération s'ajoutait l'espoir qu'elles détenaient la puissance de régénérer les morts. La femme en tant que pôle de vie renvoie dialectiquement au pôle de la mort.

Dès le haut paléolithique, sont placés dans les tombes des coquillages, emblèmes par excellence des organes féminins. Leur disposition répondait probablement à un rite magico-religieux, destiné à rendre la vie aux morts [88]. C'est pourquoi on a souvent pensé que les femmes pouvaient avoir été chargées des rites funéraires. Qui, mieux que celles qui donnaient la vie, aurait pu la redonner à nouveau ?

Les travaux récents de l'anthropologue américaine Annette Weiner [89] sur les femmes trobriandaises [90] encouragent cette interprétation. Ils ont mis en lumière l'importance du pouvoir féminin de régénération dans cette société matrilinéaire.

Dans le cycle de la vie et de la mort, les hommes et les femmes contrôlent les aspects différents du temps en jeu dans la continuité des générations : « Des femmes dépend la régénération de l'identité matrilinéaire ou l'essence de la personne qui se meut à travers un temps cosmique indéterminé. *Le pouvoir des femmes, opérant dans un continuum spatio-temporel anhistorique...* Les hommes contrôlant quant à eux la propriété, ressource qui est contenue dans le champ de l'action socio-politique. *La sphère mâle du pouvoir se situe dans un temps et un espace* historiques [91]... »

---

88. De même que l'ocre rouge qui enduit les tombes était une évocation du sang et du principe vital qu'il détient.

89. *La Richesse des femmes, ou comment l'esprit vient aux hommes,* Le Seuil, 1983.

90. Les îles Trobriand sont en Papouasie (Nouvelle-Guinée).

91. Anne Weiner, *op. cit.,* p. 37-38. (Souligné par nous.)

Les femmes trobriandaises, à qui il revient d'assurer la continuité du *dala* [92], ont donc l'immortalité en leur pouvoir ; et ce pouvoir n'appartient qu'à elles. L'aspiration masculine à l'immortalité ne peut se réaliser qu'à travers le contrôle qu'elles exercent sur l'identité du *dala*. C'est dire quel rôle transcendantal elles ont à jouer.

Certes, on ne peut pas légitimement appliquer telle quelle l'analyse de la société trobriandaise au cas des sociétés préhistoriques. Mais les travaux d'A. Weiner ont le grand mérite de rompre avec les théories dominantes, fondées sur l'éloignement des femmes des positions de pouvoir. Ils mettent fin à l'idée qu'elles ne représentent que le pôle « nature » d'une opposition universelle nature-culture, et ne sont que l'un des nombreux objets échangés lors du mariage [93].

A notre tour, nous voudrions suggérer l'idée que, dans les sociétés du paléolithique, le contrôle et le pouvoir ont pu être exercés à la fois par les hommes et par les femmes. Que là où la maternité et la mort n'étaient pas de purs faits biologiques, mais les objets d'une mystique, les femmes disposaient de pouvoirs très importants, d'ordre cosmique, distincts du pouvoir politique et social des hommes.

A l'instar de Weiner, on peut supposer que la société était divisée en deux sphères sexuellement séparées, mais articulées. Que dans leur sphère respective, chacun contrôlait différents types de ressources et, de ce fait, exerçait sur l'Autre, sous divers modes et à différents degrés, un pouvoir spécifique.

L'honnêteté commande de rappeler que, faute de preuves, nous ne pouvons formuler que des conjectures. La nôtre s'inscrit entre deux propositions contraires. Alors que

92. Le *dala* désigne les liens du sang et le sous-clan.
93. *Op. cit.*, p. 246 : « Le statut et le rôle social des femmes n'est jamais celui de simples objets, mais d'individus disposant d'un certain pouvoir. »

certaines féministes pensent qu'au paléolithique, « toutes les décisions étaient prises en commun [94] », le philosophe Jean Baechler affirmait récemment que l'idéal démocratique qui régnait chez les chasseurs ne concernait pas les femmes qui « subissaient la puissance des mâles [95] ».

Dans notre hypothèse de la séparation des pouvoirs, où s'institue une sorte d'équilibre entre les sexes, *l'Un vaut l'Autre*. Contrairement à ce que pensait S. de Beauvoir [96], dire que la femme était l'Autre, ce n'est pas renoncer au rapport de réciprocité entre les sexes, ce n'est pas non plus la considérer comme « l'inessentiel ». C'est au contraire parce que les femmes auraient constitué un groupe séparé, doté de pouvoirs spécifiques, qu'elles auraient pu avoir des relations relativement autonomes avec les hommes. Et non de simples rapports de soumission.

L'image poétique d'Edgar Morin de « l'homme redressé l'arme haute » et de « la femme courbée sur l'enfant [97] » est toute relative. L'art paléolithique n'a pas seulement montré le chasseur triomphant. Il a aussi représenté l'homme blessé, à genoux, vaincu. En revanche, nulle trace de la femme courbée, en position d'humilité ou de soumission. Des statues féminines se dégage une impression de puissance et de sérénité incompatible avec un statut d'infériorité.

On objectera qu'au fil de l'époque magdalénienne, les représentations féminines se font de plus en plus rares, jusqu'à être, à la fin du paléolithique (— 9 000), totale-

94. Dossier du ministère des Droits de la femme sur l'histoire du travail féminin, 3575/G.G./M.F./1984.

95. Interview, *Le Monde*, 4 octobre 1985, à propos de la parution de son livre *Démocraties*, Calmann-Lévy, 1985. Baechler soutient que l'homme est naturellement démocrate et que les premières bandes d'humains étaient « asymptotiques à la démocratie pure et parfaite ».

96. *Op. cit.*, p. 91.

97. *Op. cit.*, p. 78.

ment absentes. Cette constatation est peut-être l'indication d'une perte de prestige féminin au profit du chasseur mâle. Ce ne peut pas être cependant le signe de la toute-puissance masculine, sinon on ne comprendrait pas comment la période suivante, qui marque l'apogée du prestige féminin, aurait pu succéder à celle-ci, totalement à rebours de l'idéologie dominante.

De la puissance féminine
aux pouvoirs partagés

La période que nous abordons commence au Xe millénaire et se termine vers la fin du second. Elle débute par une révolution climatique marquée par la fin de la glaciation de Würm et s'achève un peu avant le commencement de l'ère historique. Elle est jalonnée de trois grandes étapes, caractérisées par des cultures et styles de vie différents. La plus ancienne, dite « mésolithique [1] », couvre un peu plus de deux millénaires. La deuxième appelée « néolithique [2] » s'échelonne sur près de trois millénaires

1. On appelle aussi cette période de transition entre le paléolithique et le néolithique : épipaléolithique. Malheureusement, si les deux dernières étapes nous ont laissé suffisamment de vestiges pour risquer des hypothèses sur la relation entre hommes et femmes, il n'en est pas de même de la plus ancienne qui a tous les caractères d'une phase de transition. Ce stade ultime de la civilisation des chasseurs inaugure un nouveau genre de vie, sédentaire, qui annonce la culture néolithique. Mais autant que l'on puisse en juger en l'état actuel de nos connaissances, ils n'ont pas éprouvé le même besoin que leurs ancêtres paléolithiques et leur descendance néolithique d'exprimer leurs croyances.
2. Au sens propre, le néolithique signifie l'âge de la nouvelle pierre polie par opposition à la pierre taillée du paléolithique. En vérité, ce qu'on appelle « révolution néolithique » ne se réduit pas à une transformation de la technique lithique ni même à une transformation économique.

avant de laisser place au chalcolithique [3] et à l'âge des métaux [4].

Durant cette longue période, les rapports homme/ femme, pour autant qu'on puisse les imaginer avec quelque précision, paraissent évoluer dans le sens d'un plus grand prestige des unes puis des autres. Mais le peu que nous sachions de cette époque ne laisse pas supposer de révolution semblable à celle que nous connaîtrons par la suite. En ce sens, ces huit millénaires semblent rester — du point de vue des sexes — dans la continuité du paléolithique. Le rapport de complémentarité persiste de façon positive, sous l'angle de la collaboration et de l'interférence et non encore sous celui de l'exclusion propre au patriarcat absolu à peu près généralisé à l'époque historique.

Puissance de la femme. Pouvoir de la mère.

Entre le VIIIe et le VIe millénaire, s'effectue au Moyen-Orient — avec presque deux mille ans d'avance sur l'Occident — une transformation radicale du genre de vie des populations qui passent de l'économie reposant sur la chasse et la cueillette à la domestication de la plante et de l'animal. La période néolithique n'ouvre pas seulement une nouvelle page dans l'histoire économique, elle implique aussi une « modification radicale de la société, des mentalités, de la vie culturelle et spirituelle [5] » de l'humanité.

3. Vient du grec *khalkos* : cuivre. Se dit de la période de transition entre le néolithique et l'âge du bronze.
4. Age du bronze et âge du fer : — 2000 à — 500.
5. G. Camps, *La Préhistoire. A la recherche d'un paradis perdu,* Perrin, 1982, p. 263.

Elle est caractérisée par un prestige féminin, probablement très supérieur à celui de la période précédente. Cette puissance féminine et maternelle est attestée par un nombre impressionnant de sculptures et de représentations de personnages féminins à l'allure imposante, dont la nature divine s'affirme de plus en plus nettement. Dans le même temps, les représentations masculines se feront plus rares et plus pauvres, dénuées de l'aspect hiératique et magique auquel on reconnaît les déesses.

Le culte des Déesses-Mères répandu dans tout le Moyen-Orient ne signifie pas qu'il régnait alors un matriarcat tout-puissant, qui aurait réduit les hommes à la portion congrue. Rien n'interdit de penser qu'ils ont détenu le pouvoir politique et continué de partager le pouvoir économique avec les femmes.

Mais si l'on ne peut pas parler de matriarcat, nous sommes cependant confrontés à un système de valeurs où la puissance féminine est si bien authentifiée qu'il ne peut que gêner les partisans d'un pouvoir mâle primitif semblable à celui que l'on connaît. La Déesse-Mère n'est ni un mythe, ni une légende, ni même un symbole [6]. Il suffit d'observer les nombreuses statuettes de pierre qui ornent les musées pour être convaincu de l'extrême importance des valeurs féminines et de leur réalité historique.

On dira peut-être que les relations humaines n'obéissent pas forcément aux représentations divines et que les unes ne sont pas les décalques des autres. A cette très importante objection, on répondra que les religions néolithiques — comme d'autres idéologies — n'étaient pas coupées du monde réel. En cette époque où les hommes commencent à « maîtriser » la nature plutôt que d'en subir les effets, les femmes sont en première ligne. C'est elles qui font pousser

6. *Ibid.*, p. 411.

les produits de la terre, associant à la puissance de fécondité le pouvoir de fertilité. Il n'est donc pas étonnant qu'on ait représenté le Divin sous la forme féminine, et il serait surprenant que le prestige de la divinité n'ait pas servi la cause des femmes.

L'agriculture féminine et l'élevage masculin.

Aujourd'hui, on s'accorde à penser que l'agriculture est une invention féminine [7]. L'homme, occupé à poursuivre le gibier, et plus tard à faire paître les troupeaux, était presque toujours absent. Au contraire, la femme, forte de sa tradition de collecteuse, avait l'occasion d'observer les phénomènes naturels de l'ensemencement et de la germination. Il était normal qu'elle essayât de les reproduire artificiellement.

Lewis Mumford a fait observer qu'il existe une différence marquée entre les phases primitives et tardives de la civilisation néolithique, qui correspond en gros à celle qui sépare l'horticulture de l'agriculture, c'est-à-dire la culture des fleurs, des fruits et des légumes, de la culture des graines [8]. Le jardinage, étant un travail presque exclusivement féminin, est l'origine lointaine de l'agriculture. Ce qui laisse à penser que ce sont les femmes qui prirent les premières mesures de domestication [9].

7. A. Leroi-Gourhan : « Il est hautement probable que l'agriculture est une invention féminine. » Propos rapporté par A. Laurent, *Féminin-Masculin. Le nouvel équilibre*, Le Seuil, 1975, p. 61. Cf. aussi G. Gordon-Childe, *La Naissance de la civilisation*, Paris, Gonthier, 1964, p. 80 ; Elise Boulding, *The Underside of history ; a view of women through time*, Boulder, Westview Press, 1977.

8. *Le Mythe de la machine,* Fayard, 1973, tome I, p. 192.

9. Lewis Mumford a très joliment tenté de reconstituer le jardin néolithique. S'appuyant sur les travaux d'Edgar Anderson, il pense que les

Ainsi, dans de petits bouts de jardin, longtemps avant la culture systématique des champs, les premières plantes alimentaires furent-elles délibérément plantées, récoltées, et leurs graines en surplus replantées. Par ce travail, les femmes ne pourvoyaient pas entièrement aux besoins alimentaires, mais rendaient possible une alimentation équilibrée de façon continue puisqu'une partie en pouvait être séchée et emmagasinée.

L'agriculture proprement dite, c'est-à-dire la culture des céréales, commence à se manifester timidement dans le Croissant fertile. Si on a retrouvé des grains de blé à Jéricho datant du VIIIe millénaire, on considère que l'agriculture n'est définitivement établie qu'à partir de 6 500 ans avant J.-C., aussi bien en Iran qu'en Turquie et en Palestine. Là, on cultivait plusieurs sortes de blé [10], de l'orge, parfois du seigle, de l'avoine, des vesces, de la jarosse et de la vigne [11].

Comme il semble exister un lien organique entre les céréales et la poterie [12] (le stockage des récoltes et les préparations alimentaires nécessitant des récipients variés), la plupart des auteurs féministes et marxistes firent de la poterie une invention des femmes [13]. L'hypothèse est sédui-

---

plus anciens d'entre eux ont dû se développer à partir de la simple garde de terrains sauvages qui produisent feuilles ou fruits comestibles. Qu'ils renfermaient un mélange de différentes espèces botaniques ou croissaient côte à côte (sous forme de mauvaises herbes ou de plantules cultivées) aliments, condiments, aromates, médicaments, fibres utiles, plantes à fleurs...

10. L'engrain et l'amidonnier.

11. J. Guilaine, *Premiers Bergers et Paysans de l'Occident méditerranéen*, Hachette, 1976, p. 16.

12. L'apparition de la céramique date de la première agriculture. Jacques Cauvin découvrit, en Syrie, les plus vieilles céramiques connues à ce jour qu'il peut dater entre 8 000 et 7 000 ans avant J.-C. Mais les cultures munies de céramiques ne se répandent qu'aux alentours de 6 000 avant J.-C.

13. Pour G. Gordon-Childe ou George Thomson, la poterie est sans

sante mais non démontrée. Pas plus que n'est prouvée —
quoi qu'en dise Freud — que le tissage ou le traitement du
cuir, le tressage, la vannerie soient des inventions purement
féminines. Même si encore aujourd'hui, dans certaines
tribus, ce sont les femmes qui se livrent à ces activités et non
les hommes.

Pendant que les femmes procédaient aux premières
tentatives agricoles, les hommes s'apercevaient que tuer
systématiquement le gibier était une erreur, car il s'ensui-
vait des difficultés de reproduction aboutissant à l'appau-
vrissement d'un groupe animal. Afin de protéger certaines
espèces précieuses pour la nourriture des humains, ils
entreprirent la domestication de celles-ci [14].

Désormais, l'homme passe beaucoup plus de temps à se
constituer un troupeau et à le surveiller qu'à chasser. S'il
garde la haute main sur l'essentiel de la nourriture carnée,
celle-ci n'a plus l'importance qu'elle possédait jadis, lors-

---

aucun doute un métier féminin puisque selon eux l'art du feu était l'apanage
des femmes. L'hypothèse n'est pas absurde lorsqu'on sait que, dans
l'ancienne civilisation de l'Inde, c'est toujours la femme qui était préposée à
l'entretien du feu.

14. Lewis Mumford suggère, pour sa part, une origine religieuse de
l'élevage. Reprenant l'hypothèse de Edward Hahn, il pense que l'urus fut
d'abord domestiqué pour des raisons religieuses et non économiques. Les
cornes de cet animal étaient censées correspondre aux cornes de la lune (*op.
cit.*, p. 203). Il est vrai que l'on retrouve les traces d'un culte du taureau du
Moyen-Orient (en Anatolie dès le VIe millénaire) jusqu'en Asie du Sud-
Ouest, et qu'il fut encore très vivace dans la Crète minoenne (cf. J. Cauvin,
Religions néolithiques de Syro-Palestine, Maisonneuve, 1972, p. 103 et 104 ;
et Ch. Picard, *Les Religions pré-helléniques,* PUF, 1948). Mais le culte du
taureau s'efface à l'époque néolithique devant celui de la déesse.

Selon P. Ducos, *L'Origine des animaux domestiques en Palestine,*
Delmas, Bordeaux, 1968, le mouton serait le plus ancien animal domestique
(entre 9 000 et 8 900 au nord de l'Irak), suivi de la chèvre (avant 7 000 en
Palestine). La présence du porc est connue au début du VIIe millénaire sur la
côte libanaise et vers 6 500 à Jarmo, en Mésopotamie. Le bœuf n'apparaît
que plus tard, vers 5 000, en Palestine.

que le climat était froid. En outre, si l'élevage remplace la chasse, le prestige de l'éleveur est bien moindre que celui du chasseur qui risquait constamment sa vie.

La complémentarité des tâches continue d'être respectée, mais la valeur attribuée aux unes et aux autres n'est plus égale. Plus on s'éloigne de l'époque des chasseurs, plus on se rapproche de l'agriculture, et plus impressionnante apparaît la puissance féminine.

L'espace de quelques millénaires, les valeurs de la vie l'emportent sur la fascination de la mort. La mère devient le personnage central des sociétés néolithiques.

Le règne de la déesse :
mère et maîtresse de la nature.

Il s'étend sur une longue période, qui va du haut néolithique [15] jusqu'à l'âge du bronze, et même bien au-delà dans certaines régions. On a trouvé des statuettes représentant une déesse-mère dans les pays de vieille civilisation entre l'Indus et la mer Égée, mais aussi en Europe orientale. Le néolithique du sud-est de l'Europe a livré près de 30 000 figurines de matières différentes, représentant presque en totalité des personnages féminins. Partout, ce sont des femmes aux larges hanches et aux seins volumineux qui ressemblent comme des sœurs aux « Vénus » périgordiennes.

L'Europe occidentale fait exception à la règle. Là, on ne

15. Ce n'est qu'au début du VIIIe millénaire, dans la région de l'Euphrate (à Mireybet), qu'apparaissent pour la première fois des représentations féminines sous la forme de statuettes en pierre et de figurines en terre cuite. Cf. Jacques Cauvin, *Les Premiers Villages de Syrie-Palestine du IXe au VIIe millénaire avant J.-C.*, coll. de la Maison de l'Orient méditerranéen ancien, n° 4, Série archéologique 3, Lyon, 1978, p. 116-118.

retrouvera que deux à trois centaines de grossières statuettes en pierre, comme si « la religiosité était restée archaïquement liée au problème de la mort et du funéraire [16] », au lieu de s'être tournée vers la vie et celle qui la dispense. Cette attitude est probablement liée au fait que l'économie paysanne y fut beaucoup plus tardive qu'en Europe de l'Est et en Orient.

Partout ailleurs [17], des croyances et pratiques comparables se sont imposées à des peuples aussi divers que les Asiatiques sémites ou les Indo-Européens...

Au Moyen-Orient, c'est aux alentours de 6 500 avant J.-C. [18] qu'apparaissent, nombreuses, les statuettes féminines. A Çatal Hüyük [19], la plus ancienne grande ville connue (entre 6 500 et 5 600 avant J.-C.), dans le Sud-Anatolie, on a mis au jour des maisons décorées de reliefs féminins : femmes enceintes ou figures stylisées de paires de seins [20]. Mais il suffit de contempler la célèbre Potnia assise [21] sur un trône, accompagnée de deux panthères, sur la tête des-

16. G. Camps, *op. cit.*, p. 414.

17. *Ibid.*, p. 415 : « Chez les populations du Nord de l'Afrique qui sont des pasteurs plus que des agriculteurs... aucune statuette féminine n'appartient à l'époque des débuts du néolithique. »

18. Dans la région de Jéricho, on a retrouvé de cette époque une statuette de calcaire aux traits accusés, à l'arrière-train saillant qui préfigure le mode de représentation qui l'emportera au Vᵉ millénaire. C'est le tout début des figurations explicitement féminines que l'on connaisse au Proche-Orient et qui se ressemblèrent tant, de la Palestine à l'Anatolie.

19. Elle pouvait compter entre 5 000 et 7 000 habitants.

20. G. Camps, *op. cit.*, p. 411 : « Les sanctuaires ont livré de très nombreuses figurines, en pierre ou terre. Celles qui sont en argile crue représentent plutôt des hommes ou des animaux. Leur répartition dans des coins reculés ou à l'extérieur du sanctuaire et leur faible intérêt artistique font penser qu'elles ne sont que d'humbles *ex voto*. Les statuettes en pierre, au contraire, semblent avoir occupé une place de choix... Or, elles représentent presque toujours un personnage féminin. Il s'agit d'une vraie divinité. »

21. Voir ci-contre la reproduction d'après Mellaart. Elle est dite *Potnia Theron* qui signifie « Maîtresse des fauves ».

La déesse de Çatal Hüyük, d'après Mellaart.

quelles elle pose les mains, pour comprendre que cette personne imposante est à la fois la mère et la maîtresse de la nature. Comme le dit Camps, cette Potnia de Çatal Hüyük du VIe millénaire sera la génitrice de mille autres divinités féminines qui, du début du néolithique jusqu'au triomphe des religions monothéistes et mâles, concentreront l'espérance des laboureurs et des pasteurs.

En Palestine, certaines Potnia datées de 4 500 avant J.-C.

ont un visage délibérément traité pour produire un effet terrifiant [22]. L'exagération et la déformation des traits soulignent leur caractère démoniaque. Façon de montrer, sans doute, que la mère toute-puissante n'est pas nécessairement bienveillante. A côté de la mère généreuse qui dispense la vie et les plaisirs, il en est une autre cruelle qui refuse de satisfaire ses enfants. Association intime entre les symboles de vie et de mort, la déesse et l'ogresse [23], le bon et le mauvais sein...

Au Ve millénaire, la Déesse-Mère stéatopyge [24], comme jadis les « Vénus », est partout représentée assise hiératiquement sur un trône, parfois en train d'enfanter, parfois accompagnée d'un dieu mâle plus petit qui se tient à sa modeste place. « On la voit tour à tour génitrice, nourricière (elle tient ses seins en offrande), érotique, funéraire, autant d'aspects qui plus tard donneront lieu à un éclatement en de multiples figures divines, qui semblent n'être que les multiples facettes d'un personnage omnipotent [25]. »

La déesse n'a pas toujours été représentée sous la forme d'une femme imposante au regard terrible. Elle s'est incarnée aussi dans des végétaux et des animaux [26]. Pour

---

22. J. Cauvin, *Religions néolithiques...*, *op. cit.*, p. 88.

23. L'ethnologue Camille Lacoste-Dujardin remarque que, dans les sociétés patriarcales du Maghreb, où les mères exercent un immense pouvoir sur leurs fils, l'ogresse mortifère qui manifeste une féminité agressive hante les mythes et l'imaginaire masculin. Cf. *Des mères contre les femmes* ; *maternité et patriarcat au Maghreb*, Éd. La Découverte/Textes à l'appui, 1985, p. 159-175.

24. Dont le tissu adipeux est très développé au niveau des fesses.

25. J. Cauvin, *op. cit.*, p. 102.

26. Dr. W. Lederer, *Gynophobia ou la peur des femmes*, Payot, 1970. Il est probable qu'avant d'être une vache, la déesse fut une truie à cause de la fertilité de cet animal. Ce qui expliquerait que la truie, et spécialement ses organes sexuels, ait été un animal sacré jusqu'à ce que les grandes religions la dénonce comme étant impure.

engendrer chaque *espèce*, la Grande Mère a pris des formes correspondantes aux animaux avec lesquels elle s'accouplait. Son empire s'étend sur tous les êtres, parce qu'elle les a tous produits. On ne s'étonnera donc pas si, en Mésopotamie, il y a six mille ans, la Déesse Nin-Hour-Sag était une vache laitière, comme le fut Hathor, la déesse égyptienne, mère d'Horus, ou la déesse hindoue Aditi [27].

Quand la déesse a forme humaine, elle revêt toujours les trois mêmes caractères : la nudité, l'obésité et une féminité accentuée. Elle est souvent représentée en train de montrer ou de presser ses seins. Parfois, elle écarte les cuisses de manière presque obscène [28]. Il s'agit dans tous les cas de renforcer par le geste l'effet produit par la déesse conçue comme source de prospérité.

Mais la déesse n'a pas seulement connu diverses incarnations. Elle a aussi évolué en fonction de ses (ou son) accompagnateur(s). Chez de nombreux peuples, elle a été représentée sous la forme humaine entre deux animaux : des quadrupèdes ou des reptiles, des oiseaux, etc. Ces triades se rencontrent de la mer Méditerranée jusqu'à l'Inde et au-delà. Depuis la période égéenne jusqu'à l'époque impériale [29]. Plus tard, la déesse fut représentée

27. La Grande Déesse a parfois son siège dans un arbre, comme plus tard Artémis. Elle est figurée comme un tronc nu ou vêtue de feuillage. La présence de la déesse à côté d'un symbole végétal confirme le sens qu'a l'arbre dans la mythologie archaïque : celui de source inépuisable de la fertilité cosmique.

28. Par exemple, *Baubo, la vulve mythique* (cf. G. Devereux, éd. J.-C. Godefroy, 1983) ou la déesse de Çatal Hüyük.

29. Charles Picard, *Les Religions pré-helléniques*, *op. cit.*, p. 74-78. A Cnossos, on a retrouvé une Potnia aux lions, une autre aussi entourée de colombes. Cf. J. Przyluski, *La Grande Déesse*, Payot, 1950, p. 96 : « De façon générale, la déesse est représentée avec des bêtes sauvages ou des animaux domestiques. On peut supposer qu'entre ces deux séries, il existe des connexions qui s'expliquent par le développement des techniques. La domestication a pour antécédent la capture du gibier vivant. Mais entre la chasse et l'élevage, il y a place pour l'activité du dompteur, ces trois phases

entre deux mâles humains. Elle est devenue l'épouse de deux dieux consorts. En Crète minoenne, où l'on répugnait à mélanger formes humaines et formes animales, la déesse est parfois accompagnée de dieux mâles, dont les pouvoirs ne semblent jamais surpasser ou amoindrir les siens. Au contraire, ils sont tournés vers elle [30] et la contemplent avec respect. Au demeurant, que la déesse soit entourée d'animaux ou accompagnée de deux mâles, l'intérêt de cette triade primitive est double. Elle montre l'attitude dominatrice de la Déesse sur ses acolytes et, surtout, elle indique que la polyandrie divine précède le couple. Maîtresse des animaux ou épouse de jeunes dieux, elle préside à la fécondité et c'est par là que son action est spécifiquement divine, ou du moins magico-religieuse.

Notre Mère qui êtes le Tout...

En Inde, à l'époque védique, Aditi est l'un des noms de la Déesse-Mère. Une stance du *Rig-Véda* la définit ainsi :

« Aditi est le ciel ; Aditi est l'atmosphère.
Aditi est mère ; elle est père ; elle est fils.
Aditi est tous les dieux et les cinq sortes d'êtres.
Aditi est ce qui est né ; Aditi est ce qui est à naître [31]. »

La Grande Déesse règne sur le cosmos unifié. D'elle relèvent à la fois les êtres passés et futurs. C'est dire que sa souveraineté s'étend sur l'infini du temps et de l'espace. S'il est trop tôt pour parler de monothéisme, puisque Aditi,

---

de l'évolution technique se reflètent dans les attitudes de la déesse, qui tour à tour fut chasseresse, dompteuse et maîtresse des animaux domestiques.

30. Ch. Picard, *op. cit.*, p. 109 ; voir aussi la triade polyandrique de la mythologie indienne ou assyrienne.

31. *Rig-Véda*, I, 89, 10.

comme les autres déesses-mères, est la première dans un panthéon nombreux, le fait qu'elle soit la mère dont tous les dieux sont issus nous rapproche pourtant de cette notion. Elle symbolise à elle seule l'unité de l'univers, mais aussi celle de la vie et la mort.

Les anciennes religions de l'Inde, de la Perse ou d'Europe orientale ont en commun le mythe de la Grande Mère, divinité des eaux. Son nom est donné aux grands fleuves [32] qui irriguent et fécondent la terre. Elle est aussi la déesse des combats [33], divinité belliqueuse qui préside à la destruction des êtres. Dans les sociétés de la Haute-Antiquité, le nombre de ceux qui trouvent de quoi vivre est limité. C'est la mort des uns qui permet aux autres de naître et de grandir. La Déesse-Mère incarne cette cruelle nécessité et l'idée que la vie et la mort sont liées comme les deux faces d'un même processus.

C'est aussi parce qu'elle incarne le *Tout* de la création, qu'on trouvera en divers lieux des divinités de la terre et de la fécondité *bisexuées* : « La divinité cumule alors toutes les forces de la création, et cette formule de bipolarité, de coïncidence des contraires, sera reprise par la spéculation ultérieure la plus élevée [34]. »

La bisexualité de la Déesse est la façon la plus claire de dire qu'elle est le Tout qui n'appelle aucun apport extérieur pour procréer. Elle engendre l'univers par parthénogenèse. Exactement comme le Dieu-Père qui lui succédera dans les religions monothéistes mâles.

Cette appréhension de la Déesse-Mère n'a pu rester sans conséquences sur les rapports de l'homme et de la femme. Celle-ci était le succédané humain de celle-là et l'homme du néolithique adorait un dieu aux formes féminines. Dans la

32. J. Przyluski, *op. cit.*, p. 27.
33. Comme en Iran.
34. M. Eliade, *Traité...*, *op. cit.*, p. 225.

vie quotidienne, les croyances sur l'origine des enfants accréditaient l'idée que l'homme n'intervient pas — ou si peu — dans la création.

Réunissant un grand nombre d'histoires et de légendes venant de tout horizon (ethnologique et préhistorique), Mircea Eliade pense qu'avant que les causes physiologiques de la conception fussent connues, les hommes croyaient que la maternité était due à l'insertion directe de l'enfant dans le ventre de sa mère [35]. On disait que les enfants commencent leur vie prénatale dans les eaux, les cristaux, les pierres, les arbres ou les grottes, au cœur de la Terre-Mère, avant d'être introduits, comme un « souffle », au sein de leur mère humaine [36]. Dans cette optique, le père ne fait que légitimer de tels enfants par un rituel qui possède tous les caractères de l'adoption [37].

On objectera encore que mythes et légendes ne disent pas tout des connaissances et sentiments humains. Ainsi, des travaux récents sur les Trobriandais mettent en lumière le fait que la prétendue ignorance de la paternité biologique relevait plus de la dénégation que d'une véritable mécon-

35. *Ibid.*, p. 211 : « Selon les peuples, ce qui est premier, c'est l'idée que les enfants ne sont pas conçus par le père, mais que, à un stade plus ou moins avancé de leur développement, le fœtus vient prendre place dans le ventre maternel à la suite d'un contact entre la femme et un objet ou un animal du milieu cosmique environnant. »
36. Légendes arméniennes ou péruviennes. Selon Malinowski, aux îles Trobriand, c'est un esprit qui pénètre le corps de la femme pour la féconder, même si les indigènes reconnaissent volontiers que l'esprit a plus facilement accès aux femmes qui ont eu des rapports avec les hommes...
37. M. Eliade, *op. cit.*, p. 214-215. Le rituel de l'adoption paternelle — qui s'est poursuivi en Grèce et à Rome — consistait pour le père à soulever l'enfant au-dessus de la terre (ce qui signifie sa reconnaissance) puis de l'y reposer, comme pour montrer que celle-ci est sa mère véritable. Dans cette optique tellurique, la maternité humaine est conçue comme la continuation de la création divine, alors que la paternité n'a qu'une fonction sociale. M. Eliade signale que la coutume était encore récemment en usage chez les Abruzzes, les Japonais et les Scandinaves.

naissance. En outre, il est tout à la fois possible d'imaginer la part du père dans la procréation, tout en ignorant les conditions physiologiques du processus. Mais cela ne diminue en rien l'importance du système idéologique qui veut que les femmes seules — avec l'aide du cosmos ou des esprits — aient accès à la création.

Cette croyance en une sorte de parthénogenèse est peut-être à rapprocher, du point de vue psychologique et idéologique, de la couvade rituelle masculine, encore pratiquée à ce jour dans certaines sociétés primitives. Lorsque la mère accouche, le père se couche. C'est une façon pour le père d'affirmer son droit sur l'enfant. Souvent, il mime l'accouchement, pousse des cris de douleur et ne reprend sa vie normale que plusieurs semaines après la naissance [38].

A l'inverse, les civilisations néolithiques n'ont pris en compte que le pouvoir créateur de la femme-mère. Ce parti pris — si cela en fut un — était profondément ancré dans le système religieux et la structure économique de cette époque. Même si la sacralité maternelle et féminine était connue du paléolithique, la découverte de l'agriculture dut en augmenter sensiblement la puissance. A présent, on lie la fertilité de la terre à la fécondité féminine : les femmes deviennent responsables de l'abondance des récoltes, car elles connaissent le « Mystère » de la création.

Les cultures agricoles élaborent une « religion cosmique [39] » dont les rites sont accomplis par les femmes. Le travail agricole lui-même est un rite parce qu'il s'accomplit sur le corps de la Terre-Mère et implique l'intégration du

---

38. Il est bien évident que les pères « couveurs » et toute la société qui les entoure et les fête comme s'ils étaient les vraies mères connaissent la vérité biologique. Mais l'important n'est pas là. L'essentiel consiste à élever le père au rang de procréateur.

39. M. Eliade, op. cit., p. 53.

laboureur dans certaines périodes de temps favorables ou néfastes [40].

La solidarité mystique entre la fécondité de la terre et la force créatrice de la femme est une des intuitions fondamentales de ce que M. Eliade appelle « la conscience agricole ». Nombre de rites attestent l'influence décisive de la magie érotique sur l'agriculture : la nudité, les orgies, les gouttes de lait maternel versées sur le champ en sont la preuve. Mais en vertu d'une conception totalisante de la vie, si la fécondité de la femme influence la fertilité des champs, l'opulence de la végétation aide à son tour la femme à concevoir. Les morts collaborent à l'un et à l'autre, attendant de ces deux sources de fertilité l'énergie et la substance qui les réintégreront dans le flux vital.

La solidarité des morts (enterrés comme des graines) avec la fertilité et l'agriculture [41] marque une fois de plus la toute-puissance de la Terre-Mère et avec elle le prestige des femmes. Leur pratique agricole est l'occasion de la régéné-

40. *Ibid.*, p. 282 : « Ces croyances et ces rites nous sont connus parce qu'ils ont perduré fort longtemps chez certains peuples européens. En Prusse-Orientale la coutume voulait que les femmes allassent nues semer aux champs, en Finlande, qu'elles apportent la semence dans la chemise menstruelle. Chez les Allemands ce sont les femmes mariées et mieux encore les femmes enceintes qui devaient semer les grains.

41. Dans la mythologie pré-homérique, toutes les divinités appartiennent à la terre et toutes ont part à la vie comme à la mort. La religion chthonienne ne sépare pas le mort de la communauté des vivants puisqu'il a sa demeure au sein de la terre maternelle. D'où l'usage pré-homérique et généralisé d'enterrer soigneusement les morts. Pratique qui sera abandonnée par la culture de l'épopée homérique (les morts seront incinérés) pour laquelle l'interdépendance des morts et des vivants a complètement cessé. Chez Homère, les dieux olympiens appartiennent tout à fait à la vie. Ils n'ont rien à faire avec les morts. Il est vrai que si la religion de la Terre pré-homérique donne la première place au maternel et au féminin — le masculin, lui, est toujours subordonné —, la nouvelle religion grecque inverse la donne. Les dieux se sont emparés des pouvoirs des déesses, comme les hommes de ceux des femmes.

ration, puisque les cultes de la fertilité interfèrent étroitement avec les cultes mortuaires.

Tout ce qui touche à la vie, et donc à la richesse, est alors
affaire de femme. Source de la fertilité végétale et de la
fécondité humaine, elle est de surcroît celle qui protège de
la mort, avant de protéger les morts. Telles les déesses
crétoises, tenant en main pavots et autres opiacés [42], les
femmes détenaient les pouvoirs de guérisseuses, grâce aux
plantes qu'elles avaient collectées.

Nul doute que le règne des femmes n'ait jamais été si
grand, même si aucun document sérieux ne fait état de leur
pouvoir politique [43]. Nous connaissons tous quelques légendes qui évoquent le cas des Amazones [44] ou des Lemnien-
nes, les unes guerrières, les autres meurtrières de leurs
maris. Mais ces contre-exemples servent davantage de
défouloirs que de modèles historiques du rapport homme/
femme.

Malgré le hiatus qui peut exister entre les représentations
et la vie quotidienne, l'analyse des croyances religieuses,
qui s'étalent sur plusieurs millénaires, est un sérieux indica-
teur du prestige qui s'attache à chacun des sexes. Or, il
semble bien que la période néolithique s'inscrive sous le
signe du règne de la mère, en laissant les pouvoirs masculins
dans une relative zone d'ombre.

Pour tenter de comprendre le rapport des hommes et des
femmes de cette époque, nous ne disposons que de deux
certitudes. La première concerne les hommes. Entre la
période de la chasse du paléolithique et l'expansion des
guerres à l'âge du bronze, ils se sont essentiellement

---

42. C. Picard, *Les Religions pré-helléniques*, *op. cit.*, p. 87.

43. P. Vidal-Naquet, *Le Chasseur noir,* 1981 ; rééd. LD/Fondations,
1983, p. 272 : Le matriarcat n'existe que dans les mythes et légendes. La cité
grecque « s'est posée en s'opposant à eux ».

44. *L'Iliade* fait mention des Amazones combattues par le roi Priam.

consacrés à l'élevage, à l'artisanat puis à l'agriculture. Autant d'activités sédentaires, certes importantes, mais qui ne mettaient pas leur vie en jeu comme la chasse ou la guerre. Il n'est donc pas exclu que le sexe masculin ait perdu, durant cette époque plus paisible que d'autres, une part de son prestige de jadis. L'heure n'était pas à la vénération des valeurs viriles, comme semble le montrer l'absence de dieux masculins consistants.

La seconde certitude concerne l'évidente religiosité des sociétés néolithiques. Lorsque la vie des êtres humains est scandée au rythme de pratiques magico-religieuses et que l'on implore et sacrifie toujours à une déesse, comment son incarnation humaine, la femme, n'aurait-elle pas un prestige considérable auprès de ceux qui ne l'incarnent pas ? Comment l'habitude millénaire d'invoquer « Notre Mère qui êtes la Terre » ne traduirait-elle pas un prestige du féminin, similaire à celui du masculin lorsqu'on priera plus tard « Notre Père qui êtes aux Cieux... » ?

Il est vrai que, partout où règne un dieu omnipotent, l'homme gouverne le monde, et le père sa famille [45]. Ce qui n'est pas le cas de la femme du néolithique, dont on a pu dire qu'« elle règne mais ne gouverne pas ». Cependant, dans la mesure où l'activité économique était étroitement liée au culte de la Déesse-Mère, on voit mal comment les hommes auraient déjà exercé une puissance contraignante sur les femmes.

---

45. Lorsqu'une société devient profondément laïque comme la nôtre, le pouvoir d'un sexe sur l'autre perd sa plus précieuse légitimité. En supprimant le fondement divin de la puissance, on sape toute idée de supériorité « naturelle » de l'Un sur l'Autre.

Le couple ou les pouvoirs partagés.

Du IVe millénaire à la fin du IIe, le rapport homme-femme semble connaître une période d'équilibre, voire d'harmonie, qu'on ne retrouvera plus dans les époques ultérieures. Ce moment de rapprochement entre les sexes n'a pas commencé et fini partout en même temps [46]. Certains en soupçonnent les prémisses dès le Ve millénaire à Jéricho, mais aussi sur les rives du Danube. D'autres en prolongent les effets bien au-delà des débuts de l'institution patriarcale, jusqu'à la naissance de la démocratie grecque. On a parlé de système « semi-patriarcal » pour signifier que les pouvoirs reconnus au père n'étaient pas exclusifs de ceux de la mère, ou contraires à la liberté du sexe féminin. Mais quelle que soit l'appellation exacte de cette période encore mal connue, les documents à notre disposition donnent l'impression d'une communauté des sexes empreinte d'estime mutuelle.

Tout laisse à penser que l'homme se rapproche de la femme, revendique la participation aux différentes tâches et fonctions qui furent jadis son apanage. En un sens, cette nouvelle collaboration peut être interprétée comme le début de la dépossession des femmes, ce que l'histoire confirmera. Mais on peut aussi refuser d'observer cette période en fonction du seul futur, et l'appréhender pour

---

46. F. d'Eaubonne, *op. cit.*, p. 82, remarque que la spécificité sexuelle des tâches — l'élevage par les hommes, l'agriculture par les femmes — est maintenue à une époque très tardive dans certaines régions d'Europe. Chez les premiers paysans britanniques, à l'époque mégalithique, on trouvera les traces d'une culture du blé par les femmes et d'un pastorat masculin.

elle-même, comme un moment de respiration, avant que ne commence le long combat pour imposer la suprématie de l'Un sur l'Autre.

Cette époque voit naître la nouvelle notion du couple. Peu à peu de l'Europe de l'Ouest jusqu'à l'est de l'Asie, on reconnaît qu'il faut être deux pour procréer, deux pour produire. Au culte de la Déesse-Mère, on n'a pas encore substitué celui du Dieu-Père. Mais c'est le couple formé par un dieu et une déesse qui est objet d'adoration. Hommes et femmes se partagent la terre et le ciel, non plus selon l'ancien schéma de la séparation des pouvoirs spécifiques à l'Un et à l'Autre, mais dans l'optique où l'on ne peut plus se passer de l'Autre pour l'accomplissement d'une même tâche.

La production et la reproduction.

Certains datent l'apparition de l'agriculture masculine au soc [47] du VIe millénaire chez les Sumériens. Elle se serait diffusée dans tout le Moyen-Orient jusqu'au IVe millénaire, mais ne serait apparue en Occident qu'aux temps pré-homériques, quinze à vingt siècles avant J.-C.

Quelle que soit la chronologie, il est probable que l'homme dut s'associer relativement tôt à sa compagne pour l'aider dans une tâche épuisante. Défricher la terre à la houe — le plus souvent de bois — en creusant une raie demandait des efforts considérables, si l'on en croit les documents de l'ancien Empire égyptien, qui montrent les fellahs s'affairant laborieusement avec leur bâton fouisseur [48]. C'est tardivement que l'homme put associer l'ani-

47. Que l'on distingue de l'agriculture féminine à la houe.
48. Daniel Faucher, *Histoire générale des techniques,* tome I, PUF, 1962.

mal à son activité agricole, qu'il utilisa l'araire [49] et surtout qu'il substitua une lame de métal au soc en bois [50]. Mais avant même que l'usage de l'araire se soit répandu, il est fort possible qu'hommes et femmes se soient partagé les tâches agricoles. A lui le travail exténuant du défrichage, à elle celui des semailles, moins fatigant, et à eux deux la tâche de moissonner. Répartition qui était conforme aux rites magico-religieux de cette époque et respectait les caractéristiques physiques de chacun.

Lorsque la technique de l'araire se développa à l'âge du bronze, permettant au paysan d'économiser sa peine et d'ensemencer de plus grandes étendues [51], lorsque l'usage de l'attelage tiré par un couple de bœufs se fut imposé, l'agriculture était devenue le domaine des hommes. L'usage de la charrue au soc de métal en fit sa propriété exclusive. Le champ devint son bien. A la femme, il ne resta que le jardin d'antan...

Mais avant d'en arriver à cette mainmise du sexe masculin sur un domaine originellement féminin, la solidarité entre la fécondité de la glèbe [52] et celle de la femme continua d'être un trait saillant des sociétés agricoles. La femme conservait donc le prestige de pouvoir influer sur la fertilité et de la distribuer. Celui-ci ne commença de pâlir qu'avec la venue de la charrue qui apparut très vite comme un symbole sexuel masculin. La fertilité de la terre ne résultait plus seulement de l'action du principe féminin, mais de l'association des deux principes.

49. *Ibid.*, les représentations des araires les plus primitifs, celles des gravures rupestres des Alpes maritimes ou de la Suède méridionale, sont du début de l'âge du bronze.

50. D. Faucher précise que c'est dans l'ancienne Mésopotamie et en Égypte qu'on retrouve les plus anciens emplois de l'araire, et qu'il faudra attendre la période historique pour que la charrue se substitue à lui.

51. D. Faucher : « Il n'est peut-être pas exagéré de dire que l'araire a créé le champ. »

52. « Sol en culture. »

L'assimilation de la femme et de la terre devint celle du sillon et de la vulve. Ce n'était plus elle qui détenait une affinité naturelle avec les graines [53], mais l'homme, ou plus exactement la semence virile. La charrue-phallus accorda à l'homme un rôle de plus en plus important, en faisant de lui le fertilisateur de la terre. Cependant, à cette époque, nul ne songeait encore à nier la part essentielle des femmes dans le processus de la fertilité et de la fécondation. L'heure était au partage, et à la nécessité du couple pour faire œuvre de création.

A en croire certains ethnologues [54] du début du siècle, plusieurs populations australiennes ignoraient encore les conditions physiologiques de la procréation. Ils expliquaient la conception sans tenir compte de l'acte sexuel et méconnaissaient — ou faisaient mine de méconnaître — le rôle du père [55]. La paternité n'était envisagée que sous l'aspect social.

Certains contestent aujourd'hui l'interprétation des pères de l'ethnologie et pensent que l'ignorance de la paternité biologique n'était que feinte. Mais le problème n'en reste pas moins posé pour les hommes de la préhistoire.

J. Przyluski prend pour acquise l'ignorance des premiers hommes, car, dit-il, toute fille pubère devait être déflorée, et on n'apercevait aucune corrélation entre la conception et les actes du mâle. Il croit que c'est la pratique de l'élevage des animaux qui mit les hommes sur la voie de la vérité.

---

53. Comme c'était le cas récemment encore à Bornéo. Cf. Mircea Eliade, *Traité...*, *op. cit.*, p. 222.

54. Cf. les études de Malinowski sur les Trobriandais ou celles de Spencer et Gillen sur les Arunta à une époque où ces populations n'avaient pas encore été en contact avec les Européens.

55. Chez les Trobriandais, on disait qu'une femme tombe enceinte quand un esprit ancestral matrilinéaire envoie dans son corps « un enfant-esprit ».

Pour pratiquer avec fruit cette nouvelle activité, il fallait observer le comportement des bêtes domestiques. Alors, on découvrit qu'on empêche ou favorise leur multiplication en tenant les sexes éloignés ou rapprochés. Après quoi, il suffisait aux hommes de s'appliquer à eux-mêmes les conséquences de cette découverte. Ils modifièrent leurs idées sur la conception : ce n'était pas la consommation d'un aliment ou le contact d'un objet qui rendait une femme enceinte, mais le germe déposé en elle, la substance du mâle.

« A la fécondité unisexuée des origines succède la fécondation bisexuée ; la transmission de la vie exige la coopération des deux sexes... explication qui va bouleverser le droit et la religion. Jusque-là l'enfant n'était rattaché qu'à sa mère ; il était un végétal ou un animal suivant la nature du germe qui l'avait fait naître. Désormais, l'enfant est rattaché au père. Il est un petit d'homme et continue la lignée de ses ascendants [56]. »

Przyluski pense que de là date le passage de la filiation matrilinéaire à la filiation patrilinéaire. Encore qu'une transformation aussi radicale dût s'opérer graduellement et non sans résistance, si l'on en croit le folklore des populations évoquées [57].

Il se trouve encore, dans la mythologie grecque, le vague souvenir d'une époque où les enfants appartenaient aux mères. Pierre Vidal-Naquet [58] évoque le mythe de Cécrops,

---

56. J. Przyluski, *op. cit.*, p. 161.

57. *Ibid.*, p. 161-162. Pendant longtemps — contrairement à l'évidence —, on a refusé d'étendre aux héros et aux rois les conséquences de l'expérience commune : « Après le début de l'ère chrétienne, les rois Andhra de l'Inde sont encore les fils du cheval, procréés par un cheval offert en sacrifice. Admis facilement pour les animaux, le principe de la procréation par le père n'a dû être étendu aux hommes que lentement, avec répugnance et en réservant le cas des êtres exceptionnels. »

58. *Le Chasseur noir*, *op. cit.*, p. 285-286. P. Vidal-Naquet rappelle que le

héros civilisateur qui conduisit les Athéniens de la sauvage-
rie à la civilisation. L'Athènes civilisée est présentée
comme l'inversion de l'état précédent. Là, les Athéniennes
ne votent plus, les enfants ne sont plus connus par le nom de
leur mère, les femmes d'Athènes n'ont plus de nom propre.
Elles ne sont que les épouses ou les filles des Athéniens.
Alors qu'« auparavant, dit Cléarque, les unions sexuelles se
faisant par hasard, personne ne pouvait identifier son père,
ce qui implique que chacun n'était connu que par le nom de
sa mère [59] ».

Si ce propos n'indique pas la méconnaissance du rôle de
l'homme dans la procréation, il met en lumière l'ignorance
du père biologique due à la liberté sexuelle des femmes et le
nécessaire recours à une structure familiale matrilinéaire.
Ce qui tendrait à montrer que la notion de couple, fondée
sur le mariage, avec le système patriarcal que nous connaissons, est plus récente qu'on veut souvent le croire. Lorsqu'on se souvient que sont attribuées à Cécrops [60], en même
temps que l'établissement du mariage, la découverte de
l'agriculture, de l'écriture et des lois de la propriété, on
constate que la mythologie faisait le même lien entre la
paternité et le développement des pratiques agricoles que
les pré-historiens aujourd'hui.

La naissance de la guerre [61].

Pendant toute la période du paléolithique, les chasseurs
préhistoriques vécurent armés, mais paisibles. Les tombes

mérite de la reconstitution du mythe appartient à S. Pembroke, *Women*
(1967).

59. *Ibid.*, p. 286.

60. La légende fait de Cécrops le premier roi mythique d'Attique et le
fondateur d'Athènes qui s'appelait Cécropia.

61. Max Escalon de Fonton, « La fin du monde des chasseurs et la
naissance de la guerre », *Courrier du CNRS*, juillet 1977, p. 28-33.

retrouvées ne fournissent aucune trace de guerre. A l'époque archaïque du néolithique, la population est encore clairsemée et donc pacifique. Même si l'on trouve, dès l'épipaléolithique, des traces de l'agressivité entre hommes, celles-ci ne dépassent pas le cas individuel, et l'on ne peut pas encore parler de guerre.

C'est à partir du néolithique moyen, pleinement agricole, que les manifestations belliqueuses se multiplient et deviennent collectives. La raison en est simple : les conditions de vie et de nutrition vont susciter d'importantes poussées démographiques. C'est la période d'édification des villages et de la croissance de la production. Dans le mobilier, l'apparition de grands vases à provision, inconnus dans le néolithique ancien, confirme l'existence d'importants stocks de nourriture qui suscitent l'envie de moins bien nantis.

La surpopulation favorisée par l'accumulation des ressources crée à son tour le besoin de terres nouvelles, et des combats se livrent entre les communautés pour la possession des territoires. Pillages et conquêtes deviennent des activités répandues.

C'est surtout à partir du néolithique final et de l'âge des métaux que la guerre laisse des traces dans les sépultures collectives. Les squelettes présentent des traumatismes bien nets et portent encore profondément plantées dans les os plusieurs flèches meurtrières, indices d'un acharnement certain [62].

La guerre fut, sans conteste, l'apanage et la contrainte du sexe masculin. Les squelettes percés de flèches sont ceux

---

62. G. Camps, *op. cit.*, p. 311 : « Il s'agit parfois de véritables massacres, dont le meilleur exemple est la sépulture souterraine des Grottes à Roaix, dans le Vaucluse. Là, la couche supérieure renferme plusieurs dizaines de squelettes empilés, inhumés simultanément, accompagnés de nombreuses pointes de flèches très allongées, dispersées parmi les ossements. »

des hommes, et l'on ne mentionne guère de tels squelettes féminins. Avec le développement de l'agriculture, les guerriers succèdent aux chasseurs et récupèrent le prestige et le pouvoir que les hommes avaient perdus lors du déclin de la chasse. Avec le temps, ils formeront une classe prestigieuse de la Cité, spécialisée dans cette activité dangereuse et noble.

Reste que les mythes sont riches d'histoires de femmes guerrières [63]. Les récits de voyageurs aussi [64]. Malheureusement, la plupart de ces exemples ne sont pas toujours vérifiables ou probants. Les femmes peuvent appartenir à l'armée, porter un uniforme et ne jamais se trouver en première ligne contre l'ennemi. Pourtant, deux types de civilisations très différentes font état de la participation des femmes à la guerre de façon plus historique que mythique. La première est la civilisation celtique, de type semi-patriarcal, dans laquelle il était permis aux femmes de jouer un rôle important [65]. A. Pelletier rapporte l'étonnement des Romains de trouver en face d'eux des peuplades dirigées par des femmes [66]. Il cite Plutarque surpris de la part prise par elles dans la bataille qui opposa Marius aux Ambrons en -102, près d'Aix-en-Provence : « Là, les femmes se

---

63. F. d'Eaubonne (*op. cit.*, p. 59) en retrouve « dans cent contrées différentes, jusqu'en Chine et dans les îles mystérieuses dont les voyageurs arabes du XIe et du XIIe siècle ont rempli les mémoires ».

64. *Ibid.*, p. 60 : « On citera pour mémoire les bataillons dahoméens, la gynocratie éthiopienne signalée en 1600 par deux explorateurs, les guerrières du Monomatopa, de même que les bataillons russes féminins d'avant 1917, etc. »

65. J. Markale, *La Femme celte*, Payot, 1972, p. 47-48, cite l'exemple historique de « la reine des Iceni, Bodicéa, qui ayant vu ses filles violées par des légionnaires romains, déclencha la grande révolte bretonne de 61, qui groupait tous les peuples de l'île, après le carnage des druides par l'armée de Suetonius Paulinius ».

66. André Pelletier, *La Femme dans la société gallo-romaine*, Picard, 1984, p. 13. Les Ambrons étaient une peuplade celtique.

jetant à leur rencontre avec des épées et des haches et poussant des cris aigus de colère et de rage s'efforçaient de repousser à la fois les fuyards et leurs poursuivants... Elles se mêlaient aux combattants ; de leurs mains nues, elles arrachaient les boucliers des Romains et saisissaient leurs épées, en supportant leurs blessures qui déchiraient leur corps avec un courage invincible jusqu'à la fin » (*Vie de Marius*, 19,9).

La culture brésilienne serait la seconde illustration de pratiques « amazoniennes », et en tout cas de la participation féminine aux combats [67].

Mais dans l'un ou l'autre cas, le principe des femmes guerrières n'exclut jamais la participation des hommes à cette pratique qui est, historiquement, leur domaine spécifique [68].

La guerre, toujours perçue comme l'activité masculine par excellence, est le complément symétrique de la maternité, qui donne à l'homme la spécificité dont il a tant besoin.

Le dualisme religieux.

Dès la fin du IVe millénaire et au début du IIIe, la dyade divine l'emporte nettement sur la triade précédente. On assiste progressivement au passage de la polyandrie à la monogamie. Chez les dieux aussi, la notion de couple

67. F. Héritier signale que, dans certaines sociétés amérindiennes, des femmes accompagnaient les hommes à la chasse et à la guerre.

68. F. Héritier, *Le Fait féminin, op. cit.*, p. 399, admet qu'il y eut ici ou là des femmes guerrières et que, dans certaines sociétés (amérindienne ou gauloise), elles aient pu suivre les hommes à la chasse et à la guerre. Mais elle précise : « Elles ne les dirigeaient pas... (cette activité était réservée) aux jeunes concubines tant qu'elles n'étaient pas entrées dans le statut normal de femme mariée. »

hétérosexuel s'impose en priorité dans les zones de riche culture, tandis que la triade divine se maintient comme une survivance chez les peuples moins favorisés.

En Égypte, c'est au cours du IIIe millénaire que le couple divin fait son apparition. Osiris devient à la fois l'esprit du grain et l'esprit de l'eau [69]. Son mariage avec Isis, grande déesse de la fécondité universelle, symbolise l'union de l'eau (le Nil) et de la terre. Dans leurs amours, Isis et Osiris fécondent toute la nature. Mais on remarquera, dans la légende rapportée par A. Moret, un premier détournement des pouvoirs féminins. C'est Osiris, et non Isis, qui est censé avoir révélé aux hommes toutes les plantes alimentaires et textiles, l'art de l'agriculture et de l'irrigation.

Au même moment, à Babylone [70], les dieux agraires ont pris l'aspect de l'homme. De la Mésopotamie à l'Anatolie et la Syrie, on constate l'existence d'un jeune dieu imberbe, court vêtu, adjoint au couple sacré pour reprendre à son compte le rôle spécifique de dieu agraire. Bientôt, le jeune dieu spécialisé sera « absorbé » par le Grand Dieu. Il sera l'amant de la Grande Déesse et présidera à la fécondité universelle.

Dans l'ensemble des mythologies indo-européennes, on observe de bonne heure la tendance à former des couples [71]

69. A. Moret, *Mélanges offerts à Jean Capart,* Bruxelles, 1935, p. 312.
70. *Ibid.,* p. 325 : « Des bas-reliefs rupestres de cette époque décrivent des processions et cérémonies du mariage mystique qui unit le Grand Dieu à la Grande Déesse. »
71. F. d'Eaubonne fait remarquer, à juste titre, que la période mégalithique de l'Europe de l'Ouest et du littoral africain (de la fin du IIIe millénaire jusqu'au début du Ier) connaît également le dualisme divin, représenté par deux types différents de blocs minéraux: les *menhirs,* colonnes phalliques au sommet ovoïde (verticalité), et les *dolmens,* simples tables de dimension colossale (horizontalité). Elle s'étonne qu'on se soit si peu intéressé à la symbolique féminine du dolmen, alors que n'importe qui comprend l'aspect phallique du menhir. Et elle rappelle que, pour les Khassi de l'Assam, les

du type Jupiter-Junon, c'est-à-dire des unions matrimoniales conformes à la monogamie [72]. Après avoir été la maîtresse des animaux, la déesse est devenue l'épouse de deux consorts mâles, puis a formé un couple avec un seul époux. Le couple de déesses Déméter et Coré, dyade unisexuée formée d'une déesse âgée et d'une déesse jeune [73], laissera la place à un couple hétérosexuel, Astarté et Adonis.

Le couple divin bisexué est la preuve de la transformation des idées sur la génération. Celle-ci n'appartient plus exclusivement au sexe féminin, comme le traduisait encore la dyade unisexuée. La mère ne peut plus enfanter sans l'intervention d'un mâle [74].

Mais l'équilibre des pouvoirs au sein du couple divin semble précaire. Tandis que dans les anciennes triades la déesse l'emporte sur ses acolytes masculins, dans les dyades, au contraire, le dieu masculin prend de plus en plus d'importance, au point d'être souvent plus puissant que sa parèdre. Cette évolution de la figuration divine en dit long sur les rapports de pouvoir au sein du couple humain. Même si la représentation féminine se poursuit à travers les âges des métaux et la période historique, on est forcé de constater que la notion de couple, indissociable de l'amour, est aussi à l'origine d'un amoindrissement des pouvoirs de la femme.

Avant que les prestiges féminins ne déclinent, on peut

---

dolmens sont les représentations de la Grande Mère du clan ; les menhirs les représentations du Grand Père (*op. cit.*, p. 88 et 98).

72. J. Przyluski, *op. cit.*, p. 153.

73. *Ibid.*, p. 162. La dyade unisexuée se retrouve dans les mythologies grecque, latine, étrusque et même japonaise.

74. J. Przyluski, *op. cit.*, p. 163 : « Le couple formé par la déesse et un jeune dieu sert de transition entre les deux conceptions. Le jeune dieu est à la fois fils et amant, parce qu'il est d'abord le substitut d'une déesse qui était la fille de la Grande Mère. »

penser qu'hommes et femmes connurent des relations relativement équilibrées. Cette période exceptionnelle dans l'histoire de leurs rapports est caractérisée par le partage du ciel et de la terre. Couple divin, procréateur et producteur, l'homme et la femme semblent liés par une connivence et une symétrie qu'on ne retrouvera plus avant longtemps dans le monde occidental. Notamment parce que l'on s'empressera d'oublier que le féminin aussi peut incarner le Divin, et que la transcendance ne se décline pas qu'au masculin.

Interférence, équivalence et égalité des sexes.

Les récents travaux sur la Grèce archaïque [75] ont en commun d'insister sur l'ambivalence et l'interférence des sexes, que l'on perçoit encore au tournant du Ve et du IVe siècle avant J.-C. dans certaines pratiques religieuses et sociales.

Jean-Pierre Vernant fut l'un des premiers à mettre en lumière l'ambivalence des sexes à travers le récit mythique des relations entre un dieu et une déesse complémentaires : Hermès et Hestia [76]. Hermès, on le sait, est le dieu du voyage. Hestia, la gardienne du foyer, le centre de l'espace domestique à partir duquel l'espace humain s'oriente et s'organise. Elle est le « dedans ». Il est le « dehors »,

---

75. Cf. Pauline Schmitt-Pantel, *Une histoire des femmes est-elle possible ?*, Rivages, 1984 ; J.-P. Vernant, *Mythe et Pensée chez les Grecs*, 2 vol., Maspero, 1971 ; Pierre Vidal-Naquet, *Le Chasseur noir, op. cit.* ; Nicole Loraux, « Le lit et la guerre », revue *L'Homme*, janvier-mars, 1981, XXI.

76. *Op. cit.*, « Hestia-Hermès », p. 124-170, publié pour la première fois en 1963.

insaisissable et ubiquitaire. Elle a pour domaine la maison. Lui court le monde pour travailler, faire la guerre, le négoce, participer à la vie publique. Apparemment tout les oppose, mais J.-P. Vernant s'attache à montrer que l'opposition est plus apparente que réelle, puisqu'on trouve des caractéristiques de chaque dieu dans l'autre. Hermès peut aussi exprimer la permanence et Hestia la mobilité.

Cette ambiguïté se retrouve dans les principales institutions sociales, au niveau du mariage [77] comme à celui des repas [78]. Vernant conclut que la polarité du fixe et du mobile, du dedans et du dehors, etc., n'est pas seulement attestée dans le jeu des institutions domestiques, mais qu'elle s'inscrit dans la nature de l'homme et de la femme : « Ni Hestia, ni Hermès ne peuvent être posés isolément. Ils assurent leurs fonctions sous la forme d'un *couple*, l'existence de l'un impliquant celle de l'autre, à laquelle elle renvoie comme à sa nécessaire contrepartie. *Bien plus, cette complémentarité même des deux divinités suppose, en chacune d'elles*, une opposition ou une *tension intérieure* qui confère à leur personnage de dieu un caractère fondamental d'ambiguïté [79]. »

77. *Ibid.*, p. 132 : Vernant évoque le cas du mariage où « l'orientation de l'homme vers le dehors, de la femme vers le dedans, se trouve inversée. (Là), contrairement à toutes les autres activités sociales, c'est la femme qui constitue l'élément mobile dont la circulation fait le lien entre groupes familiaux différents, l'homme restant au contraire fixé à son propre foyer domestique. L'ambiguïté du statut féminin consiste donc en ceci que la fille de la maison... ne peut pourtant s'accomplir en femme par le mariage sans renoncer à ce foyer dont elle a la charge ».

78. *Ibid.*, p. 143 : en tant que déesse du foyer, Hestia préside aux repas à la fois fermés et ouverts sur l'extérieur. D'une part, quand les anciens sacrifiaient à Hestia, ils faisaient leur repas en commun et n'acceptaient aucun étranger à leur table. Mais, en même temps, le foyer et la table « ont aussi pour fonction d'ouvrir à qui n'est pas de la famille le cercle domestique, de l'inscrire dans la communauté familiale ».

79. *Ibid.*, p. 144. (Souligné par nous.)

Hestia, la déesse vierge, pour assurer sa fonction de permanence dans le temps, doit aussi apparaître comme la Mère, source de vie et de création. Hermès, le dieu de l'espace et du mouvement, doit pouvoir se fixer dans un foyer. L'Un n'est pas seulement le complément de l'Autre. Une part de l'Un se trouve aussi nécessairement dans l'Autre. En ce sens, si l'homme et la femme s'opposent pour mieux se compléter, ils doivent aussi se ressembler pour se comprendre et s'allier.

L'interférence des sexes ou les cas d'inversion ne se rencontrent pas seulement dans les mythes ; on les observe aussi dans le théâtre grec [80], et dans certaines traditions éducatives. Vidal-Naquet [81] fait remarquer que, lors des rites de passage, les éphèbes athéniens devaient porter un vêtement féminin, la « chlamyde noire », avant de revêtir, une fois leur serment prêté, l'uniforme hoplitique. A l'inverse, le passage de la condition de jeune fille à celle de femme se faisait par l'intermédiaire d'un déguisement masculin. Dans les deux cas, le jeune homme et la jeune fille devaient, l'espace d'un moment, incarner « l'Autre », comme pour marquer la dualité bisexuelle de la nature humaine, avant d'être reçus et incorporés dans leur groupe.

Sparte aussi connaissait des rites d'inversion : « La jeune fille était remise aux mains d'une femme... qui lui coupait les cheveux ras, l'affublait d'un habit et de chaussures d'homme, et la couchait sur une paillasse, seule et sans lumière [82]. » A Sparte, la logique de l'interférence des sexes est liée à leur équivalence. Dans un très bel article [83], Nicole Loraux montre l'association du lit et de la guerre, la valeur

---

80. Notamment chez Aristophane.
81. *Le Chasseur noir*, *op. cit.*, p. 191.
82. Plutarque, *Vertus des femmes*, cité par P. Vidal-Naquet, *op. cit.*, p. 205.
83. « Le lit et la guerre », *L'Homme*, *op. cit.*, p. 37-67.

94

égale de l'hoplite et de l'accouchée. L'un et l'autre sont astreints à un entraînement sportif pour donner, le moment venu, le meilleur d'eux-mêmes. Si la chose va de soi pour le futur guerrier, la représentation de jeunes filles ou de femmes enceintes s'entraînant dans le *parthénos* constitue une exception, caractéristique de la cité spartiate.

Mais Nicole Loraux retrouve cette même équivalence entre la guerre et les couches sur les tombes privées athéniennes. « Sur les reliefs funéraires des cimetières athéniens, le mort est représenté dans ce qui fut sa vie ; aucune allusion n'est faite à la mort qui fut la sienne à deux exceptions près : mort d'un soldat, mort d'une accouchée [84]... » Elle rappelle également que « le lit conjugal dans les cités grecques ne prête pas à la plaisanterie ». Et ce d'autant plus, que le lieu de la reproduction, *lochos*, est également le nom de l'embuscade puis de la troupe armée [85].

Comment mieux dire l'équivalence et la symétrie ?

Par la bouche de *Médée*, Euripide a lui aussi entériné l'équivalence de l'accouchement et du combat. Parlant de la souffrance d'être femme, elle s'exclame : « On nous dit que nous menons une vie sans péril à la maison, tandis qu'ils combattent à la guerre. Raisonnement insensé. Être en ligne trois fois, le bouclier au flanc, je le préférerais à enfanter une seule [86]. »

84. *Ibid.*, p. 39 : « Certes, la censure interdit que soit représenté l'accouchement ; sur les stèles, le temps s'immobilise en un avant ou un après : ceinture dénouée, cheveux défaits, la femme souffrante s'abandonne aux bras de ses suivantes... ou bien la morte regarde d'un œil vague le nouveau-né... L'essentiel est là : tout comme le soldat, dont la figure est à jamais celle d'un combattant, l'accouchée a conquis l'arêté dans la mort. »

85. Cité par N. Loraux, p. 41 : P. Chautraine, *Dictionnaire étymologique de la langue grecque*, Paris, 1968 : « Tous les dérivés de Lochos se rapportent soit à la notion d'accouchement, soit à l'emploi militaire. »

86. Cité par N. Loraux, p. 44 : Euripide, *Médée*, 248-251.

A tous ces témoignages, il faudrait ajouter ceux des mots ou des usages de l'époque classique. Par exemple, le mot *ponos*, qui désigne la douleur supportée, s'applique aussi bien au jeune homme qui apprend à s'endurcir qu'aux souffrances de l'accouchement. Dans ce combat, la femme inverse certains signes de la virilité. « Pour affronter la guerre comme pour accéder au statut de citoyen, l'homme grec se ceint ; la femme en couches, au contraire, a dénoué sa ceinture... Reste que, même inversé, le signe est là qui apparente la maternité au combat [87]. »

Dans les deux cas, l'homme et la femme souffrent et risquent de mourir. De quoi les élever au même niveau de transcendance. De quoi aussi faire triompher les ressemblances sur les différences. A travers deux activités apparemment opposées, homme et femme vivent une expérience commune qui les unit dans le même concept d'Humanité au lieu de les isoler dans leur spécificité sexuelle.

Si l'orthodoxie du discours grec enferme les femmes dans la reproduction et les sépare des hommes, « nul peuple n'a mieux que les Grecs su deviner que la distribution du masculin et du féminin était rarement acquise une fois pour toute : d'Hésiode à Hippocrate... ne se sont-ils pas plu à diviser l'humanité en femmes-femelles, hommes-virils, hommes-femmes, femmes qui font l'homme [88] ?... »

Parler d'interférence ou d'équivalence des sexes sont autant de manières de dire leur égalité. A l'époque archaïque qui nous occupe, nous pouvons supposer un état d'équilibre institutionnel entre l'homme et la femme qui ne ressemble ni à l'anarchie d'une société sans loi ni à l'oppression que l'on découvrira plus tard. Le patriarcat — s'il existe déjà — n'est pas encore entré dans sa phase oppressive. Les échanges matrimoniaux obéissent à des

87. N. Loraux, *op. cit.*, p. 45.
88. *Ibid.*, p. 66.

règles très libres. Dans le monde d'Homère et de la légende héroïque, l'opposition entre l'épouse légitime et la concubine apparaît beaucoup moins forte qu'à l'âge classique [89]. Les normes et les règles de conduite laissant une marge de choix assez grande pour qu'on ne puisse pas parler d'un modèle unique de mariage, comme ce sera le cas à la fin du VIe siècle dans la cité démocratique d'Athènes [90]. La multiplicité des statuts féminins forme une hiérarchie assez souple pour que les femmes ne soient pas enfermées dans un modèle contraignant élaboré par les hommes.

Tout ceci est propice au respect mutuel des sexes que l'on observe à la même époque dans d'autres types de sociétés. Dans la littérature védique, la balance est à peu près égale entre la Déesse-Mère Aditi et les grands dieux masculins [91]. Les documents écrits qui datent de 2 000-400 avant J.-C. (notamment le *Rig-Véda*) montrent que les Aryens tenaient en haute estime leurs femmes. Bien qu'ils aient imposé le patriarcat lorsqu'ils envahirent l'Inde, leurs épouses n'étaient pas serves, et leur condition bien meilleure que celle qu'elles connaîtraient plus tard. La naissance des filles était accueillie avec joie, leur éducation aussi soignée que celle des garçons, et les femmes intelligentes encouragées et vénérées [92]. A l'époque du *Rig-Véda*, les sciences militaires leur étaient enseignées. Certaines s'illustrèrent sur les champs de bataille [93], d'autres laissèrent le souvenir de

---

89. J.-P. Vernant, *Mythe et Société en Grèce ancienne*, Maspero, 1974, p. 65 : « Les différences de statut entre les femmes n'engendrent pas nécessairement des traitements dissemblables. Les bâtards ne sont pas plus mal traités que les enfants légitimes. Tout dépend de la " Timé " que leur reconnaît le chef de famille. »

90. *Ibid.*, p. 68.

91. J. Przyluski, *op. cit.*, p. 170. Les dieux masculins s'appellent Varuna, Mitra, Agni, Soma.

92. Indira Mahindra, *Des Indiennes*, Éd. des Femmes, 1985, p. 57-62.

93. L'histoire cite les noms de Shashiyasi, Vadhrimati et Vishpatd.

grandes reines. Surtout, aucune ségrégation d'ordre familial ou social n'existait à l'égard des filles. Elles avaient la même liberté sexuelle que les garçons, et les enfants illégitimes étaient acceptés sans honte par la famille comme par la société. Bien que fondé sur le système patriarcal, le statut des femmes védiques était infiniment plus enviable que celui de la Française au XVIIᵉ siècle.

On peut en dire autant de la condition des femmes celtes à l'âge du fer, jusqu'à l'invasion de la Gaule par les Romains au Iᵉʳ siècle après J.-C. Le droit celtique nous apprend que, si la société était déjà patriarcale, « la femme y jouissait de prérogatives qui auraient fait mourir d'envie les Romaines de la même époque ; il existait un équilibre entre le rôle de l'homme et celui de la femme, équilibre qui n'était pas dû à la supériorité de l'un sur l'autre mais à une égalité dans laquelle chacun pouvait se sentir à l'aise [94] ».

Ainsi s'achève, sur une note égalitaire, la première phase de l'histoire de l'homme et de la femme. Bien que constituée de plusieurs étapes, cette large période de près de 30 000 ans est caractérisée par une constante. Si la division sexuelle des tâches et des fonctions ne s'est jamais démentie, à aucun moment on ne perçoit l'écrasement de l'Un grâce à l'accaparement de tous les pouvoirs par l'Autre.

94. J. Markale, *La Femme celte*, Payot, éd. de 1984, p. 19. Il précise (p. 45-53) que, dans ce système patriarcal modéré, la base de la famille est le couple. La femme avait en principe le droit de choisir son mari et à tout le moins ne pouvait être mariée sans son consentement. Contrairement à la législation romaine, la femme irlandaise « n'entrait pas dans la famille du mari ». Elle continuait à posséder ses propres biens et pouvait divorcer aisément. Enfin, si l'homme est qualifié de « chef de famille », les lois irlandaises présentaient deux cas où il n'était plus le chef du couple : quand l'épouse a même fortune et même naissance que lui (complète égalité des conjoints) ; lorsqu'elle a une plus grande fortune que son époux, c'est elle le chef de famille sans aucune contestation possible. Situation inconcevable dans les sociétés patriarcales ultérieures qui entérineront, au nom de Dieu, l'infériorité naturelle de la femme.

Même si les tyrannies individuelles n'ont pas dû manquer, nous n'avons pu déceler aucun système idéologique d'oppression caractérisée. Du paléolithique à l'âge du fer, hommes et femmes se sont partagé les tâches avec plus ou moins d'équité, mais sans jamais donner l'impression que l'Un n'était que le pâle doublon de l'Autre ou, pis encore, le mal dont il faut se garder. Même durant la période de grand prestige féminin, les hommes, forts de leur supériorité physique, ont continué de tenir leur rôle dans la Cité, contrairement à l'époque historique où les femmes en seront exclues.

De la séparation initiale des pouvoirs qui caractérise le paléolithique au partage de ceux-ci durant la dernière période, nous ne trouvons pas trace de la guerre des sexes qui naîtra bientôt. La séparation ne signifie pas l'exclusion, mais le besoin réciproque de l'Autre ; quant au partage de responsabilités, il peut être l'un des indices de la solidarité et de la considération mutuelle.

Pourtant, il faut croire que cet état n'est pas « naturel » aux rapports des sexes. L'équilibre entre les protagonistes est toujours précaire, à la merci d'une découverte technique ou scientifique, ou encore d'un bouleversement idéologique. La période qui va suivre est riche de tous ces changements, mais désormais l'histoire de l'homme et de la femme s'écrit en termes de conflits, voire d'élimination de l'Un par l'Autre, au point de compromettre dangereusement leur rapport de complémentarité.

DEUXIÈME PARTIE

L'UN *SANS* L'AUTRE

« *Le monde des hommes et celui des femmes sont comme le soleil et la lune : ils se voient peut-être tous les jours, mais ils ne se rencontrent pas.* »

M. MAMMERI.

L'histoire qui va suivre ne couvre — selon les régions — que trois ou quatre millénaires, le temps pour le patriarcat de régner absolument, avant de s'éteindre dans une partie du monde. Elle commence en Orient, berceau de notre civilisation, et s'achève en Occident. Si l'on objecte que le patriarcat est encore bien vivace dans la majeure partie de l'univers, et plus que jamais dans les pays islamiques du Moyen-Orient où tout a commencé, nous répondrons que la révolution néolithique n'est parvenue en Occident qu'avec deux mille ans de retard... Et, surtout, que la mise à mort d'un système de pouvoir, même dans une seule région du globe, suffit à en montrer la relativité et la fragilité.

Pour s'imposer et perdurer, le patriarcat « absolu [1] » suppose d'abord que soient réunies un certain nombre de conditions idéologiques. Celles-ci ont toutes pour finalité la mise en place de la puissance masculine. Il vaudrait mieux dire de la toute-puissance des hommes, tant la notion de pouvoir est liée, dans certaines sociétés, au mas-

1. Il existe de multiples formes de patriarcats. Les plus mesurés — qui reconnaissent aux femmes un certain nombre de prérogatives — peuvent permettre des rapports relativement équilibrés entre les sexes. En revanche, il en est d'autres où l'homme se pose en maître absolu et s'approprie tous les pouvoirs au point d'imposer une dissymétrie extrême entre les sexes. Ceux-là peuvent être dits des patriarcats absolus.

culin. On a même parlé de « despotisme patriarcal [2] » pour caractériser la région qui s'étale de Gibraltar au Japon [3]. Mais on verra qu'on en trouve également les traces dans bien d'autres parties du monde.

Dans ces systèmes patriarcaux, il ne suffit pas aux hommes de détenir les pouvoirs les plus importants, de régner sur la famille comme sur la Cité, c'est-à-dire comme Dieu tout-puissant sur l'univers. Il faut aussi imposer un système de représentations et de valeurs qui justifient un tel déséquilibre. C'est le début d'une conception des sexes hiérarchisée à l'extrême. Si l'homme gouverne le monde et sa femme, c'est parce qu'il est le meilleur représentant de la création et du créateur. S'il exerce son pouvoir durement, c'est parce que celle qui fut jadis sa compagne est devenue l'incarnation d'un danger permanent dont il faut se défier.

Dès lors qu'on est convaincu d'incarner le bien contre l'Autre, le mal, tout excès de pouvoir est innocent puisque justifié d'avance par une théologie ou une morale. Réduire la mauvaise altérité à sa plus simple expression, la rendre inoffensive pour l'empêcher de nuire, devient un devoir sacré.

Même réduite à presque rien, la femme constitue toujours un danger dans l'imaginaire de l'homme. Bien qu'elle n'incarne plus le Divin, que sa part dans la procréation soit minimisée à l'extrême, qu'elle ne décide ni de sa vie ni des orientations du monde, elle est toujours perçue comme une menace de désordre et d'anarchie. Dans les cas extrêmes, elle peut être assimilée à Satan.

Il semble que plus une société patriarcale se montre dure

2. Expression de Maurice Godelier dans sa préface au livre de Marie-Elisabeth Haudmann, *La Violence et la Ruse. Hommes et femmes dans un village grec,* Aix-en-Provence, Edisud, 1983.
3. Germaine Tillion, *Le Harem et les Cousins,* Le Seuil, 1966, p. 6.

à l'égard du sexe féminin et plus elle exprime sa peur. Peur de la castration, mais peur aussi d'une révolte des femmes qui briserait le bel édifice ordonné par les hommes, à leur profit. La logique de l'exclusion les protège de la concurrence des femmes. Elle les rassure sur leur spécificité et interdit la comparaison avec l'autre sexe. En effet, on ne compare pas ce qui est naturellement dissemblable, voire radicalement autre, hétérogène.

Apparemment, les hommes ont eu tort d'avoir peur. Il y eut bien ici ou là quelques rébellions individuelles, toujours matées à temps, mais l'Histoire ne signale aucune révolte collective du sexe féminin. Pendant 2 500 ans, les femmes ont fait leur le système idéologique de leurs maîtres. Probablement parce qu'elles furent nombreuses à y trouver leur compte de passivité, d'irresponsabilité et de sécurité, même si ce fut souvent au prix de larmes, de ruse et de haine. Contrairement aux craintes des hommes, elles ne sont pas sorties de l'oppression par les voies de la violence ou du désordre. Elles ont profité de l'évolution de leur système de valeurs à eux, pour le tourner à leur profit à elles. En schématisant un peu grossièrement, on dira que si la logique patriarcale de l'exclusion des sexes commence en Occident avec la démocratie athénienne, au Ve siècle avant J.-C., la fin de cette logique s'enracine dans la Révolution française, quand la démocratie voudra s'appliquer à tous.

Au demeurant, l'enterrement n'eut pas lieu de si tôt. L'agonie du patriarcat dura deux siècles, pendant lesquels aux timides avancées du sexe féminin succédèrent de graves périodes de régression. Mais les violents sursauts de ce système moribond n'ont pas empêché sa fin. C'était hier... et personne n'est descendu dans la rue pour célébrer un tel événement. Peut-être parce qu'on craignait, en faisant trop de bruit, de réveiller le mort ; peut-être aussi parce que le désarroi des hommes touche les femmes au cœur.

CHAPITRE I

Le patriarcat absolu
ou la confiscation
de tous les pouvoirs

Le patriarcat ne désigne pas seulement une forme de famille fondée sur la parenté masculine et la puissance paternelle. Le terme désigne aussi toute structure sociale qui prend sa source dans le pouvoir du père. Dans une telle organisation, le Prince de la Cité ou le chef de la tribu ont même pouvoir sur les membres de la collectivité que le père sur les personnes de sa famille. L'analogie est si étroite que les gouvernants s'appellent volontiers « pères du peuple ».

Les pouvoirs du père et, avec lui, du chef varient d'une société à l'autre. Ils semblent plus mesurés chez les Maasai en Afrique que dans la France de Louis XIV... Mais tyrannique ou libéral, le père décide, contrôle et fait appliquer sa loi. Le système patriarcal minimal se reconnaît au fait que les pères échangent leurs filles contre des brus [1], avec ou sans le consentement des intéressées. Progressivement, les femmes prendront le statut de biens. Elles s'achètent ou se vendent et deviennent la propriété de l'époux. Le propre de la société patriarcale, dans sa forme la plus absolue, réside dans le strict contrôle de la sexualité

1. Ou les frères, leurs sœurs contre des épouses.

107

féminine. L'adultère féminin est la hantise des hommes. L'idée de léguer son nom et ses biens à un enfant de sang étranger fait tellement horreur, qu'on en arrivera aux pires extrémités sur la personne des femmes, pour ne pas risquer un tel outrage.

Historiquement, le patriarcat est partout perceptible au Moyen-Orient à l'âge du bronze. Ce qui n'exclut pas que l'échange des femmes ait pu commencer bien avant, en Orient comme en Occident [2]. Mais le système de pouvoir n'apparaîtra dans toute sa plénitude et sa rigueur — à la façon d'un pouvoir absolu [3] — qu'un peu plus tard, lorsque se sera opérée une véritable révolution religieuse : la substitution du Dieu tout-puissant aux déesses de jadis. En moins d'un millénaire, Brahmâ, Yahvé, Zeus et Jupiter s'imposent aux croyants comme les pères de l'humanité et confinent les mères dans le statut de mineures. Comme si les hommes avaient inventé Dieu pour mieux asseoir le pouvoir paternel...

Le pouvoir divin : Dieu le Père.

Dieu chasse la déesse.

L'équilibre au sein du couple formé d'un dieu et d'une déesse fut précaire. La zizanie prit le pas sur la belle entente de jadis et mit fin à l'égalité des pouvoirs divins.

2. J. Guilaine, *La France d'avant la France, du néolitique à l'âge du fer*, Hachette/Littérature, p. 39 : Dès « le Ve millénaire, en Europe, l'échange des femmes entre communautés a pu contribuer à l'extension des idées nouvelles et des techniques. »

3. C'est le patriarcat absolutiste qui retiendra notre attention parce que le discours idéologique qui le sous-tend, caricatural, permet d'apercevoir plus aisément les principes fondateurs du système.

L'une des plus belles illustrations de ce déséquilibre naissant est le conflit mythique qui oppose Déméter, la Terre-Mère, à son époux Hadès, dieu de l'Enfer, pour la garde de leur fille commune Perséphone [4].

Selon P. Chesler, Déméter « est la mère qui s'efforce de retenir son enfant-femelle sous son toit et pour laquelle tout mariage est un malheur mettant fin à l'enfance libre et heureuse de la fillette pour la faire passer sous le joug du mâle [5] ». La tradition raconte que le jour où Perséphone cueille des coquelicots pour fêter ses premières règles, Hadès, son père, la ravit et l'emporte sous la terre au grand courroux de sa mère. Un hymne homérique rapporte que Déméter pleure sa fille enlevée, refuse tout réconfort et s'abstient de nourriture et de boisson. C'est la première révolte de la Grande Déesse contre le dieu qui va la supplanter.

F. d'Eaubonne pense que ce mythe symbolise aussi le rejet, par la communauté à prépondérance féminine, du pouvoir mâle naissant. Elle en veut pour preuve les menaces de Déméter à l'encontre du Dieu Soleil, patriarcal, qui justifie le rapt de la jeune fille.

« Eh bien, si tel doit être le destin naturel des filles, que périsse toute l'humanité. Qu'il n'y ait plus ni récolte, ni grain, ni blé, si cette jeune enfant ne m'est pas rendue [6]. »

F. d'Eaubonne fait justement remarquer qu'un tel cri aurait pu être celui des agricultrices contre la prétention androcentriste des pasteurs, et qu'il prend sa source à une

---

4. Mythe riche de signification analysé par Phyllis Chesler, *Les Femmes et la Folie*, Payot, 1975, et repris par F. d'Eaubonne, *op. cit.*, p. 107-110. L'ethno-psychanalyste Georges Devereux y a consacré également une partie de son livre, *Baubo, la vulve mythique*, J.-C. Godefroy, 1983.

5. F. d'Eaubonne, *op. cit.*, p. 107.

6. Cité par F. d'Eaubonne, *op. cit.*, p. 108.

date antérieure à l'apparition de la première charrue puisqu'il suppose une agriculture entièrement féminine.

En tous les cas, la puissance de la Grande Déesse devait être encore sensible, puisque « grâce à ce chantage agraire [7] », elle obtient le retour de sa fille six mois par an. Ce fut Zeus qui arrangea les choses en persuadant Hadès de la justesse de ce partage. Ce compromis entre le dieu et la déesse peut symboliser également le « contrat » passé entre l'homme et la femme pour la gestion du sol nourricier [8]. C'est le début, selon F. d'Eaubonne, du « semi-patriarcat ».

La victoire de Déméter sera de courte durée. Les transformations qui s'opèrent dans les sociétés humaines font tourner le vent du côté des hommes. Au culte de la fécondité et de la terre nourricière, cher aux premières civilisations néolithiques, l'âge du bronze ajoute d'autres concepts religieux.

L'importance nouvelle des guerres donne la prééminence au chef guerrier [9]. Le poignard ou l'épée a remplacé l'arc du chasseur. Ce sont des objets « cérémoniels » que l'on retrouve dans les tombes des personnages de haut rang. En cet âge du bronze, « apparaît en plusieurs points de l'Europe (mais aussi dans tout l'Orient) le culte du héros. La force physique est louée. Une aristocratie guerrière domine assez souvent les sociétés [10] ».

Le héros n'est pas seulement le chef guerrier. L'âge du bronze célèbre aussi l'artisan « qui maniait le feu à sa guise, rendait les roches liquides avant de les transformer en glaives, haches... Le soleil, force créatrice par excellence,

---

7. *Ibid.*, p. 109.
8. *Ibid.*, p. 110.
9. J. Guilaine (*La France...*, *op. cit.*) en voit la preuve dans la richesse des tombes armoricaines qui accrédite la thèse d'une société hiérarchisée dans laquelle le chef guerrier est l'objet d'un respect particulier (p. 160).
10. *Ibid.*, p. 161.

sera également l'objet d'une vénération particulière [11] ».

Dans tous les cas, le culte du héros, maître du monde et des éléments, se substitue à l'adoration de la Terre-Mère, qui se contente de recevoir passivement les germes. Partout où l'âge du bronze s'est imposé, on voit la déesse devenir épouse subalterne, avant de disparaître de la scène divine. Selon les cultures, la déesse sera éliminée progressivement, masculinisée ou chassée par le dieu mâle du Panthéon.

On verra ainsi, en Égypte, la déesse Isis se fondre dans la personne du dieu Osiris qui à présent règne seul. Chez les Celtes, les nouvelles légendes mythologiques correspondent à l'éclosion de nouvelles structures mentales. Lorsqu'un ancien mythe féminin devient gênant, on le ridiculise, ou bien on l'inverse et on fait jouer le rôle à un personnage masculin. J. Markale fait remarquer qu'à l'origine le soleil était chez les Celtes, sinon une déesse, du moins une puissance féminine [12]. Le héros solaire deviendra Dieu-Soleil à la place de la déesse primitive, qui est reléguée au rang d'astre froid et stérile, la lune. Les rôles sont renversés. Il en sera de même pour la Déesse-Truie ou la Déesse-Sanglier des légendes celtes. A l'origine, elles symbolisaient la prospérité et l'amour. Ensuite, les hommes refouleront l'image de la bonne déesse et ne garderont « que l'image de la sexualité la plus basse, attachée à l'idée de sang et de pourriture. En fait, la Déesse-Truie est devenue la *Cochonne,* avec tout ce que ce mot comporte de sens réel ou figuré dans le vocabulaire contemporain [13] ».

Toujours chez les Celtes, la Déesse-Biche, symbole de la

11. *Ibid.*
12. J. Markale, *op. cit.,* p. 93 : « Yseult la blonde est le soleil personnifié. »
13. *Ibid.,* p. 127. J. Markale ajoute : le « cochon ce n'est pas seulement celui qui est sale et ne se lave pas, c'est aussi un homme qui fait des cochonneries (fornications plus ou moins bizarres). La femme qui se permet d'user de son sexe comme elle l'entend est une cochonne ».

fécondité, sera elle aussi déchue au profit du Dieu-Cerf et, de façon générale, la plupart des grandes déesses seront doublées par les dieux. Ainsi la malheureuse Ishtar, déesse babylonienne ou assyrienne, devint sous le nom d'Ashtar une déité masculine. De semblables déchéances interviennent dans d'autres civilisations : en Inde, le dieu masculin Agni est promu à l'origine de la race aryenne et se voit attribuer la découverte du feu, alors que *Rig-Véda* reconnaissait encore ces privilèges à la gent féminine Agira.

Les tragiques grecs nous ont laissé l'éclatant témoignage de ce combat des dieux, où les anciens sont abaissés et où triomphe la religion olympienne aux dépens du culte maternel.

Un hymne homérique [14] célèbre ainsi la gloire de la Terre-Mère :

> « C'est la terre que je chanterai,
> Mère universelle aux solides assises,
> Aïeule vénérable qui nourrit sur le sol
> Tout ce qui existe...
> C'est à toi qu'il appartient de donner aux mortels,
> La vie, comme de la leur reprendre [15]... »

Mais déjà pour Sophocle [16], l'homme, le mâle, devient la première merveille du monde [17].

La Grande Déesse d'hier est vaincue, comme le montrent les tragédies d'Eschyle. Clytemnestre est assassinée par son fils, Oreste, qui venge le meurtre de son père Agamemnon, tué par sa mère. Au procès d'Oreste, qui a lieu au tribunal d'Athéna, deux mondes s'affrontent : est-il plus grave de tuer sa mère ou d'assassiner son époux ?

---

14. La tradition fait naître Homère au IXe siècle avant J.-C.
15. Cité par F. d'Eaubonne, *op. cit.*, p. 112.
16. Né en 495, mort en 406.
17. Cité par F. d'Eaubonne, *op. cit.*, p. 112.

Apollon, nouveau dieu solaire, est l'avocat d'Oreste. Il plaide la prééminence du père sur la mère et la légitimité de la vengeance. A ses yeux, la mort d'une femme, meurtrière de son époux et maître, est excusable sinon légitime.

De l'autre côté du tribunal, les *Euménides* [18] portent l'accusation. Elles veulent venger la mort de Clytemnestre au nom des anciennes valeurs maternelles. Pour elles, Oreste est coupable du pire crime qui soit. D'après la loi du sang (qu'elles incarnent), le meurtre commis par Oreste est plus grave que celui de Clytemnestre qui n'est que la meurtrière de son époux, dont le sang est étranger au sien. La mère vaut plus que le père.

Athéna refusera de juger et donnera sa voix en faveur d'Oreste. En fait, elle fait triompher la loi du père, montrant ainsi que c'en est fini du règne maternel. Mais, contrairement à d'autres religions, la nouvelle vérité n'éteint pas le respect de l'ancienne. Athéna calme les Érinyes et leur propose de se fixer dans sa ville pour y être honorées à jamais.

Tel ne fut pas le destin des déesses arabes [19]. Quand le prophète Mahomet, messager d'Allah, commença sa mission, le panthéon arabe était occupé par plusieurs dieux, mais les déesses y jouaient encore un rôle très important. Dans *le Livre des idoles* d'Ibn Al Kalbi, document clé sur les religions pré-islamiques, trois déesses, Al-Lat, Al-Uzza et Al-Manat, sont décrites comme détenant un grand pouvoir dans le panthéon arabe du VIIᵉ siècle. Al-Uzza, la plus importante, était respectée de l'Arabie jusqu'en Mésopotamie. C'est la Terre-Mère, analogue à Déméter, qui commandait à la fécondité. Les deux autres déesses rayonnaient également dans toute l'Arabie.

18. Titre d'une pièce d'Eschyle. Ce sont les Érinyes « bienveillantes ».
19. Tout le récit qui suit est emprunté à Fatna Ait Sabbah, *La Femme dans l'inconscient musulman*, Le Sycomore, 1982, p. 179-181.

Le culte de ces déesses représentait un problème épineux pour Mahomet. Pour qu'Allah et l'Islam triomphent, il fallait les liquider idéologiquement et concrètement. Les noms désignant les trois déesses allaient devenir des mots sans pouvoir. Dans l'esprit des Arabes, elles devinrent d'abord « les filles d'Allah ». Mais les protestations d'Allah (Dieu aurait-il des filles, et vous des fils ?) les réduisirent à néant.

Parallèlement à l'élimination verbale des déesses, on procéda à la destruction de leurs sanctuaires. Celui de Manat fut détruit en l'an 8 de l'Hégire : « Ali la détruisit et l'expropria de ce qu'elle possédait. » Les deux autres reçurent peu après le même traitement, et c'est seulement alors que le Dieu Allah assit pleinement son pouvoir.

Occultée dans la Grèce classique, expropriée par l'Islam, la déesse est totalement déchue chez les juifs. Entre la toute-puissante Lilith, condamnée à l'enfer pour avoir refusé d'obéir à Adam, et, Ève, la femme aliénée, qui « ne sera que l'image de la forme châtrée d'Adam et non l'image de la partie féminine de Dieu [20] », il n'y a plus de place pour l'adoration d'une déesse. Au contraire, toute forme de puissance féminine est devenue synonyme de maléfice [21].

La religion du père.

La Genèse s'ouvre sur ces mots célèbres : « Au commencement, *Dieu* (Elohim) *créa le Ciel et la Terre. Or la Terre était vague et vide*, les ténèbres couvraient l'abîme, l'esprit de Dieu planait sur les eaux [22]. » Non seulement, il n'y a

20. J. Markale, *op. cit.*, p. 218.
21. Voir la très belle analyse comparée de Lilith et Ève par J. Markale ainsi que celle de Lilith et Pandore dans le livre de J. Bril, *Lilith ou la mère obscure*, Payot, 1981, p. 174-177.
22. I. 1-2.

plus de trace de déesse, mais le Dieu des juifs crée la terre « vague et vide », privée de ses caractéristiques fécondantes. Ce qui est premier est l'« Esprit » qui crée par la puissance de la parole. Il dit « que la lumière soit », et la lumière fut [23].

La sensualité de la Terre-Mère est devenue inutile dans ce nouveau processus de création. Tout au plus sert-elle de « glaise » dans les mains de l'Artisan divin pour modeler Adam.

Le douzième chapitre de la Genèse nous introduit dans un monde religieux nouveau. L'histoire de la religion d'Israël commence avec Abraham, choisi par Dieu pour devenir l'Ancêtre du peuple d'Israël et prendre possession de Canaan. Les premiers mots que lui adresse l'Éternel sont une invitation à substituer le Père divin au père social et charnel : « Éloigne-toi de ton pays, de ton lieu natal et de la maison paternelle... » Ce qui indique que la filiation paternelle l'avait déjà emporté sur celle de la mère (laquelle n'est même pas mentionnée), à l'époque où vivait Abraham [24], dans la civilisation chaldéenne. Il est d'ailleurs probable que les ancêtres des Hébreux observaient les coutumes des patriarches.

Mais la religion juive est par excellence celle des patriarches. Elle se caractérise par le culte du « dieu du père », constamment invoqué dans la Genèse. « Primitivement le " dieu du père " est celui de l'Ancêtre immédiat, que les fils reconnaissent. En se révélant à l'Ancêtre, il a certifié une sorte de parenté [25]. »

23. I, 3.
24. La tradition veut qu'Abraham soit arrivé en Canaan vers 1750 avant J.-C. (cf. A. Chouraqui, *Des hommes de la Bible*, Hachette, rééd. 1985, p. 343).
25. M. Eliade, *Histoire...*, *op. cit.*, p. 185 : « celui-ci se manifeste comme " le Dieu de mon/ton/son père " (Gen. 31, 5)... " Le Dieu de ton père Abraham "... " Le Dieu d'Isaac... " ».

A l'origine, c'est un dieu des nomades qui n'est pas lié à un sanctuaire, ni à une terre, mais à un groupe d'hommes qu'il accompagne et protège. Les hommes de la Bible se déplaçaient de point d'eau en point d'eau, couchaient sous la tente, et vivaient des produits de leurs troupeaux.

On a pu remarquer que l'histoire du peuple hébreu accorde un véritable prestige aux techniques pastorales, et considère la terre comme maudite. L'Éternel agrée les offrandes d'Abel et non celles de Caïn : le pasteur est supérieur à l'agriculteur [26].

Or, la vie pastorale, contrairement à la sédentarité agricole, n'est pas propice à la valorisation du sexe féminin. On a pu dire la femme de la Bible « maîtresse de son foyer et de ses enfants [27] », décrire tendrement les quatre « Matriarches » d'Israël [28] ; lorsque Dieu ordonne le sacrifice d'Isaac, il s'adresse au père. Le texte de la Genèse [29] ne mentionne pas une seule fois Sarah. Et si l'on en croit les Sages, Sarah en serait morte de chagrin.

La famille biblique est « endogamique, patrilinéaire, patriarcale, patrilocale, élargie et polygame... Le père, comme le Dieu qu'il adorait, avait tous les droits sur les hommes et les femmes de sa maison. Dans certaines circonstances, il peut vendre ses enfants ou les offrir en sacrifice [30] ».

Même si la loi mosaïque tend à refréner l'absolutisme paternel, et le cinquième commandement [31] à rétablir l'égalité entre père et mère, il faudra attendre la venue du

---

26. Chap. 4 de la Genèse.
27. A. Chouraqui, *op. cit.,* p. 64.
28. Catherine Chalier, *Les Matriarches, Sarah, Rebecca, Rachel et Léa,* Le Cerf, 1985.
29. Chap. 22.
30. A. Chouraqui, *op. cit.,* p. 160-161.
31. « Tu honoreras ton père et ta mère... »

christianisme pour que la mère soit de nouveau l'objet d'un culte.

J. Markale a eu raison de souligner que le culte de la Vierge Marie est à proprement parler révolutionnaire : « Si la société paternaliste a supprimé la Déesse-Mère, en la remplaçant, parfois par la force, par un Dieu-Père, guerrier et jaloux de sa supériorité, la mentalité populaire l'a recréée sous les traits de la Mère de Dieu et des hommes, constamment invoquée, constamment présente, toujours triomphante [32]. »

Le culte de Marie ne constitue pas seulement un hommage rendu à la mère, il marque aussi que, si une femme avait perdu l'humanité (Ève), une autre a contribué à la sauver (Marie). En cela, il redonnait à la femme un statut honorable et apportait la preuve que celle qui avait été rejetée comme néfaste et dangereuse pouvait devenir objet de salut et de vénération.

Rappelons que Jésus n'a pas de père charnel et que son seul lien avec les hommes passe par sa filiation matrilinéaire : « Jésus est l'exemple le plus pur d'une société gynécocratique dans laquelle le père ne joue aucun rôle. Saint Joseph est exactement le même type de père que nous trouvons dans les sociétés océaniennes, père nourricier, père affectif, sans plus [33]. »

La Vierge est fécondée comme une Déesse-Mère, par un esprit qui s'insinue en elle. C'est une femme libre, qui non seulement n'est pas esclave de l'homme, comme le sont ses contemporaines, mais de surcroît s'en passe pour mettre au monde l'enfant de Dieu.

Pourtant, si le culte de Marie constitue à l'origine une révolution dans le milieu paternaliste, une tentative pour

32. J. Markale, *op. cit.*, p. 158.
33. *Ibid.*, p. 167.

redonner à la mère son véritable rôle, l'Église officielle s'empressera de vider le concept de toute sa signification. Elle fera de la Vierge un être dont le caractère féminin n'est plus attesté que par l'aspect de la mère douloureuse, sacrifiée, passive et « esclave du fils ». Apôtres et autres « pères » de l'Église se chargeront de distinguer Marie de toutes ses sœurs pour mieux marquer leur parenté essentielle avec Ève.

Saint Augustin n'en fut pas le moins responsable, quand il évoquait les mauvaises conditions de la femme : « une bête qui n'est pas ferme, ni stable, haineuse, nourrissante de mauvaiseté... elle est source de toutes les discussions, querelles et injustices [34] ». Condamnations définitives qui furent inlassablement répétées jusqu'à la fin du Moyen Age...

En vérité, le message du Christ à l'égard des femmes fut dévoyé par ses apôtres et les germes de la révolution étouffés. Sur ce point, la religion du père l'avait emporté, et pour longtemps. La pression du milieu patriarcal était bien trop forte pour que soit introduit le moindre changement dans la condition féminine et même seulement admise une amélioration de l'image de la femme. Le Dieu des patriarches continuait de triompher auprès de ceux-là mêmes qui avaient suivi le Christ. La légende d'Ève allait encore longtemps occulter l'exemplaire Marie.

Le pouvoir procréateur : le Père-Dieu.

De la préhistoire à l'histoire s'est dégagée une double image de la paternité [35]. A la paternité sociale plus propre

34. *Le Songe du vergier*, écrit au XIVe siècle, livre I, chap. CXLVI.
35. E. Benveniste, *Le Vocabulaire des institutions indo-européennes*,

aux sociétés matrilinéaires a succédé la reconnaissance de la paternité biologique. Le père reconnu géniteur institua sa propre filiation. Mais le passage de l'un à l'autre s'accompagna d'une authentique révolution idéologique. La toute-puissance du père se substitua à celle de la mère. C'est lui à présent qui détient l'essentiel du pouvoir procréateur.

Les mythes de la création du monde, propres aux sociétés patriarcales, poussèrent plus loin encore l'avantage du père. Non seulement celui-ci détenait à l'égard de l'enfant la puissance qui était jadis l'apanage de la mère, mais il devint aussi le créateur de la femme. On retrouve souvent ce thème mythique, notamment dans trois sociétés patriarcales aussi différentes que celles des juifs nomades, de la démocratie athénienne ou des Maori de la Nouvelle-Zélande.

Pour toute la civilisation judéo-chrétienne, Adam est créé par un Dieu mâle, sans l'intervention du moindre principe féminin. Après quoi, Adam s'ennuyant, Yahvé l'endort et façonne Ève à partir d'une de ses côtes. Ainsi la femme est doublement l'enfant du mâle. Elle est créée par un « Dieu » à partir du corps de « l'homme ». Symboliquement, la côte d'Adam est l'équivalent du ventre maternel. Si Dieu est le créateur d'Ève, Adam en est la mère ou, plus exactement, le père/mère. La « parthénogenèse » masculine justifie la différence qualitative entre Adam et Ève. Adam est fils de Dieu, façonné à son image, mais Ève n'est que la fille de l'homme [36] et, comme telle, moins proche

---

tome I, Éd. de Minuit, 1975, fait remarquer qu'en indo-européen, le nom du père (*Pater*) est la forme la mieux assurée. Son emploi est prégnant dans l'emploi mythologique : il est la qualification permanente du Dieu suprême. Mais dans sa figuration originelle, il exclut la relation de paternité physique. C'est le mot *atta* qui désigne le père nourricier qui élève l'enfant (p. 209-210).

36. Genèse, chap. 2, versets 18-23 : Après que Dieu eut façonné la

du Divin que son compagnon. Pour elle, la procréation sera une malédiction. Alors qu'Adam l'a enfantée dans son sommeil, comme un rêve, Ève enfantera les enfants d'Adam dans la douleur, comme un cauchemar. Adam conservera le rôle essentiel, spirituel, à l'image de Dieu ; Ève le rôle contingent, matériel. Il sera l'agent de la transmission de la vie ; Elle, celui de la mort.

Dans la nouvelle mythologie olympienne, Zeus a détrôné la déesse originelle de la Terre. Il va même jusqu'à s'incorporer son pouvoir procréateur. Souvenons-nous du fameux mythe de la naissance d'Athéna, tel que le raconte Hésiode [37]. Métis, amante de Zeus, allait mettre au monde Athéna, lorsque le Dieu tout-puissant avala la mère et le bébé qu'elle portait. L'enfant naîtra de la tête même de Zeus. Même aventure pour Dionysos, arraché du sein de sa mère foudroyée et incorporé par Zeus dans sa cuisse pour y terminer sa gestation.

Athéna est la « fille du père très puissant ». Dans Eschyle, elle « est tout entière de son père [38] » et ne se connaît pas de mère. De même, chez Homère, elle n'appartient qu'à Zeus et tient tout de lui. « Comme elle n'a pas été nourrie dans les ténèbres d'un sein maternel et n'a pas de mère à qui (elle doive) la vie [39] », Athéna est la seule déesse importante du panthéon et incarne toutes les vertus masculines : l'audace, la volonté, le courage. Elle éclaire le guerrier au combat et veille à toutes les actions héroïques, mais l'amour et les vertus féminines lui sont étrangers. Fille d'un dieu omni-puissant, Athéna est elle-même davantage

femme à partir de sa côte, Adam s'écria : « A ce coup, c'est l'os de mes os, la chair de ma chair ! celle-ci sera appelée femme car elle fut tirée de l'homme. »
37. Hésiode, *Théogonie*, versets 453... et 886-900.
38. *Les Euménides*, G.F., n° 8, verset 736.
39. *Ibid.*, versets 665 et 735.

un dieu à l'apparence féminine, qu'une fille de Déméter. Elle n'engendre pas.

La Polynésie offre un matériel mythique tout à fait semblable et particulièrement fascinant. Pour les Maori de Nouvelle-Zélande :

« Aux lointains débuts embrumés du monde, le ciel et la terre n'étaient pas séparés comme ils le sont aujourd'hui. *Rangi*, le Ciel-Père, et *Papa*, la Terre-Mère, étaient si étroitement unis dans leur étreinte amoureuse que tout était obscur... En ces temps de ténèbres (où rien ne pouvait germer), les enfants du couple se blottissaient dans les aisselles de la Terre-Mère... Au nombre de 70 et *tous de sexe masculin*, ils se lassèrent de cette vie étriquée et obscure et l'un d'entre eux, Tané, proposa de séparer les parents [40]. »

Ainsi commence la création du monde, dans laquelle Tané joue le rôle essentiel. Il est dit que lui et ses frères, libérés de leurs parents, se lancèrent à la recherche de l'élément femelle, afin d'engendrer l'homme. Finalement, Tané « prit une partie du corps de la Terre-Mère et lui donna la forme d'une femme qu'il anima, en plaçant le souffle de vie dans les narines, la bouche et les oreilles [41] ».

De cette femme, Hiné, Tané eut des filles, parmi lesquelles l'aînée, Hiné Titama, devint son épouse. Il lui fit à son tour plusieurs filles. Mais un jour Hiné Titama lui demanda qui était son père. Devinant la vérité, elle fut si affectée qu'elle choisit de quitter ce monde et devint la grande dame de la nuit.

S. Dunis remarque avec raison que le mythe maori est une histoire d'hommes s'arrogeant les mérites de l'explora-

---

40. Mythe raconté par S. Dunis, *Sans tabou ni totem*, Fayard, 1984, p. 50. (Souligné par nous.)
41. *Ibid.*

tion créatrice du monde pour mieux en chasser les femmes et les ranger du côté de la mort. Comme dans les deux précédents mythes, c'est le Dieu mâle qui est Créateur de la femme, élément second, pour ne pas dire secondaire de la Création [42]. Athéna n'engendre pas, Ève et Hiné Titama introduisent toutes deux la mort dans l'univers : l'une commet volontairement le mal (le péché de chair ?), l'autre a le dégoût de l'inceste. Double illustration du danger mortel que représente la féminité.

Nombreuses sont les sociétés patriarcales pour qui la femme est un mal nécessaire. Faute de pouvoir s'en passer, les hommes prendront soin de circonscrire son domaine le plus étroitement possible, de réduire au minimum l'étendue de ses pouvoirs, et enfin de lui imposer une image d'elle-même inverse de la leur.

Désormais, la négativité investit la représentation complémentaire des sexes. A l'homme, créature de Dieu, d'incarner le Bien. La femme, créature démoniaque, aura le Mal en partage. La philosophie grecque traduira : la forme et la matière.

Justification philosophique de la supériorité masculine dans la procréation.

Bien avant que la philosophie ne s'en mêle, nous avons vu la mythologie grecque rêver tout haut d'une hérédité purement paternelle. Il se trouve qu'il existait en Grèce une institution exceptionnelle dans le système familial,

42. Les récits aryens ont également nié la participation de la femme à la création de l'univers et des êtres humains. Celle-ci fut, selon Manou, une entreprise spécifiquement masculine : « Apprenez... que celui que le divin mâle, appelé Virag, a produit de lui-même, en se livrant à une dévotion austère, c'est moi Manou, le créateur de tout l'univers » (*Lois de Manou*, livre 9, versets 34-36).

l'*Épiclérat* [43], qui n'était pas loin de réaliser ce rêve. Jean-Pierre Vernant remarque qu'il existait des pratiques semblables en Inde. « En Grèce, comme dans l'Inde, il s'agit pour la fille d'un homme privé de descendance mâle de donner à son père un fils pour hériter du Klèros paternel. A la mort du père la fille est " Épiclère [44] ". » Elle doit être épousée par l'homme le plus proche du père selon le degré de parenté pour maintenir la pérennité du foyer.

L'enfant issu du mariage continuera la lignée du grand-père maternel et non celle du père. De cette façon, l'aïeul a réalisé, symboliquement et institutionnellement, le rêve de la perpétuation de sa race sans recours à une épouse étrangère.

Aussi révélatrice soit-elle, cette institution a toujours été une exception dans le système matrimonial grec et ne pouvait suffire à contenter l'*ubris* paternel. Eschyle [45] se fit l'écho du profond désir masculin de se dégager définitivement de l'emprise de la féminité en s'attribuant le mérite de sa postérité. Dans *les Euménides,* il proclame les nouvelles vérités par la bouche d'Apollon :

« Ce n'est *pas la mère qui engendre* celui qu'on nomme son enfant : elle n'est que la nourrice du germe qu'elle a conçu. *Celui qui engendre c'est le mâle ;* elle, comme une étrangère, conserve la jeune pousse... témoin la déesse ici présente (Athéna), la fille de Zeus olympien [46]... »

Mais les propos d'Eschyle relevaient plus de la dénégation et de l'incantation que de la démonstration. L'évocation mythologique ne pouvait plus convaincre des hommes

---

43. J.-P. Vernant, *Mythe et Pensée chez les Grecs, op. cit.,* p. 145, définit l'Épiclérat par référence aux lois de Manou : « Celui qui n'a pas de fils peut charger sa fille de lui en procurer un... Le jour où sa fille mettra au monde un fils, l'aïeul maternel deviendra le père de cet enfant. »

44. *Ibid.,* p. 145.

45. Eschyle, né en 525, mort en 457 avant J.-C.

46. Versets 660-670. (Souligné par nous.)

de plus en plus respectueux de la raison. C'est Aristote [47], un siècle plus tard, qui se chargea de « rationaliser » le changement idéologique proclamé par le grand tragique.

Pour ce faire, il utilisa conjointement les armes de la métaphysique et de l'histoire naturelle, dont il était le fondateur. Il démontra tout à la fois que le mâle a la part essentielle dans la génération, qu'il transmet l'Humanité et que c'est lui qui est porteur du principe divin. Dans la génération, le mâle transmet la forme, et la femelle n'apporte que la matière. Il est le principe générateur et moteur, « l'être qui engendre dans un autre [48] ». Elle attend passivement d'être engendrée. Il est l'artisan ; elle est la matière sur laquelle l'artisan œuvre.

On aura compris que c'est l'homme qui transmet l'âme, principe divin qui fait de l'être vivant un humain [49]. Comme tel, il est évidemment supérieur à la femme dont la matière est dénuée de forme et de raison. Puisqu'il imprime à celle-ci la forme humaine, on comprend le propos souvent répété par Aristote : « C'est l'homme qui engendre l'homme [50] » ; parfois, il ajoute, comme pour mieux marquer la prééminence du mâle : « la femme aussi naît de l'homme [51] ».

Aristote [52] complétera la théorie métaphysique par des considérations d'ordre biologique [53] allant dans le même sens.

___

47. Aristote est né en 384 et mort en 322 avant J.-C.
48. Pour Aristote, la forme, « l'essence », c'est « l'acte » ou encore la perfection qui porte la marque du divin. La matière, en revanche, n'est que l'être en puissance, l'indéterminé, qui se caractérise par la passivité.
49. *De la génération des animaux*, livre I, 1.
50. *De Anima*, II, 1, 412, a.
51. *Métaphysique*, Z, 7, I 032 a 25 ; *De la génération...*, II, 1.
52. *Métaphysique*, Z, 9, I 034 b, 3.
53. *De la génération...*

C'est le sperme qui apporte la semence. Or, aucun sperme ne vient de la femelle, qui se contente de fournir le lieu de la génération. La femelle, dénuée de semence, n'apporte à la génération qu'une matière brute (les règles), dénuée de la chaleur nécessaire à la formation de la vie.

Dans cette affaire, le rôle de la mère est doublement dévalorisé. Aristote, comme les hommes de son temps, aura constamment à cœur de prouver que « la femme n'engendre pas d'elle-même [54] » ; autrement dit, de mettre fin aux anciennes croyances à la parthénogenèse. D'ailleurs, si la femelle possède la même âme que le mâle, pourquoi celle-ci n'engendre-t-elle pas toute seule ? La réponse est simple : la femelle ne possède pas la même âme que le mâle. L'âme cognitive ne se transmet que par le mâle.

En dépit de toutes ces justifications métaphysico-biologiques, il ne serait pas juste de dire qu'Aristote a tout bonnement substitué l'idée de « parthénogenèse » masculine à l'antique croyance en la procréation féminine. Même s'il joue de l'homonymie pour rappeler constamment que l'homme engendre l'homme, le philosophe sait bien que la génération ne peut se passer du réceptacle féminin.

A défaut de pouvoir éliminer complètement le principe féminin, Aristote va s'employer à le dévaloriser d'une autre manière. A part le fait que le principe de la matière introduit la corruption [55] et la mort dans l'univers, il est cause aussi de la monstruosité. C'est dire très nettement la responsabilité maternelle du monstre.

La monstruosité proprement dite s'applique au cas où l'engendré n'est pas de même espèce que le générateur [56].

---

54. *Ibid.*, I,22 et II,5.
55. Entendu au sens de décomposition, pourriture.
56. *Métaphysique*, Z,8, 1033 b : la génération Para Phusin. Par exemple, lorsqu'un cheval procrée un mulet.

Une simple dissemblance suffit à constituer une monstruo-sité au sens large : c'est ainsi que la femelle engendrée au lieu d'un mâle est un monstre [57]. « Elle est un mâle mutilé [58] », le résultat d'une défaillance du principe mâle. Comme si le sperme n'avait pas été assez fort pour bien « former » les menstrues.

Aristote a beau se consoler en se disant que ce monstre qu'est la femelle est nécessaire pour sauvegarder la diffé-rence de sexes, elle n'en est pas moins présentée comme un échec de l'humanité [59]. Avec Aristote, il ne reste rien du pouvoir créateur de la mère et du prestige féminin. La condition qui leur sera faite s'en déduit naturellement.

C'est le même processus qu'on observera en Inde après l'adoption définitive des lois Manou [60] qui régirent pour longtemps le comportement de la société hindoue. Ce traité apportait la réponse, depuis longtemps recherchée, au conflit intellectuel né de la théorie de la semence et de la terre. La question posée était la suivante : « Qui détient la supériorité ? La terre qui reçoit la semence ou la semence qui fertilise la terre ? » Le sage Manou y répondit en ces termes : « La femme est considérée par la loi comme le champ et l'homme la semence... Si l'on compare le pouvoir procréateur mâle avec le pouvoir femelle, le mâle est

57. *De la génération...*, IV,2 : « Le tout premier écart du type génétique est la naissance d'une femelle au lieu d'un mâle. »

58. *Ibid.*, II, 3, 737 a 27. A cet égard, il est difficile de ne pas se souvenir des propos de Freud, qui fut peut-être le dernier grand théoricien du patriarcat, sur le sexe féminin.

59. *Ibid.*, IV, 6, 775 a. Les femelles sont par nature plus faibles voire plus froides, et il faut considérer leur nature comme une défectuosité naturelle. Il y aura monstruosité également lorsqu'un enfant mâle ressemble à sa mère.

60. Indira Mahindra, *Des Indiennes*, op. cit., p. 70. En l'absence de repère historique certain, on fixe l'âge approximatif du code de Manou à 1 200-1 500 avant notre ère (cf. *Nouvelle Biographie générale*).

déclaré supérieur car la progéniture de tous les êtres animés est distinguée par les marques du pouvoir mâle [61]... »

Le Coran fait la même analogie entre la femme et le champ de labour [62]. La femme, telle la terre, n'est *que* le réceptacle de la semence qui lui est confiée. Elle joue un rôle secondaire dans la conception, contrairement à l'homme qui serait créateur, puisqu'il reçoit sa puissance de Dieu. Le prophète recommande donc que « les maris aient sur les femmes la prééminence [63] », car « la domination masculine est indispensable à l'appropriation par les hommes du produit de la fécondité féminine : les enfants de sexe masculin [64] ». Lacoste-Dujardin note que, dans la loi musulmane, la femme est « requise par un véritable service patrilignager procréateur » et, de façon plus générale, que « c'est une constante des sociétés patriarcales méditerranéennes de confisquer, au profit des hommes, le pouvoir créateur des femmes [65] ».

L'appropriation par le père de la puissance procréatrice est un thème répandu bien au-delà du pourtour méditerranéen. Récemment encore, dans nombre de sociétés primitives de type patriarcal, les ethnologues ont pu entendre des théories ou observer des pratiques qui témoignent avec éclat de ce désir profondément ancré chez les hommes.

Pour certains, le ventre de la mère est assimilé à une barque, simple lieu de passage pour le fœtus [66]. D'autres,

---

61. *Lois de Manou*, livre 9, versets 33-37, 44.
62. Coran, II, La Génisse, 223.
63. Coran, II, 228 ; Coran, IV, 34 et 38.
64. Camille Lacoste-Dujardin, *op. cit.*, p. 78.
65. *Ibid.*, p. 78 et 103.
66. G. Delaisi de Parseval résume très joliment les trois principales théories de la conception. Il y a celle où *la femme fait fonction d'hôtel* seulement : son utérus héberge le fœtus qui est entièrement nourri par le ou les pères. Celle où la femme fait *fonction d'hôtel-restaurant en demi-*

comme les habitants de l'île de Ross [67], croyaient que le père pond un œuf à l'intérieur de la femme, qui n'est, comme chez Aristote, qu'un réceptacle purement passif. Enfin, les Monténégrins, plus extrémistes, passaient pour nier toute parenté entre la mère et l'enfant...

Tous ont en commun de donner le beau rôle au père. Mais, parfois, il semble que les théories se révèlent insuffisantes à calmer les angoisses paternelles. Dans ce cas, les hommes n'hésitent pas à jouer physiquement le rôle naturellement dévolu aux femmes.

Quand le père se substitue à la mère.

Voici peut-être le mythe le plus fabuleux..

Qu'il s'agisse de la mythologie grecque ou du monde amérindien [68], nombreuses sont les histoires de l'homme enceint dont notre Chantefable d'Aucassin et Nicolette, du XIIIe siècle, est un autre équivalent littéraire. Et l'histoire et l'ethnologie multiplient les exemples de couvade rituelle [69].

Diodore de Sicile disait déjà à propos des Corses : « La coutume la plus étrange, chez eux, est celle qu'ils observent au moment de la naissance des enfants. En effet, quand une femme accouche, personne ne se soucie d'elle. En, revan-

---

pension : père et mère sont censés contribuer tous deux à la croissance du fœtus. Celle où la femme fait fonction d'*hôtel-restaurant en pension complète* : la mère pourvoit à tout ce dont le fœtus a besoin. Le père est considéré comme inutile, voire dangereux (*La Part du père,* Le Seuil, 1981, p. 42-43).

67. Cité par M. Mead, *op. cit.*, p. 36. L'île borde le continent antarctique.

68. Cf. Lévi-Strauss, *Mythologiques*, I, 2, 3.

69. G. Delaisi de Parseval, *op. cit.*, p. 67 : « ensemble de comportements prescrits du père, associés à la naissance d'un enfant ».

che, l'homme se met au lit pour un certain nombre de jours, *comme s'il souffrait dans tout son corps* [70]. »

F. Michel écrivait en 1857 qu'au Pays basque : « Immédiatement après leur accouchement, les femmes se relèvent, s'occupent des travaux ménagers, cependant que les hommes se mettent *au lit avec les nouveau-nés* et reçoivent les félicitations des voisins [71]. »

L'ethno-psychanalyste G. Delaisi de Parseval a insisté sur l'ampleur géographique du phénomène, en précisant qu'on en trouvait des traces de la Méditerranée à la Baltique et du nord du Japon à l'ensemble du continent américain [72].

De nombreuses interprétations, parfois contradictoires, ont été données de ce phénomène. Pour deux sociologues américains, qui ont étudié plus d'une centaine de rituels de naissance, ces rites de couvade sont « l'une des stratégies pour défendre et prouver les droits paternels dans des sociétés où les droits du père ne sont pas établis institutionnellement [73] ».

Selon Alfred Métraux, qui a observé la couvade chez les Indiens du continent sud-américain, ces divers rituels reposent sur la croyance en l'existence de liens plus importants entre le père et son enfant qu'entre la mère et l'enfant. Hypothèse confortée par l'anthropologue

70. Cité et souligné par B. This, *Le Père : acte de naissance,* Le Seuil, 1980, p. 184.

71. Cité et souligné par B. This, *op. cit.,* p. 185. Il ajoute : « Au XVIᵉ siècle, Marco Polo décrit des faits analogues dans une province de Chine. D'autres ont étudié la couvade dans le Sud de l'Inde, en Malaisie ou en Amérique. Partout, à la naissance de l'enfant, le père s'allonge et s'occupe du bébé. »

72. *La Part du père, op. cit.,* p. 68. Peu importe que « le rite européen ne semble traiter que de la couvade pseudo-maternelle, péri et post-natale (couvade initiative où l'homme prend sur lui le travail de la femme qui accouche), à la différence d'autres pratiques, sud-américaines notamment, où l'on peut distinguer la phase des tabous prénataux », dans tous les cas le père est amené à mimer une ou plusieurs étapes de la maternité.

73. *Ibid.,* p. 70. Il s'agit de K. Paige et J. Paige.

P. Rivière qui, après son étude de la couvade chez les Indiens Trio [74], défend la thèse selon laquelle le père nourrit ainsi spirituellement son enfant.

Lévi-Strauss récuse l'analogie du père et de la mère : « Le père ne joue pas le rôle de la mère : il joue le rôle de l'enfant [75] » ; point de vue que partagent aujourd'hui certains psychanalystes, qui voient en ces rites une façon pour le père de revivre sa propre naissance, d'« abréagir » des émois archaïques.

Si l'identification du père à l'enfant fut une évidence pour Lévi-Strauss qui observait les Indiens d'Amérique du Sud, cette affirmation n'épuise peut-être pas la signification du rituel couvadique. Quant à la première dénégation : « Le père ne joue pas le rôle de la mère », n'est-elle pas remise en cause par les travaux récents sur les manifestations d'ordre couvadique, non rituelles, dans les sociétés industrielles occidentales ?

Plusieurs études américaines, françaises ou anglaises ont mis en lumière l'existence de troubles psychosomatiques mineurs chez les futurs pères, surtout les primi-pères, au moment de la grossesse de leur femme : insomnies, troubles digestifs, accroissement de poids notable, extractions dentaires (particulièrement dans les derniers mois de la grossesse), troubles ORL et orgelets.

Dans sa thèse sur la paternité, le Dr Renoux [76] a mené une enquête auprès de cinquante pères « normaux », dont les femmes avaient accouché. Parmi eux, vingt-deux avaient suivi la préparation et assisté à l'accouchement, tandis que les vingt-huit autres n'y avaient pas participé. Or, tous les smptômes somatiques se rencontrèrent (à une seule

74. *Ibid.*, p. 75-76.
75. *La Pensée sauvage,* Plon, 1962, p. 258. Lévi-Strauss interrogé par G. Cohen : « Une curieuse et vieille coutume folklorique : la couvade », *Psyché,* 4, 1949, p. 80-93.
76. Cité par Delaisi de Parseval, *op. cit.,* p. 79-80.

exception) dans le groupe de ceux qui n'avaient pas été impliqués dans les préparatifs de l'accouchement. Comme si la participation étroite des pères aux différentes étapes de la maternité venait apaiser des angoisses archaïques, pouvant aller du sentiment d'inutilité à l'agressivité vis-à-vis de l'enfant à naître, jusqu'au doute sur la paternité par opposition à la certitude de la maternité.

Quoi qu'il en soit, l'approche de la paternité mobilise chez beaucoup d'hommes une fantasmatique défensive dans laquelle « on trouve tout d'abord *l'envie* de l'homme vis-à-vis des capacités de la femme de porter, accoucher, allaiter ; la jalousie vis-à-vis de son pouvoir de créativité, de sa jouissance, de son mystère [77] ». Cette conclusion d'une spécialiste de la paternité, qui joint à l'expérience analytique des connaissances ethnologiques, renforce notre conviction que les rites de couvade sont une façon d'abolir la distance entre le père et la mère. De donner aux hommes le sentiment qu'ils partagent le pouvoir procréateur avec les femmes.

Mais les rites de couvade ne sont pas les seuls pratiqués par les hommes pour renforcer le sentiment de puissance paternelle. Dans quelques sociétés, les rites d'initiation des adolescents mâles par les hommes constituent une autre « méthode pour compenser l'infériorité fondamentale [78] » des pères.

Chez certaines peuplades du Pacifique étudiées par M. Mead, les hommes enlèvent les jeunes garçons sous prétexte qu'ils sont incomplets. A leurs yeux, « si les femmes font des êtres humains, seuls les hommes peuvent faire des hommes [79] ». Elle ajoute que tous ces rites

77. G. Delaisi de Parseval, *op. cit.,* p. 95.
78. M. Mead, *op. cit.,* p. 99.
79. *Ibid.,* p. 99 : « Les initiés sont avalés par le crocodile qui représente le groupe des hommes et ressortent des nouveau-nés par l'autre extrémité. Ils

131

d'initiation sont symboliquement des imitations de la naissance, voire de l'allaitement.

Dans *le Rameau d'or,* Frazer fait le récit d'un rite d'initiation qui peut être considéré comme représentatif :

« A l'ouest de Géram (île indonésienne), les garçons à l'âge de la puberté sont admis dans l'association kakienne... La maison kakienne est un hangar de bois, de forme oblongue, située sous les arbres les plus sombres dans les profondeurs de la forêt... C'est là que les jeunes gens sont conduits les yeux bandés, suivis de leurs parents et amis... Aussitôt que chacun des garçons a disparu dans la maison, on entend immédiatement un bruit sourd ; un cri affreux, puis une épée ou une lance dégouttante de sang est lancée au travers du toit, c'est la preuve que le jeune homme a eu la tête coupée et que le diable l'a emporté dans l'autre monde... A la vue de l'épée ensanglantée, les mères pleurent et se lamentent, elles crient que le diable a tué leurs enfants... Pendant son séjour à la maison kakienne... Le chef... ordonne aux jeunes gens, sous peine de mort, de ne jamais révéler ce qui s'est passé... Pendant ce temps... Les mères ont pris le deuil... Mais après un jour ou deux, les hommes qui ont joué le rôle de tuteurs ou de parrains retournent au village porteurs de l'heureuse nouvelle que le diable, devant l'intercession des prêtres, a rendu la vie aux jeunes gens. Les hommes qui apportent ces nouvelles arrivent à demi morts de fatigue et tout couverts de boue, comme des messagers en provenance de l'enfer [80]... »

---

sont enfermés dans des ventres ou abreuvés de sang, engraissés, nourris à la main et soignés par des " mères " hommes. Ce culte recouvre un mythe selon lequel tout ceci a été en quelque sorte dérobé aux femmes. Les hommes doivent leur virilité à un vol et à une pantomime théâtrale qui serait réduite à néant si la vérité venait à être découverte. »

80. Cité et commenté par B. Bettelheim, *Les Blessures symboliques,* Gallimard, 1971, p. 138.

B. Bettelheim ajoute : « comme des personnages totalement épuisés après un accouchement ». Il fait remarquer que la hutte sombre et oblongue pourrait représenter la matrice dans laquelle les garçons retournent pour être engendrés à nouveau. De même, le comportement des garçons qui, par la suite, prétendent être aussi désorientés que des nouveau-nés, fait penser que le rituel serait destiné à imiter l'acte de parturition. Quand ils retournent à la maison, ils font semblant de ne plus savoir marcher ; quand on leur donne de la nourriture, ils font mine de ne pas savoir manger.

En vérité, les garçons savent bien qu'ils ne sont pas nés une seconde fois et que le prêtre a joué le rôle du diable. Mais « l'essentiel est le désir de berner les femmes et le pacte secret conclu entre hommes pour ne jamais leur révéler la vérité ». B. Bettelheim pense que le secret des hommes répond symétriquement au secret qui entoure les rituels de l'accouchement des femmes.

Dans un livre superbe, Maurice Godelier [81] a raconté le secret des rites d'initiation chez les Baruya de Nouvelle-Guinée. Dans cette société farouchement patriarcale, le but de l'immersion d'un jeune garçon dans un monde exclusivement masculin (la maison des hommes) est, là aussi, de le faire « re-naître » homme.

Pour les Baruya, un enfant est avant tout le produit du sperme de l'homme. Mais une fois enfermé dans la femme, le sperme se trouve mêlé à ses liquides à elle. Si le sperme de l'homme l'emporte sur l'eau de la femme, l'enfant sera un garçon, sinon ce sera une fille [82]. En outre, l'homme ne se contente pas de fabriquer l'enfant avec son sperme, il le nourrit ensuite par des coïts répétés et le fait croître dans le ventre de la femme.

81. *La Production des grands hommes,* Fayard, 1982.
82. Voir les étroites analogies avec la théorie d'Aristote.

Les Baruya ont révélé à Godelier deux secrets qu'ils ont tenus longtemps cachés aux Blancs. Le premier c'est que le sperme est la nourriture qui donne force à la vie. Raison pour laquelle ils font boire du sperme aux femmes affaiblies par leurs règles ou l'accouchement [83].

« Le second secret, plus sacré encore, puisque aucune femme ne doit le connaître, c'est que le sperme donne aux hommes le pouvoir de faire re-naître les jeunes garçons hors du ventre de leur mère, hors du monde féminin, dans le monde des hommes et par eux seuls. Ce secret le plus sacré, c'est que les jeunes initiés, dès qu'ils pénètrent dans la maison des hommes, sont nourris du sperme de leurs aînés, et que cette ingestion est répétée pendant de nombreuses années dans le but de les faire croître plus grands et plus forts que les femmes, supérieurs à elles, aptes à les dominer, à les diriger [84]. »

La question se pose de savoir qui, parmi les hommes, peut se substituer au père du garçon pour en continuer l'œuvre nourricière : « ... sont exclus tous les hommes mariés... car ce serait la pire des humiliations... que de traiter la bouche du garçon comme un vagin et transporter dans sa bouche toute la pollution du sexe féminin. Seuls les jeunes hommes vierges devaient donner leur sperme aux nouveaux initiés, qui étaient obligés (sous peine des pires violences) d'accepter le pénis qu'on leur tendait [85] ».

Au demeurant, ni les parents de la lignée maternelle ni ceux de la lignée paternelle ne pouvaient donner leur sperme aux jeunes initiés. Que l'on n'aille pas croire que

83. Les Baruya pensent que le lait des femmes naît du sperme des hommes.

84. *La Production...*, p. 91-92. Cette coutume, qui a disparu après l'arrivée des Européens en 1960, subsisterait, selon Godelier, dans les tribus Anga qui vivent dans les montagnes et les forêts, moins accessibles à l'influence des Européens.

85. *Ibid.*, p. 93.

ces pratiques s'expliquent par l'homosexualité. Godelier fait remarquer d'une part que les donneurs de sperme ne sont jamais les preneurs, et surtout « que l'idée même de s'épandre dans l'anus d'un autre leur semblait à la fois grotesque et répugnante [86] ».

Toutes ces pratiques ont pour objet de limiter les pouvoirs fécondants des femmes. Si on leur reconnaît celui d'engendrer des filles, on leur dénie la puissance de faire des mâles. Et même ainsi, on limite leur pouvoir en déclarant que le fœtus ne se développe que grâce au sperme masculin et que le lait dont elles nourrissent l'enfant plus tard n'est que le résultat de celui-ci.

Toutes les représentations baruya du processus de reproduction révèlent l'obsession masculine de court-circuiter le pouvoir créateur des femmes, pour mieux asseoir celui des hommes [87]. Cette obsession doit être replacée dans le contexte plus général d'une extrême réticence à admettre toute créativité féminine, quelle qu'en soit le domaine. Si les théories et les comportements des Baruya nous surprennent, c'est parce qu'ils expriment, plus brutalement et plus crûment que dans d'autres sociétés patriarcales, un fantasme de toute-puissance qui leur est souvent commun.

Des Maori de Nouvelle-Zélande au *pater familias* romain, du chevalier du Moyen Age au paysan du XVIIIe siècle, de nombreuses civilisations se sont construites sur une idée simple : les hommes doivent avoir tous pouvoirs sur les femmes, parce qu'ils sont « essentiellement » meilleurs qu'elles.

---

86. *Ibid.*, p. 94.
87. *Ibid.*, p. 12 : « A leurs yeux tous les aspects de la domination masculine, d'ordre économique, politique ou symbolique s'expliquent par la place différente qu'occupe chaque sexe dans le procès de la reproduction de la vie. »

Le pouvoir absolu.

Observant la société américaine en 1948, M. Mead constatait que son organisation était patrinominale, patrilocale et, pour l'ensemble, patriarcale. Même si les pères américains ne ressemblaient plus à l'image traditionnelle du père tout-puissant, « la vie reposait encore sur l'idée que la femme mineure dépend de son père et la femme adulte de son mari [88] ».

C'est l'institution du mariage, commandée par la loi d'exogamie et la prohibition de l'inceste, qui est à la source de cette domination.

« Les rites du mariage sont institués pour assurer dans l'ordre la répartition des femmes entre les hommes, pour discipliner autour d'elles la compétition masculine, pour socialiser la procréation. Désignant qui sont les pères, ils ajoutent une autre filiation à la filiation maternelle, seule évidente. Le mariage fonde des relations de parenté, il fonde la société tout entière [89]. »

A cette définition de G. Duby, on ajoutera une autre conséquence du mariage : c'est lui qui donne à la femme un double statut d'objet. Elle est objet pour le père qui l'échange. Elle reste un objet pour le mari qui l'obtient.

---

88. M. Mead, *op. cit.*, p. 273. On ajoutera que cette notion commune aux sociétés patriarcales s'enrichit parfois de quelques variantes. Dans les structures sociales de type matrilinéaire, la petite fille dépend de l'oncle maternel et sa mère de son frère. Mais quelles qu'en soient les modalités, les ethnologues constatent partout la domination, en dernière instance, de l'homme sur la femme.

89. Georges Duby, *Le Chevalier, la femme et le prêtre*, Hachette, 1981, p. 23.

La fille de son père.

Le vocabulaire économique utilisé par Cl. Lévi-Strauss pour évoquer le statut des femmes dans la société patriarcale est tout à fait révélateur. Elles sont appelées tour à tour « objets d'échange », « prestations », ou plus simplement « biens ». On parle de « geler les femmes », de leur « équivalence », ou de leur « rareté ». Comment mieux dire qu'elles ne sont que des objets parmi d'autres, à la disposition des hommes ?

L'échange qui fonde les rapports sociaux est un « phénomène total comprenant de la nourriture, des objets fabriqués et cette catégorie de biens les plus précieux, les femmes [90] ». Ainsi, dans les sociétés primitives polynésiennes, un homme qui ne peut pas payer son canot donnera indifféremment au vendeur des femmes ou des terres.

Si, parmi tous les biens, les femmes ont le privilège d'être le plus prisé, c'est pour le double motif qu'elles sont à la fois « rares » et essentielles à la vie du groupe. Lévi-Strauss explique le caractère de raréfaction par la tendance naturelle des hommes à la polygamie. Dans les sociétés primitives, la monogamie semble prédominante là où le niveau économique et technique apparaît le plus rudimentaire. En réalité, dans toutes les sociétés, y compris la nôtre, la tendance est à une multiplication des épouses, tout simplement parce qu'elle répond à une nécessité naturelle et universelle chez l'homme [91].

90. Cl. Lévi-Strauss, *Les Structures élémentaires de la parenté*, Mouton, 1973, p. 71.
91. *Ibid.*, p. 44 : « Seules les limitations nées du milieu et de la culture sont responsables de son refoulement. La monogamie n'est donc pas, à nos yeux, une institution positive : elle constitue seulement la limite de la polygamie dans des sociétés où la concurrence économique et sexuelle atteint une forme aiguë. »

Lévi-Strauss ajoute que, même si les femmes sont en nombre équivalent aux hommes, elles ne sont pas toutes également désirables, à la fois du point de vue érotique et économique. Les plus désirables formant une minorité, « la demande des femmes est donc toujours, actuellement ou virtuellement, en état de déséquilibre et de tension [92] ».

A ce propos, on notera l'indifférence de l'anthropologue à la polyandrie « naturelle » de la femme, qui peut copuler avec une régularité étonnante et se trouve équipée pour jouir plus intensément même que le mâle humain [93]. Contrairement à l'homme, plus une femme a d'orgasmes, plus ils sont fréquents et plus ils gagnent en intensité. Ce phénomène, qualifié de « satiété dans l'assouvissement », laisse à penser qu'un seul homme peut difficilement satisfaire une femme. Si la culture et le refoulement ne s'en étaient pas mêlés [94], ne peut-on pas dire que les sociétés polyandriques seraient tout aussi naturelles que les sociétés polygames ?...

Mais le problème essentiel qui se pose aux humains n'est pas tant de satisfaire leurs désirs que leurs besoins les plus élémentaires. Or, pour se nourrir, se reproduire et

---

92. *Ibid.*, p. 45.
93. H. Fisher, *op. cit.*, p. 29 : « La nature l'a pourvue d'un clitoris, réseau de nerfs exclusivement destiné à l'activité copulatoire. Si l'orgasme de l'homme obéit au même mécanisme que celui de la femme, il existe une nette différence au niveau de la jouissance. L'orgasme de l'homme correspond normalement à trois ou quatre contractions majeures, suivies de quelques-unes mineures, toutes localisées dans la zone génitale. Quand il s'achève, le pénis se ramollit et le mâle doit suivre le même processus pour atteindre à nouveau l'orgasme. La femme fonctionne différemment. Elle ressent normalement cinq à huit contractions majeures, puis de neuf à quinze mineures qui se diffusent dans toute la zone pelvienne. Mais, contrairement à son partenaire, ses organes génitaux n'ont pas expulsé tout le sang et elle peut jouir encore plusieurs fois. »
94. *Ibid.*, p. 30 : « Encore en 1966 aucun habitant d'une île irlandaise n'avait entendu parler d'orgasme féminin. La sexualité y était taboue. »

vivre en paix, il faut que les hommes procèdent à l'échange des femmes. On connaît la surprise de Lévi-Strauss en apercevant, dans un village indigène du Brésil central, « un homme jeune, accroupi des heures entières dans le coin d'une hutte, sombre, mal soigné, effroyablement maigre et, semblait-il, dans l'état d'abjection la plus complète... Intrigués, nous demandâmes quel était ce personnage auquel nous prêtions quelques graves maladies, on nous répondit : C'est un célibataire [95]... ».

Ceci montrait bien l'importance vitale du mariage pour chaque individu de ces sociétés primitives. Là, la fonction de l'épouse ne se limite pas aux gratifications sexuelles. Son apport économique est essentiel, puisque homme et femme se consacrent à la production de différents types de nourriture. Seul le couple peut produire une alimentation complète et régulière [96].

Les femmes n'ont pas seulement une valeur économique pour les hommes qui les échangent. Elles ont d'abord valeur de paix et d'alliances. Si l'inceste est partout prohibé, si on « gèle » les femmes au sein de la famille, c'est moins pour des raisons morales ou biologiques que sociales. Chacun renonce à sa fille ou à sa sœur, à condition que son voisin en fasse autant et qu'on puisse les échanger mutuellement. Ainsi, l'hostilité naturelle entre les groupes se mue-t-elle en relations d'alliance. Chacun sait qu'en échangeant leurs sœurs, les frères gagnent des beaux-frères pour aller chasser ; leurs réseaux d'amitié s'étendent et, par ces dons réciproques, ils sont passés « de l'angoisse à la confiance [97] ».

Le propre des femmes est d'instaurer la paix parmi les

95. Lévi-Strauss, *Les Structures...*, *op. cit.*, p. 46.
96. *Ibid.*, p. 45 : « Pour les Pygmées, plus il y a de femmes, plus il y a à manger. »
97. *Ibid.*, p. 79.

hommes, mais seulement à titre d'objets. En aucun cas, elles n'ont un statut de sujet actif. D'où le propos célèbre de Lévi-Strauss, qui se présente comme une loi universelle des sociétés humaines :

« La relation globale d'échange qui constitue le mariage ne s'établit pas entre un homme et une femme qui chacun doit et chacun reçoit quelque chose : elle s'établit entre deux groupes d'hommes, et la femme y figure comme un des objets de l'échange, et non comme un des partenaires entre lesquels il y a lien. Cela reste vrai, même lorsque les sentiments de la jeune fille sont pris en considération... En acquiesçant à l'union proposée, elle précipite ou permet l'opération d'échange ; elle ne peut en modifier la nature. Ce *point de vue doit être maintenu dans toute sa rigueur, même en ce qui concerne notre société, où le mariage prend l'apparence d'un contrat entre les personnes...* Le lien de réciprocité qui fonde le mariage n'est pas établi entre des hommes et des femmes, mais entre des hommes au moyen des femmes, qui en sont seulement la principale occasion [98]. »

Lévi-Strauss, on le sait, illustra son propos par de multiples exemples empruntés aux sociétés primitives. Mais la loi qu'il énonce dépasse largement — comme il le dit — le cadre de l'ethnologie. L'historien Georges Duby eut l'occasion d'en vérifier l'exactitude pour la société du Moyen Age. Il constate qu'au XIIe siècle une véritable *stratégie matrimoniale* se mit en place chez les chevaliers, qui s'employèrent à marier toutes les filles disponibles du lignage, tout en limitant les mariages des fils :

« Dispersant ainsi le sang de ses aïeux, le chef de la maison nouait des alliances, raffermies à la génération suivante par la relation privilégiée attachant les garçons au frère de leur mère. Cette politique fut celle d'un gendre qui

98. *Ibid.*, p. 135. (Souligné par nous.)

avait fort bien réussi, Hildvin de Ramerupt. Il avait hérité du chef de sa femme le comté de Roucy et, pour le tenir plus solidement, donné pour épouse à son propre frère sa belle-mère devenue veuve. Il maria et remaria ses sept filles... Mais la prudence imposait de n'autoriser qu'un seul fils à prendre épouse légitime, à moins que l'on pût trouver pour un autre une fille sans frère, une héritière [99]... »

Guillaume le Maréchal [100] n'agit pas différemment lorsqu'il souhaita, vers 1189, se faire de nouveaux amis. Il distribua ses filles aux hommes puissants des environs pour consolider la paix avec eux. Guillaume fut satisfait d'avoir « bien employé » ses trois filles aînées qui furent, selon les termes de G. Duby, « livrées à trois fils de comtes [101] ».

Les rois, eux, n'avaient pas attendu si tard pour se livrer au trafic de leurs filles. Charlemagne avait su exploiter au mieux les deux formes d'unions qui existaient encore à l'époque : le concubinage (*Friedelehe*) et le mariage légitime (*Muntehe*) [102]. L'empereur ne maria pas ses filles de peur de multiplier les prétendants à la succession royale ; il les garda dans sa maison en son pouvoir. Il les prêta, et obtint des petits-fils dont les droits ne comptaient pas face à ceux des petits-fils issus de mariages légitimes. Ainsi la paix était conservée et l'héritage protégé.

Au Moyen Age, comme encore au XVIIIe siècle, le père a tous pouvoirs sur ses enfants, qu'il marie à sa guise ou qu'il empêche de contracter union. Mais l'autorité du père sur sa fille est incomparablement plus pesante que celle qu'il exerce sur son fils. Le droit romain qui sévissait dans une grande partie de la France du Moyen Age faisait de la

---

99. *Le Chevalier, la Femme et le Prêtre, op. cit.*, p. 113-114.
100. G. Duby, *Guillaume le Maréchal ou le meilleur chevalier du monde*, Fayard, 1984, p. 166.
101. *Ibid.*, p. 166.
102. G. Duby, *Le Chevalier..., op. cit.*, p. 47.

femme une éternelle mineure. En la mariant, le père transmettait tous ses droits à son époux, et si l'on ne lui refusait pas directement sa part de l'héritage paternel, on l'empêchait d'en disposer en la soumettant à l'autorité de son mari.

Initialement objet du père, la nouvelle épouse devenait, jusqu'à la mort de son mari (si elle lui survivait), objet de celui-ci, qui avait désormais tout pouvoir sur sa personne et ses biens... du moins tant que le père lui laissait son droit à l'héritage [103].

L'épouse de son mari.

Aux yeux de son époux, la femme a triplement le statut d'objet. Elle est à la fois un instrument de promotion sociale, éventuellement un objet de distraction, et un ventre dont on prend possession.

Dès le XIᵉ siècle, le roi et les grands princes féodaux distribuent des épouses aux plus dévoués de leurs fidèles. Instrument d'alliance, le mariage fut surtout instrument de promotion sociale pour les jeunes chevaliers ambitieux, fidèles à leur maître mais dénués d'argent : « En prenant femme, en s'en emparant ou en la recevant de leur seigneur, quelques-uns des chevaliers réussirent à sortir de l'état domestique, quittèrent la Maison d'un patron pour fonder la leur [104]. »

Tel fut le cas de Guillaume le Maréchal [105]. « Lorsqu'il

103. *Ibid.*, p. 107-111 : en effet, les droits des épouses étaient si bien étouffés par ceux que détenaient le mari, que vers le IIᵉ siècle certains pères y perçurent une menace intolérable pour les biens de leur propre lignée. A cette menace des gendres, les pères opposèrent une parade consistant à réduire au minimum le droit des filles mariées à l'héritage, « limitant ce droit à certains biens que leur mère avait elle-même tenus en dot ».

104. *Ibid.*, p. 102.

105. Né aux alentours de 1145, mort le 14 mai 1219.

se sentit vieillir, il lui parut urgent d'obtenir, pendant qu'il en était temps encore, qu'Henri II survivait, une récompense solide, l'assurant d'une position et de ressources stables... Sa pauvreté tenait à ce qu'il était toujours " bachelier ". Ce qu'il souhaitait donc, à près de cinquante ans, c'était cesser de l'être, de recevoir enfin une épouse qui fût riche héritière, de s'établir simultanément dans son lit, dans sa maison, dans sa seigneurie. S'il avait refusé quatre ans plus tôt la fille que lui proposait Robert de Béthune, c'était peut-être qu'elle n'apportait en mariage que des rentes et non pas la demeure et les pouvoirs seigneuriaux dont il rêvait de devenir le maître [106]... »

C'est ainsi que Guillaume le Maréchal se vit offrir par le roi la fille de son sénéchal, mort depuis trois ans sans héritier mâle : la demoiselle de Lancastre, pas encore nubile. Il fallut attendre... Deux ans plus tard, il demanda mieux et l'obtint. La Pucelle de Striguil lui apportait dans la corbeille de noces soixante-cinq fiefs et demi. La fortune le transportait du bon côté, celui des « seigneurs ».

Tout laisse à penser que le Maréchal nourrissait de tendres sentiments pour sa jeune épouse, de trente ans plus jeune que lui. Mais Georges Duby insiste sur le fait qu'au XIIe siècle, les femmes sont moins objets de considération que de distraction.

Dans ce monde masculin où seuls les mâles comptent, la place de l'épouse reste marginale. Elle n'a même pas le droit à la parole. Si les dames paraissent à l'ouverture d'un tournoi, c'est seulement pour exciter les guerriers à plus de vaillance ou « distraire les chevaliers qui attendent de combattre ».

Contrairement à ce qui a été dit sur l'Amour Courtois, G. Duby pense que celui « que le chevalier porte à la dame

---

106. G. Duby, *Guillaume le Maréchal...*, *op. cit.*

élue masquait peut-être bien l'essentiel... des échanges amoureux entre guerriers [107] ». Tous les jeunes chevaliers font le siège de l'épouse... pour s'attirer l'amour du seigneur. L'amour est d'abord un sentiment qu'entretiennent les hommes. Cet amour-amitié est présent dans tout ce récit du Moyen Age, dont les femmes sont presque totalement absentes [108].

Si les femmes pouvaient être objets de convoitise ou de distraction, l'épouse est avant tout un ventre dont la principale fonction est de faire des enfants légitimes à sa nouvelle Maison. Lord Raglan rappelait opportunément que le mot souche dont est dérivé le terme « père » semble, dans toutes les langues aryennes, n'avoir qu'une seule signification : « possesseur » [109]. Par conséquent, en épousant une femme, le mari prend possession de son ventre et de tous les enfants qu'il abritera [110].

Mais comment être jamais sûr de la fidélité féminine ? Comment éviter qu'elle ne peuple la lignée d'enfants illégitimes porteurs du sang d'un autre ? Car la fidélité féminine a pour première finalité de protéger l'héritage de l'homme. Par la filiation masculine, le fils doit succéder au père, il doit être le fils du père et non celui de la mère. En conséquence, l'homme peut avoir des aventures féminines sans dommage pour sa lignée, mais le contraire serait la négation de cette filiation.

La hantise de l'adultère féminin rend l'épouse suspecte : « une adversaire. Les hommes vivaient la conjugalité comme un combat requérant une vigilance absolue... Le

107. *Ibid.*, p. 61.
108. *Ibid.*, p. 67.
109. Lord Raglan, *Jocasta's crime*, p. 180.
110. Lippert, *Evolution of culture*, indique que dans les lois de Manou, il est dit que « l'enfant appartient au père comme le propriétaire de la vache devient propriétaire du veau » ; cité par Evelyn Reed, *op. cit.*, p. 227.

mari craignait de ne pouvoir seul éteindre ses feux... Il avait peur des coups bas, de la trahison [111] ».

Cette terrible angoisse de la trahison des femmes est propre à toutes les communautés humaines, mais les sociétés patriarcales ont inventé de multiples ruses pour rester maître du ventre de l'épouse : le mari peut la tenir à l'écart de tous les autres hommes, et c'est le *harem* ; il peut inventer un système mécanique empêchant les rapports sexuels, et c'est la *ceinture de chasteté* ; il peut lui enlever le clitoris pour atténuer ses pulsions érotiques, et c'est la *clitoridectomie* [112].

Mais quand tout cela s'est révélé insuffisant, il reste encore la répression. L'adultère féminin — contrairement à l'adultère masculin — a toujours été sévèrement condamné. Selon les civilisations et les époques, les femmes adultères furent lapidées, noyées enfermées dans un sac, tuées par leur mari, clouées au pilori, reléguées dans un couvent ou mises en prison.

En France, il fallut attendre 1974 pour que soit abolie toute condamnation spécifique de l'adultère féminin [113].

Le mariage, fondement de la société patriarcale.

Le mariage est la réponse universelle des sociétés humaines à l'interdiction, tout aussi universelle, de l'inceste. Or, quel que soit le type de société envisagé, ce sont toujours

111. G. Duby, *Le Chevalier...*, *op. cit.*, p. 52.
112. Voir Nancy Marval, *The case for feminist celibacy*, cité par Sarah Hrdy, *op. cit.* En 1986, on comptait 80 millions de femmes excisées dans le monde patriarcal et plusieurs dizaines de millions qui vivent voilées à l'abri des regards des hommes qui ne sont pas leurs époux.
113. L'amant n'était poursuivi que comme complice de l'adultère ; et plus généralement, les hommes n'étaient condamnés que s'ils commettaient l'adultère au domicile conjugal.

les hommes, affirme Lévi-Strauss, qui échangent les femmes et non le contraire. Même si certaines tribus du Sud-Est de l'Asie donnent l'image d'une situation inverse, « on ne saurait dire que ce sont les femmes qui échangent les hommes, mais tout au plus que les hommes y échangent d'autres hommes *au moyen* de femmes [114] ».

Les réflexions de Lévi-Strauss tendent à prouver, à travers le phénomène universel de l'échange des femmes par les hommes, que la structure patriarcale est elle-même, en dernier ressort, une donnée inhérente à l'humanité. C'est pourquoi il s'emploie à montrer que les régimes à filiation matrilinéaire et à résidence matrilocale sont de très rares et trompeuses exceptions [115].

De façon générale, la corrélation [116] a été démontrée entre les institutions patrilinéaires et les plus hauts niveaux de culture, la filiation matrilinéaire et les sociétés les plus primitives. Ce constat ne fait que renforcer la conviction de Lévi-Strauss concernant la primauté absolue des institutions patrilinéaires sur les institutions matrilinéaires.

« Des sociétés atteignant le stade de l'organisation politique ont tendance à généraliser le droit paternel. *Mais c'est que l'autorité politique, ou simplement sociale, appartient toujours aux hommes et cette priorité masculine présente un caractère constant,* qu'elle s'accommode d'un mode de filiation bilinéaire ou matrilinéaire ou qu'elle impose son

114. Souligné par Lévi-Strauss, *op. cit.,* note 41, p. 134.
115. *Ibid.,* p. 135 et 136 : évoquant le cas des Menangkaban de Sumatra, où les maris reçoivent le nom d'« homme emprunté », l'anthropologue souligne que, dans de tels systèmes, c'est « le frère ou le fils aîné de la mère de la famille qui détient et exerce l'autorité ». Dans tous les autres cas connus, la filiation matrilinéaire accompagne la résidence patrilocale. La femme suit son mari étranger, parfois perçu comme un ennemi, pour procréer des enfants qui ne seront jamais les siens. Auquel cas « la filiation matrilinéaire, c'est la main du père ou du frère de la femme qui s'étend jusqu'au village du beau-frère ».
116. G. Murdock cité par Lévi-Strauss, *ibid.,* p. 136.

146

modèle à tous les aspects de la vie sociale, comme c'est le cas des groupes plus développés [117]. »

Ce propos de Lévi-Strauss appelle plusieurs remarques. D'abord, le rapport entre filiation matrilinéaire/caractère plus primitif d'une société/et moindre degré d'organisation politique, nous paraît montrer que telle pût être la structure des premières sociétés du paléolithique, et peut-être même d'une bonne partie du néolithique. D'autre part, la corrélation inverse (sociétés plus développées/primat du politique/sociétés patrilinéaires) tend à prouver l'indestructibilité du patriarcat dans des sociétés comme la nôtre.

En affirmant que le pouvoir politique appartient toujours aux hommes, et que celui-ci est inséparable d'institutions patrilinéaires, Cl. Lévi-Strauss rend impensable tout renversement du système patriarcal. En effet, dans la mesure où il semble lier la complexité d'une société à celui-ci, chaque étape franchie vers une plus grande complexité nous emprisonne plus sûrement dans ce système. C'est pourquoi il peut conclure par une réflexion en forme de loi :

« Derrière les oscillations du mode de filiation, la permanence de la résidence patrilocale atteste *la relation fondamentale d'asymétrie entre les sexes, qui caractérise la société humaine* [118]. »

Aux yeux de l'anthropologue, cette asymétrie « universelle » entre les sexes, qui s'exerce au détriment des femmes (elles ne peuvent jamais occuper ni la même place ni le même rang que les hommes), se déduit « du fait fondamental que ce sont les hommes qui échangent les femmes et non le contraire [119] ». Et ce fait lui-même est la conséquence de

117. *Ibid.*, p. 136.
118. *Ibid.*, p. 136. (Souligné par nous.)
119. *Ibid.*, p. 134.

la prohibition de l'inceste, qui est la loi fondatrice de toute culture humaine.

Apparemment, aucune échappatoire ne nous est laissée. L'universelle prohibition de l'inceste a « naturellement » un caractère discriminatoire et hiérarchique. En faisant jouer aux femmes le rôle de biens, « la prohibition de l'inceste concourt à diviser le groupe social et non pas à l'unir, à transformer les règles de parenté en coordonnées d'une " différence orientée " entre hommes et femmes, au lieu de l'estomper dans les liens du sang... La cohésion masculine repose sur la soumission féminine [120] ».

Il reste qu'un tel système ne peut durer qu'à deux conditions : la première, c'est que le mariage garde la signification d'un échange de femmes ; la seconde, elle-même condition de la première, que l'asymétrie entre les sexes soit maintenue, autrement dit que les femmes restent assimilées à la catégorie des objets. L'histoire et l'ethnologie montrent clairement que toutes les sociétés patriarcales ont dépensé des trésors d'énergie et d'astuces pour imposer de gré ou de force cette asymétrie. Certaines, même, n'ont pas hésité à la radicaliser à l'extrême, au point de faire de l'Un l'inverse de l'Autre.

120. S. Moscovici, *op. cit.*, p. 285.

La logique des contraires
ou la guerre des sexes

> « *L'amour, son moyen c'est la guerre et il cache
> au fond la haine mortelle des sexes.* »
>
> NIETZSCHE, *Ecce Homo.*

Pour se maintenir vivace, le système patriarcal produisit une nouvelle logique du rapport des sexes, sans commune mesure avec la précédente. Non pas qu'il ait jamais nié explicitement la complémentarité de l'homme et de la femme, mais il poussa si loin l'affirmation de l'altérité qu'il en annula presque les conditions de possibilité du dualisme.

Rappelons quelques évidences : pour que les sexes puissent être pensés comme complémentaires, il est nécessaire qu'on se les représente comme les deux parties d'une totalité. Autrement dit, qu'ils participent également à la formation d'une unité homogène : l'humanité.

Le complément, au sens premier du terme, est « ce qu'on doit ajouter à une chose pour qu'elle soit complète ».

Mais l'ajustement des deux éléments l'un à l'autre est impossible sans une ressemblance minimale. Il faut que les différences n'entament pas leur nature commune, sous peine de ne jamais pouvoir se rejoindre. C'est ce que montrait si joliment le mythe androgynal d'Aristophane : à l'origine, l'humanité complète était constituée d'un couple imbriqué l'un dans l'autre qui formait la plus belle totalité qu'on puisse imaginer. Trop belle et trop puissante pour être supportée par les dieux jaloux, ils la coupèrent par le milieu en deux parties égales. Séparés l'un de l'autre, l'homme et la femme n'eurent plus qu'un seul désir : se réunir à nouveau, se retrouver l'un dans l'autre.

La sexion n'exclut nullement l'idée de communauté, ni le désir, l'amour pour sa moitié. Que l'Un ait des attributs (et attributions) différents de l'Autre, que chacun fasse quelque chose que l'Autre ne peut faire ne doit pas être envisagé sous l'angle de l'opposition, mais comme un échange mutuel qui ne déprécie pas l'Un pour mieux valoriser l'Autre. L'androgyne mythique rappelle aux humains qu'à eux deux réunis, ils sont l'image de la complétude, de telle sorte que l'Un séparé de l'Autre est mutilé et inutile.

De toute évidence, la leçon n'a pas été retenue par l'idéologie patriarcale, qui a trop souvent substitué à la « symétrie » des sexes une radicale asymétrie. Peut-être y fut-elle contrainte pour asseoir sa puissance, sans réaliser qu'en même temps elle produisait les germes de sa propre mort.

Le patriarcat absolu menace la complémentarité.

De la dissymétrie à l'exclusion.

F. Héritier note qu'aucune société ne parvient à faire en sorte qu'hommes et femmes soient absolument symétriques. Le propos paraît s'appliquer exactement au cas des sociétés patriarcales. Là, les mythes de l'origine et de multiples systèmes philosophiques sont bâtis sur un système de catégories binaires, qui opposent le masculin au féminin, comme le supérieur et l'inférieur [1].

Au XVIIIe siècle, quand on reconnaîtra à la société une plus grande influence sur la nature humaine, on demandera à l'éducation de maintenir la complémentarité sous le signe de l'opposition. Lorsque Rousseau s'attache à définir le couple idéal, Émile et Sophie, c'est volontairement qu'il « fait » de celle-ci le complément de celui-là [2]. Mais on ne fait plus confiance à la nature pour qu'hommes et femmes soient complémentaires (condition nécessaire de leur entente). Il faut une solide éducation restrictive pour empêcher que les caractéristiques « naturelles » ou « idéales » de l'Un et de l'Autre ne soient dévoyées... Pour préparer Sophie à sa « vocation » d'épouse et de mère, il est nécessaire de lui *former* un caractère doux, *l'exercer* à la contrainte, lui *apprendre* que « la dépendance est un état

1. La pensée philosophique et médicale grecque d'Aristote ou Hippocrate conçoit l'équilibre du monde et la santé du corps humain comme un harmonieux mélange des contraires. La sagesse et la médecine n'ont d'autres buts que de rétablir l'équilibre « naturel » menacé par un excès ou un autre. Les principales catégories sont celles du chaud et du froid, du sec et de l'humide, chacune étant associée au masculin ou au féminin, et affectée d'une valeur positive ou négative. Aristote et, avec lui, ses contemporains pensaient que le chaud et le sec sont positifs, le froid et l'humidité négatifs. Nul ne s'étonnera que le mâle soit du bon côté et la femelle du mauvais. Mais bien qu'inscrite sous le signe du plus ou du moins, la complémentarité persiste dans une logique des contraires.
2. Ayant longuement défini Émile comme une créature active, impétueuse, forte, courageuse et intelligente, le philosophe trace le portrait d'une épouse passive, timide, faible et soumise. « Faite spécialement pour plaire à l'homme », Sophie sera élevée pour être coquette, peu intelligente et se contenter des seconds rôles... Telle est sa « nature » de n'avoir pas été créée pour elle-même, mais « pour être subjuguée par l'homme... lui être agréable... lui céder et supporter même son injustice ». Cf. *Émile,* in *Œuvres complètes*, tome IV, Bibliothèque de la Pléiade, NRF, p. 693-731.

naturel aux femmes [3] ». Ceci ne se fait pas sans mal, comme si la vraie nature protestait longtemps avant de se soumettre aux caprices de l'homme. Le « dressage » d'Émile et Sophie, et particulièrement de cette dernière, semble indiquer que la nature des sexes n'est pas si complémentaire que le rêvait Rousseau.

Bien qu'inverses l'un de l'autre, Émile et Sophie restent longtemps liés par des valeurs et un amour communs. Les oppositions n'entament pas une vision parallèle de l'humanité. L'amour qui les unit par-delà, ou à cause de, leurs dissemblances interdit l'exclusion de l'Un par l'Autre. Les drames et rebondissements qui tendraient à montrer que Sophie n'est pas celle que l'on croyait... n'empêchent pas que l'Un n'a de sens que par rapport à l'Autre.

Pourtant, durant les trois derniers millénaires qui ont vu s'épanouir les sociétés patriarcales, la logique des contraires s'est souvent transformée en logique de l'exclusion. En hiérarchisant le dualisme à l'extrême, l'Un, le Bien, a pour ennemi l'Autre, le Mal. L'opposition, fondée sur une théologie ou une mythologie, est devenue si radicale, si tensionnelle, que l'idée de communauté, de ressemblance des sexes est gravement menacée.

De la civilisation indienne de l'époque de Manou à la culture du Moyen Age, en passant par les sociétés musulmanes, on retrouve partout l'affirmation que l'homme et la femme sont des ennemis irréductibles. Les textes sont innombrables qui disent la guerre des sexes et invitent l'homme à prendre ses distances à l'égard de celle qu'il a pu parfois appeler sa « compagne ».

Le Mahabharata offre un soutien virulent aux thèses androcentristes de Manou.

---

3. Ibid., p. 710.

« Il n'y a eu rien qui soit plus coupable qu'une femme. En vérité les femmes sont les racines de tous les maux » (38, 12).

« Le Dieu du vent, la mort, les régions infernales... le tranchant du rasoir, les poisons terribles, les serpents et le feu. Tous cohabitent en harmonie chez les femmes » (38, 29) [4].

La Genèse, on l'a vu, avait fait de la femme la subordonnée de l'homme. Les pères de l'Église iront plus loin en l'assimilant au serpent et à Satan. Dans les sermons du Moyen Age (XIIᵉ siècle), un thème revient constamment, dominant tout le discours : « La femme est mauvaise, lubrique autant que vipère, labile autant que l'anguille, de surcroît curieuse, indiscrète, acariâtre [5]. »

De tels propos appellent les hommes à se méfier des femmes et à les traiter comme elles le méritent. Attitude, note G. Duby, justifiée encore par l'étymologie que manipulaient les savants de l'époque : « Le mot latin désignant le mâle, *vir*, renvoyait pour eux à *virtus*, c'est-à-dire à la force, à la rectitude, tandis que le féminin *mulier* rejoignait *mollitia* qui parle de mollesse, de flexibilité, d'esquive. Méfiance et mépris faisaient tenir pour nécessaire de soumettre la femme, de la tenir bridée [6]... »

A la question : Quelle est l'origine de la mauvaise nature féminine ? La réponse est unanime : une sensualité débridée, impossible à satisfaire par un seul homme.

« Les femmes sont féroces. Elle sont dotées de pouvoirs féroces... Elle ne sont jamais satisfaites par un seul être du sexe opposé... Les hommes ne devraient point les aimer...

---

4. Cités par Indira Mahindra, *op. cit.*, p. 76.
5. G. Duby, *Le Chevalier...*, *op. cit.*, p. 224.
6. *Ibid.*, p. 52.

Celui qui se comporte autrement est assuré de courir à sa perte [7]. »

Les hommes et les prêtres du Moyen Age ne pensent pas autrement : les femmes sont fornicatrices par nature et insatiables. On se méfie des veuves, dangereuses parce que insatisfaites, mais aussi des appartements des femmes où on les soupçonnent du pire. Dans un sermon, l'évêque Étienne de Fougère, au XIIe siècle, exhortait les hommes « à les tenir très serrées. Livrées à elles-mêmes, leur perversité se débonde ; elles vont chercher leur plaisir auprès des gens de service, ou bien elles le prennent entre elles [8] ».

Le discours érotique religieux des théologiens musulmans, admirablement analysé par une universitaire, Fatna Ait Sabbah [9], explicite mieux encore les raisons de la méfiance masculine. Se fondant sur deux textes, écrits l'un au XIIe siècle [10], l'autre au XVe siècle [11], encore aujourd'hui très populaires [12], l'auteur montre l'origine inconsciente de la peur des hommes.

A la fois redoutée et désirée, la femme « omnisexuelle » est assimilée à un vagin-ventouse qui n'est jamais satisfait. Il y a un consensus sur le fait que le désir de la femme dépasse de loin celui de l'homme :

« Certains ont affirmé que l'appétit sexuel de la femme est supérieur à celui de l'homme... Si l'on copule, paraît-il, nuit et jour, des années durant avec la même femme, elle

---

7. *Le Mahabharata* (43, 23-26), cité par Indira Mahindra, *op. cit.*, p. 76-77.

8. G. Duby, *op. cit.*, p. 228.

9. Pseudonyme de l'auteur de *La Femme dans l'inconscient musulman*, Le Sycomore, 1982.

10. *La Prairie parfumée où s'ébattent les plaisirs* du cheikh Mohammed.

11. *Comment le vieillard retrouvera sa jeunesse par la puissance sexuelle* de Ibn Suleyman, plus connu sous le nom de Kamal Pact.

12. Fatna Ait Sabbah indique que ces deux livres sont disponibles à des prix dérisoires dans les rues et librairies des médinas.

n'atteint jamais le point de saturation. Sa soif de copuler n'est jamais étanchée [13]. »

La copulation a donc un effet opposé sur chacun des sexes : elle épanouit la femme et affaiblit l'homme. Il n'est pas surprenant, constate Fatna Ait Sabbah, que les seuls mâles équipés pour faire face à cette « femme-crevasse-ventouse » ne soient pas des humains, mais des animaux, notamment l'âne ou l'ours dont les pénis respectifs correspondent mieux aux désirs féminins.

Devant cette femme insatiable, l'homme réel est totalement condamné à vivre sa vie comme un échec. Pour lutter contre l'anxiété de l'impuissance, l'obsession de la taille du pénis, les moyens de l'allonger, les manuels de médecine classique consacrent des chapitres entiers à l'exposé des recettes [14]...

Mais les philtres, les potions et les conseils ne peuvent jamais suffire à rétablir l'équilibre entre les deux sexes. L'infinité de leur désir les rend définitivement dangereuses. On peut deviner que l'omnisexuelle, mue par la force animale qu'elle condense entre ses cuisses, ne peut guère être une pieuse musulmane que la loi oblige à se contenter d'un quart d'homme [15]. Elle ne pourra qu'être amenée à transgresser les règles de la vie musulmane, notamment : l'hétérosexualité, la fidélité, l'homogénéité sociale, la vertu.

En un mot, la femme est « par nature » une source de désordre, que l'homme doit s'employer à maîtriser par tous les moyens. Mue par un seul objectif, la recherche de

---

13. *Comment le vieillard...*, cité par Fatna Ait Sabbah, *op. cit.*, p. 51.

14. L'auteur précise que ces manuels sont partout présents dans les vitrines des librairies ou à l'entrée des mosquées.

15. Coran, sourate IV, verset 3, cité par Fatna Ait Sabbah, *op. cit.*, p. 57 : la polygamie donne à l'homme le droit de partager ses faveurs entre quatre femmes légitimes en plus des concubines qui sont innombrables.

l'orgasme, elle fait fi des hiérarchies sociales (préférant l'importante verge d'un esclave noir à celle d'un homme de son rang !) et s'accommode mal des deux rôles conçus pour elle par la société musulmane : celui d'épouse et de mère.

Pour rétablir l'ordre, l'homme devra : « l'immobiliser, la cacher, la séparer autant que possible de la gent masculine [16] ». Autrement dit, la dominer.

Les textes du Moyen Age se sont employés à montrer que l'égalité de l'homme et de la femme était une hérésie. Le mariage, clef de voûte de l'édifice social, devait refléter la hiérarchie de l'univers. G. Duby fait état d'un texte écrit en langue vulgaire, le « Jeu d'Adam [17] », qui avait pour but de montrer que la relation conjugale reflète, à un niveau subalterne, la relation primaire de soumission entre la créature et le créateur. Satan s'est insinué pour rompre la hiérarchie entre Dieu et Adam, mais aussi entre Adam et Ève. C'est parce que Adam a regardé Ève comme son égale, qu'il l'a crue et qu'il a péché.

En vérité, l'ordre n'implique pas seulement le respect de la hiérarchie des sexes, il suppose implicitement une différence de nature entre les deux. Différence qui explique — mieux que la seule hiérarchie — la politique des « deux poids et deux mesures », constamment à l'œuvre dans les sociétés patriarcales.

Le meilleur exemple, on l'a vu, est la différence de traitement à l'égard de l'adultère masculin et féminin. L'évêque Bouchard de Worms rédigea au XIe siècle un manuscrit, le Décret [18], qui connut un immense succès en

16. Ibid., p. 62.
17. G. Duby, op. cit., p. 225-226 : cette paraliturgie (1050/1170), écrite à l'attention d'un public aristocratique et montée dans une église, mettait en scène quatre personnages : Adam (le mari), Ève (la femme), Dieu (le Bien) et Satan (le Mal).
18. Cité par G. Duby, op. cit., p. 67.

France et dans tout l'Empire jusqu'au milieu du XIIᵉ siècle. Là, il s'applique à dissocier l'homme de la femme comme « deux espèces différentes [19] ». L'espèce féminine étant faible et flexible ne doit pas être jugée comme l'espèce masculine. *Le Décret* appelle sans cesse à tenir compte de la perfidie de la première : « Si après un an ou six mois, ton épouse dit que tu ne l'as pas encore possédée, et si toi tu dis qu'elle est ta femme, on doit te croire toi, parce que tu es le chef de la femme [20]. »

Frivoles, bavardes à l'église, oublieuses des défunts, luxurieuses, lubriques, les femmes sont entièrement responsables de l'avortement, de l'infanticide, de la prostitution. Le confesseur doit presser la femme de questions sur le plaisir qu'elle prend seule ou avec de jeunes enfants. Tels les théologiens musulmans, l'inquisiteur chrétien fantasme sur « son monde à elle, le gynécée, la chambre aux nourrices. Cet univers étrange dont les hommes sont écartés, qui les attire et où ils s'imaginent que se déploient des perversités dont ils ne profitent pas [21] ».

« Omnisexuelle » pour les uns, « fornicatrice » pour les autres, l'évêque Bouchard ajoute à cette bestialité une « mauvaiseté » qui rend la femme plus suspecte encore. La perfidie qui lui est propre interdit qu'on préfère son témoignage à celui de l'époux. Par conséquent, si l'épouse vient accuser son mari d'adultère, il faut d'abord se méfier de ses propos. Et, en fait, remarque G. Duby, « qui voit des femmes réclamer justice à l'évêque et de les débarrasser de leur époux ? L'initiative vient toujours des mâles [22] ».

Comme on peut le constater, la différence de traitement

19. *Ibid.*, p. 72.
20. *Ibid.*, p. 72.
21. *Ibid.*, p. 73.
22. *Ibid.*, p. 80.

entre un sexe et l'autre a toujours pour fondement une représentation manichéenne justificatrice.

On en retrouve encore les traces (très atténuées) dans une société patriarcale aussi moribonde que la nôtre en 1964. La liste dressée par Anne-Marie Rocheblave-Spenlé, à la suite d'une remarquable recherche sociologique [23], des stéréotypes masculins et féminins, qui avaient cours à l'époque, montre que la logique des contraires n'était pas morte hier. (Voir tableau ci-contre.)

A bien observer ces stéréotypes, condensé des opinions toutes faites des hommes et des femmes sur eux-mêmes, on est frappé par les éternelles oppositions marquées du signe *plus* ou du signe *moins*.

Même si l'obscénité est devenue l'apanage du masculin (perdant du même coup le caractère négatif qu'elle avait jadis, lorsqu'elle était associée à la femme !), tous les caractères positifs sont du côté des hommes : stabilité émotionnelle, autonomie, courage, actif, créateur et intelligent. En revanche, la femme des années soixante était toujours perçue comme la fille d'Ève et certainement pas comme une déesse : hystérique, frivole, bavarde, rusée, coquette, passive, intuitive, caressante, mère... Elle est en tout point l'arrière-petite-fille de la Sophie de Rousseau.

Un tel portrait ne pouvait que justifier le traitement dont elle était l'objet et renforcer l'« Autre » dans la conviction qu'il lui était « naturellement » supérieur en tous points...

---

23. *Les Rôles masculins et féminins*, PUF, 1964 ; ouvrage publié avec le concours du CNRS.

TRAITS DU STÉRÉOTYPE MASCULIN	TRAITS DU STÉRÉOTYPE FÉMININ

Stabilité émotionnelle

Décidé, ferme, posé, calme.	Capricieux, hystérique, sensible, peureux, émotif, puéril, frivole.

Mécanismes de contrôle

Discipliné, méthodique, organisé, rigide, goût de l'organisation, discret, franc.	Bavard, incohérent, maniéré, secret, étourdi, rusé.

Autonomie, dépendance

Patriote, goût du risque, indépendant.	Besoin de se confier, besoin de plaire, coquet, soumis.

Dominance, affirmation de soi

Besoin de puissance, besoin de célébrité, ambitieux, goût du commandement, dominateur, suffisant, sûr de soi, besoin de prestige, arriviste, besoin de s'affirmer.	Faible.

Agressivité

Combatif, cynique, goût pour la lutte.	Rusé.

Niveau d'activité

Fougueux.	Passif.

Acquisition

Égoïste, matérialiste.	Curieux.

Qualités intellectuelles, créativité

Créateur, lucide, objectif, goût pour les idées théoriques. Aptitudes pour les sciences, pour les mathématiques. Sceptique, raisonneur.	Intuitif.

Orientation affective, sexualité

Obscène.	Caressant, compatissant, doux, pudique, goût pour la toilette, besoin d'avoir des enfants, besoin d'amour.

Les conséquences communes.

Dans tous les cas de figures patriarcales — modéré ou brutal —, on retrouve, discrets ou accusés, un certain nombre de traits communs.

Le premier, on l'a vu, est *la séparation des sexes*. Mais cette séparation n'est plus vécue, comme on a cru le deviner au paléolithique, dans un respect mutuel fondé sur l'intime conviction de la nécessité de l'Autre. La séparation de l'homme et de la femme, dans les patriarcats absolus, se fonde sur une hiérarchie si radicale qu'elle semble exclure toute possibilité de rencontre et d'interférence. A force de penser l'Un et l'Autre sous l'aspect oppositionnel du bien et du mal, du fort et du faible, etc., on finit par ne plus percevoir ce qu'ils ont en commun. Quels rapports peuvent bien avoir entre elles la race élue et la race maudite ? Si, malgré tout, les nécessités de la procréation (et de la production) les retiennent unis, leurs relations sont celles de deux mondes hétérogènes, étrangers, voire ennemis. L'humanité qui leur est commune est reléguée aux oubliettes, au temps lointain des mythes de l'origine.

A propos de certaines sociétés patriarcales africaines, G. Balandier a décrit les relations de l'homme et de la femme sous le double signe de l'altérité et de l'opposition. « Située en marge des savoirs, des relations et des pratiques qui sont les plus valorisés, placée du côté des instruments ou des choses, des activités dépréciées, des comportements de dépendance... La femme est l'" *Autre* " plus que le partenaire complémentaire pour l'homme ; et cette altérité se dit, se renforce par le recours à des systèmes de représentations, des symboles, des projections imaginaires, des modèles de comportements [24]... »

Cette altérité radicale exclut l'interférence des sexes qu'on observait encore dans la société grecque archaïque. Jeunes hommes et jeunes filles échangeaient alors leurs habits avant d'entrer dans la société adulte. Désormais, rien n'est plus mal vu pour un sexe que de se conduire comme l'autre. Il n'y a pas si longtemps, notre société interdisait au petit garçon de pleurer « comme une fille ». Comme si les larmes, expression de l'émotion, étaient féminines et non humaines. A l'inverse, on stigmatisait sévèrement toute femme qui voulait « faire l'homme ». La psychanalyste Hélène Deutsch n'eut pas de mots assez cruels pour décrire la femme intellectuelle : stérile, flatteuse, sans originalité, et par-dessus tout « atteinte d'un complexe de virilité [25] » ! A vouloir sortir du *dualisme imposé*, on risque l'indignité ou la folie... Dans les deux cas, on représente une menace pour l'ordre patriarcal qui se nourrit d'oppositions et d'exclusions.

Mais, à force de définir la femme comme un élément antagoniste, située dans un rapport d'opposition, elle apparaît vite comme l'élément dangereux, l'ennemie de l'homme. L'idéologie des Lugbara d'Afrique, qui la représente carrément comme « l'inverse » de l'homme, « l'associe à la contre-société, aux entreprises de la magie agressive et de la sorcellerie, aux forces de changement qui corrodent l'ordre social [26] ».

On aura compris que le second caractère commun aux

24. *Anthropo-logiques, op. cit.*, p. 34. Parallèlement, Fatna Ait Sabbah parle d'une « chosification de la femme comme condition de la stratégie patriarcale », *op. cit.*, p. 78.

25. H. Deutsch, *La Psychologie des femmes*, tome I, 1945, p. 249-250 ; éd. française, PUF, 1949.

26. G. Balandier, *op. cit.*, p. 34.

sociétés patriarcales est un état de *guerre larvée entre les sexes*. Dans les discours érotiques musulmans, la femme est trop souvent douée d'une intelligence perçante vouée à la destruction « calculée, froide et permanente du système [27] » social. Cette hostilité dévastatrice justifie par avance la guerre que lui livre l'homme. Elle explique surtout la véritable terreur secrète que les épouses ont parfois inspirée à leur mari.

A lire les chroniques du XIᵉ siècle, G. Duby voit se profiler la crainte masculine d'une revanche sournoise des femmes par l'adultère et l'assassinat : « Combien de princes dont les chroniqueurs de ce temps rapportent que leur femme les empoisonna, combien d'allusions aux " intrigues féminines ", aux " artifices néfastes ", aux maléfices de toutes sortes fermentant dans le gynécée. Imaginons le chevalier du XIᵉ siècle tremblant, soupçonneux, auprès de cette Ève qui chaque soir le rejoint dans son lit, dont il n'est pas sûr d'assouvir l'insatiable convoitise, qui le trompe sûrement, et qui, peut-être cette nuit même, l'étouffera sous la couette pendant son sommeil [28]. »

Cette saisissante description n'est certes pas représentative de toute vie maritale en régime patriarcal. Elle n'est que la caricature d'un rapport des sexes inversé à l'extrême. Il y a un monde entre ce type de relations et le bonheur bourgeois du XVIIIᵉ siècle. Mais, justement, celui-ci n'annule pas la portée de celui-là. Au contraire, il se trouve que l'idéal bourgeois du bonheur à deux est contemporain du début de la longue agonie du patriarcat.

C'est bien l'intérêt du Moyen Age ou de la société islamique que de montrer le système patriarcal dépouillé de

---

27. Fatna Aït Sabbah, *op. cit.*, p. 58 : cette intelligence destructrice propre au sexe féminin a pour nom *Kayd* dans le Coran et représente un des concepts clés dans l'ordre musulman.

28. G. Duby, *Le Chevalier...*, *op. cit.*, p. 115.

tout accommodement, à nu, tel qu'il se déduit de ses principes. A l'origine, les hommes se sont emparés de tous les pouvoirs des femmes, mais ils y ont perdu la sérénité et leur amitié. La confiance a fait place à la défiance. Plus les hommes ont peur des femmes, plus ils cherchent à les soumettre et plus ils redoutent qu'elles se vengent. Cercle vicieux dont on ne sortira peut-être qu'en mettant fin au système patriarcal.

On dira qu'au Moyen Age — comme aujourd'hui dans d'autres sociétés patriarcales —, l'institution sociale et religieuse du mariage est peu compatible avec l'amour [29]. Ni l'amour-amitié que l'on porte à ceux de sa parenté (l'épouse qui entre dans sa nouvelle maison reste toujours une étrangère), ni l'amour-passion qui ne s'exprime qu'hors mariage. Mais l'amour-passion n'a-t-il pas lui-même pour condition l'opposition des sexes ? N'est-il pas l'expression de la guerre qu'ils se livrent ?

Désir et guerre font bon ménage, comme le montre l'analogie entre les deux langages. Dès l'Antiquité, les poètes ont usé des métaphores guerrières pour décrire les effets de l'amour-passion. Éros est un *archer* qui décoche des *flèches mortelles*. La femme *se rend* à l'homme qui *la conquiert*. D. de Rougemont note qu'à partir du « XIIᵉ et XIIIᵉ siècle, le langage amoureux s'enrichit de tournures qui ne désignent plus seulement les gestes élémentaires du

---

29. Camille Lacoste-Dujardin (*op. cit.*, p. 79) fait le même constat à propos des sociétés maghrébines. Le mariage, dit-elle, n'est pas la conséquence du « couple » (notion européocentriste) mais une étape pour accroître la famille patrilignagère. De même, Wédad Zénié-Ziegler qui rapporte ce dialogue avec un groupe de paysannes égyptiennes : « Chez nous, les fellahs, une fille n'a pas le droit de dire non à ses parents. — Est-il interdit d'aimer ? — Oui, il est interdit d'aimer. On ne discute pas chez nous. La fille doit accepter de prendre celui qu'on lui présente, qu'il soit difforme, sourd, aveugle ou idiot... » (*La Face voilée des femmes d'Égypte*, Mercure de France, coll. « Mille et une femmes », 1985, p. 36).

guerrier, mais qui sont empruntées, d'une façon très précise, à l'art des batailles de l'époque [30] ».

Résumant les différentes expressions utilisées, D. de Rougemont rapporte que, dorénavant, l'amant *fait le siège* de sa dame ; il livre *d'amoureux assauts* à sa vertu. Il *la serre* de près ; il la *poursuit*, il cherche à *vaincre* les dernières *défenses* de sa pudeur, et à *les tourner par surprise*. Enfin, la dame *se rend à merci*... Mais le malheur veut que le désir assouvi soit la fin de l'amour-passion. Le désir n'implique donc pas seulement l'altérité et la guerre, il suppose pour perdurer de n'être jamais satisfait. C'est l'anti-thèse du « doux bonheur conjugal », ou tout simplement l'envers de l'amour que l'on définit dans la durée, la connivence, la ressemblance et la symbiose.

La magistrale analyse du mythe de Tristan et Yseut [31] par D. de Rougemont incline à penser que le couple, qui incarne l'amour-passion de la conscience occidentale, éprouve bien plus « l'amour de l'amour » que l'amour de l'Autre. Leur passion se nourrit d'obstacles qui retardent sans cesse la satisfaction. Quand il n'y a pas d'obstacles imposés de l'extérieur, ils en inventent « comme à plaisir ». La séparation des amants « tourmente » et transfigure leur désir.

Tristan avoue : « De tous les maux, le mien diffère ; il me plaît ; je me réjouis de lui ; mon mal est ce que je veux et ma douleur est ma santé... J'ai tant d'aise à vouloir ainsi que je souffre agréablement, et tant de joie dans ma douleur que je suis malade avec délice [32]. »

30. Denis de Rougemont, *L'Amour et l'Occident*, éd. « 10/18 », 1977, p. 26.
31. Denis de Rougemont (*ibid.*, p. 20), envisage *Tristan*, non point comme œuvre littéraire, mais comme type des relations de l'homme et de la femme, dans un groupe historique donné : l'« élite sociale, la société courtoise et pénétrée de chevalerie du XIIe et XIIIe siècle ».
32. Chrétien de Troyes, cité par D. de Rougemont, *op. cit.*, p. 39.

N'est-ce pas avouer ainsi l'égoïsme extrême du désir ? Tristan se réjouit narcissiquement de ses maux, de ne pas posséder Yseut, et paraît indifférent aux souffrances symétriques de celle-ci.

A la question : Tristan aime-t-il Yseut ? Est-il aimé par elle ? D. de Rougemont répond par la négative. « Tout porte à croire que, *librement*, ils ne se fussent jamais choisis. » C'est le philtre qui est la cause de leur passion. Lorsqu'ils visitent l'ermite Ogrin pour se confesser, ils s'efforcent de démontrer qu'ils ne sont pas coupables puisqu'ils ne s'aiment pas.

> TRISTAN : Qu'elle m'aime, c'est par le poison.
> YSEUT   : Il ne m'aime pas, ne je lui [33].

Ce qui les rive l'un à l'autre relève d'une puissance étrangère. Dans cette passion non voulue, l'amitié réelle n'a pas sa place. « Bien plus, si l'amitié morale se fait jour, ce n'est qu'au moment où la passion faiblit. Et le premier effet de cette amitié n'est pas du tout d'unir davantage les amants, mais au contraire de leur montrer qu'ils ont tout intérêt à se quitter [34]. »

On sait que leur passion ira jusqu'à la mort, laquelle est le désir secret qui fonde la passion des amants. L'obstacle absolu qu'est la mort est à la fois l'ultime condition de la passion et son anéantissement : « L'aiguillon de la sensualité... qui aggrave le désir parfois jusqu'au désir de tuer l'Autre, ou de se tuer, ou de sombrer dans un commun naufrage [35]. »

Altérité, antagonisme et désir sont la triade représentative du rapport des sexes : au Moyen Age, comme en

---

33. *Ibid.*
34. *Ibid.*, p. 41
35. *Ibid.*, p. 56. Voir aussi le marquis de Sade et G. Bataille sur le lien qui unit le désir et la mort.

culture musulmane, chez les Baruya de Nouvelle-Guinée, comme dans de nombreuses sociétés africaines, et de façon générale dans toutes les sociétés sous la domination de l'homme. A ne considérer que l'idéologie et les textes, force est de constater l'absence des conditions de possibilité de l'amour-tendresse, qui lie plus sûrement l'homme et la femme. Un tel amour nécessite une autre conception des sexes, un environnement différent, fait de confiance, d'un minimum de ressemblance et, à tout le moins, de respect mutuel.

L'image de la femme « Satane [36] » ou de la « femme serpent » ne sont pas propices à l'épanouissement de tels sentiments. Les cas particuliers, qui s'offrent en démentis de l'idéologie dominante, n'apparaissent-ils pas comme des exceptions confirmant la règle et prouvant la plasticité de la nature humaine ?

Mais la séparation et la guerre des sexes, qui se concluent à l'avantage des hommes, engendrent une troisième consé-quence qui mine leur victoire : *la résurgence de l'Autre féminin dans l'imaginaire masculin.*

Parlant de l'insertion sociale de la femme Lugbara (située idéologiquement dans un rapport d'inversion à l'homme), G. Balandier écrit qu'elle est comme exclue du temps présent : « elle est projetée vers les deux extrémités de l'échelle temporelle ; d'une part vers le temps du mythe, qui est celui des origines, des commencements, des naissan-ces ; d'autre part vers le temps de l'à-venir (celui de la divination), du changement, du désordre et éventuellement de la mort [37] ».

Naissance et mort sont bien les deux événements qui hantent l'imaginaire humain, que l'inconscient et un grand nombre de mythes associent à la femme. Elle resurgit ainsi

36. *La prairie parfumée...*, citée par Fatna Ait Sabbah, *op. cit.*, p. 64.
37. *Op. cit.*, p. 25.

comme une menace, là ou l'homme se sent le plus démuni, le plus dépendant.

De nombreux mythes de l'origine ont pour fonction de dire la crainte des hommes et d'y apporter un antidote. C'est le cas de la pensée idéologique baruya qui implique trois niveaux. D'une part, elle reconnaît les pouvoirs créateurs [38] de la femme ; d'autre part, elle les dénigre, en rabaisse l'importance, voire les avilit ; enfin, elle en fait des pouvoirs masculins en les retournant contre les femmes pour mieux les asservir.

Parmi les nombreux mythes rapportés par M. Godelier, certains expriment mieux que d'autres la prééminence originelle des femmes et la justification de leur mise au pas. Ils affirment que, dans le passé, elles possédaient des pouvoirs bien supérieurs à ceux des hommes : créatrices, nourricières, elles inventèrent les flûtes dont elles tiraient des sons merveilleux et les conditions de la culture : moyens matériels de la chasse, de l'échange... Mais l'homme leur vola les flûtes [39]. Il s'empara de l'arc et des flèches, parce que les femmes tuaient à tort et à travers et tenaient l'arc dans le mauvais sens. Il le remit à l'endroit, tua dorénavant le gibier nécessaire et en interdit l'usage aux femmes. Godelier note que ces mythes prêtent bien aux femmes une créativité première irremplaçable, mais comme celle-ci fut « désordonnée, démesurée, dangereuse, les hommes furent contraints d'intervenir pour remettre les choses en place. Cette intervention et la violence qu'elle implique sont donc justifiées parce qu'elles apparaissent comme le seul

---

38. Godelier, *op. cit.*, p. 109 : le sang menstruel qui s'oppose au sperme est une condition indispensable à la manifestation de ce pouvoir dans le ventre de la femme. Celle-ci possède donc dans cette substance un pouvoir distinct de celui des hommes, nécessaire à la reproduction de la vie.

39. *Ibid.*, p. 227 : la flûte est le symbole du pouvoir de faire naître et « croître » des enfants.

moyen d'établir l'ordre et la mesure dans la société et l'univers [40] ».

Mais les multiples justifications idéologiques de la violence faite aux femmes ne suffisent pas à apaiser toutes les craintes masculines. Leur supériorité n'est pas celle d'un groupe qui possède tous les pouvoirs sur un autre qui n'en a aucun. Leur domination est d'autant plus oppressive qu'elle s'impose à des femmes qui ont des pouvoirs réels. Même si les cas de rébellion féminine sont rarissimes, les hommes peuvent toujours la redouter.

M. Godelier [41] a observé quelques cas de résistance individuelle : une femme Baruya peut « oublier » de faire à manger à son mari, refuser de lui faire l'amour, user contre lui de sorcellerie, recueillir le sperme qui s'écoule de son vagin et le jeter au feu en prononçant secrètement une formule magique. Si l'homme l'apprend, il se sait condamné à mort et, de fait, il se peut qu'il meure soit de peur, soit en se laissant dépérir....

Même s'il n'y eut jamais, à la connaissance de l'anthropologue, de résistance collective des femmes, de « contre-modèle féminin », opposé à l'ordre social régnant, même si chaque rébellion individuelle est sévèrement châtiée, l'Autre n'en continue pas moins de hanter l'imaginaire masculin. Notamment sous l'aspect de la sorcière qui incarne le désordre, la contre-culture, le diable...

Force et origine psychologique du dualisme conflictuel.

Il existe chez les hommes deux peurs apparemment contradictoires, qui semblent sans équivalent mythique et

40. *Ibid.*, p. 119.
41. *Ibid.*, p. 234-236.

psychologique chez les femmes. Même si chacun des sexes craint l'autre, le vagin semble plus redouté que le phallus. Le phallus peut transpercer, blesser, violer, mais il n'est pas un instrument de mort. Bien qu'il possède des propriétés surprenantes, aucun mystère terrifiant ne l'entoure. Et si la symbolique de l'inconscient l'assimile parfois à une épée, un revolver ou un serpent, les mythes de l'origine l'identifient le plus souvent à la force et à la vie.

Il n'en va pas de même du vagin, qui a suscité une abondante et terrifiante littérature. Les hommes le craignent comme l'Autre absolu, un danger d'autant plus menaçant qu'il se dérobe aux regards et que ses propriétés sont mystérieuses. Mais à cette peur de l'Autre qui caractérise la psychologie masculine s'ajoute une seconde peur : celle de la confusion des sexes. Peur d'autant plus tenace et névrotique qu'elle est indissociable d'une farouche envie de posséder les attributs de l'Autre [42]. Désir reconnu ouvertement aux femmes, mais sévèrement refoulé par l'inconscient masculin occidental.

La peur de l'Autre.

Dans l'inconscient et les mythes, le vagin est tour à tour représenté comme une force dévorante, dévastatrice [43], insatiable, un antre « denté [44] », cauchemardesque [45], et

42. Cf. les travaux de Melanie Klein.
43. Fatna Ait Sabbah, *op. cit.*, p. 107.
44. Voir les innombrables légendes de la *Vagina dentata*. En Inde, de nombreux contes parlent de femmes dont le vagin est rempli de dents qui coupent le pénis de l'homme (cf. W. Lederer, *Gynophobia ou la peur des femmes, op. cit.*, p. 48).
45. Dans le royaume fabuleux du prêtre Jean pendant tout le Moyen Age, ce sont des serpents qui se trouvent dans le vagin. Ailleurs, ce sont des bêtes sauvages qui en gardent l'entrée.

finalement mortelle. Cette peur, presque universelle, est liée à celle du sang. Sang menstruel d'abord, inquiétant et malsain [46], puisqu'il est l'objet d'une immense quantité de tabous, mais aussi sang de la défloration qui passe pour porter malheur.

Pour illustrer l'ensemble des angoisses que suscite le sexe féminin, nous utiliserons la mythologie et les pratiques de deux sociétés primitives [47] encore proches de leurs

46. La Bible en offre de multiples illustrations.
47. Que l'on n'aille pas croire cependant que la peur du sexe féminin soit le propre des sociétés primitives. Les nôtres n'ont rien à leur envier à cet égard, comme le montre cette chanson de salles de garde fredonnée au début du siècle :

« Petit anneau de chair, petite fente laide,
Petit sphincter païen,
Petit coin toujours moite, empoisonné d'air tiède,
Petit trou, petit rien !

Es-tu laid, quand tu ris de ta lèvre lippue ;
Es-tu laid quand tu dors !
Laid, toi que Dieu cacha dans cet angle qui pue.
Près des égouts du corps !

Ah ! tu peux pour lécher ta babine rosée,
Vilain monstre d'orgueil !
Tu peux, ouvrant ta geule à crinière frisée,
Bâiller comme un cercueil.

Ventouse venimeuse, insatiable gouffre,
Si funeste et si cher ;
Je veux te mépriser, toi par qui pleure et souffre
Le meilleur de ma chair.

Je veux te détester toujours, chose infâme,
Toi qui rends mal pour bien ;
Petit néant creusé dans le bas de la femme,
Petit trou, petit rien ! »

Extrait de l'*Anthologie hospitalière et latinesque* : « Recueil de chansons de salles de garde anciennes et nouvelles... », 2 tomes, Recueil Bichat, 1911 et 1913. Cité par Hervé Manchet dans sa thèse pour le doctorat de médecine, n° 119, juin 1985 : *La Chanson d'internat aujourd'hui, étude polycentrique,* académie Orléans, Tours, université François-Rabelais.

traditions ancestrales : les Baruya de Nouvelle-Guinée et les Maori de Nouvelle-Zélande.

Maurice Godelier a remarqué que les hommes Baruya ont, à l'égard du sang menstruel, lorsqu'ils y pensent « une attitude presque hystérique, forte d'un mélange de dégoût, de répulsion et surtout de peur. Le sang menstruel est pour eux une substance sale, qu'ils mettent du côté des autres substances polluantes et répugnantes que sont l'urine et les matière fécales. Mais il est surtout une substance qui affaiblit les femmes... et détruirait la force des hommes s'il entrait en contact avec leur corps [48] ».

De là découle un certain nombre de précautions et de tabous qui rythment la vie des Baruya. Lorsqu'une femme a ses règles, elle se réfugie dans une maison spéciale en contrebas du village. Il lui est interdit de préparer de ses mains (impures) la nourriture de son mari et de sa famille. Lorsque ses règles sont terminées, elle doit se purifier avant de reprendre la vie conjugale.

Au-delà du sang menstruel, M. Godelier remarque que la femme représente un danger permanent pour l'homme : « la configuration même de son sexe, par le fait inévitable que c'est une fente qui ne peut jamais retenir totalement les liquides qu'elle sécrète intérieurement, ou le sperme que l'homme y dépose [49] », laisse tomber par terre des gouttes qui vont nourrir les vers et les serpents. Ces animaux s'empareront de ces sécrétions et les emporteront vers « les gouffres abyssaux où vivent les puissances chthoniennes maléfiques... lesquelles utiliseront ces substances pour envoyer des maladies ou la mort aux humains, aux plantes cultivées, aux cochons qu'on élève ».

Par son sexe, la femme attire en permanence les puissan-

48. M. Godelier, *op. cit.*, p. 99.
49. *Ibid.*, p. 101-102.

ces maléfiques. Elle les aide, sans en avoir même conscience, à intervenir négativement sur la société. Elle est donc doublement dangereuse : « directement par l'écoulement de son sang menstruel, qui menace la virilité de l'homme et par conséquent la domination des hommes sur la société ; et indirectement par la configuration de son sexe, qui la rend complice d'entreprises qui ruinent les efforts des humains pour produire leurs conditions matérielles d'existence : de beaux jardins, des cochons bien gras... ».

Le sexe féminin est dangereux par excellence. L'homme ne l'approche pas sans rituels purificatoires. De multiples interdits pèsent sur les femmes. Elles doivent éviter d'enjamber tout objet étendu sur le sol et en aucun cas, sous peine de mort, le foyer, même éteint, de la maison : son sexe s'ouvrirait et polluerait le lieu où elle cuit la nourriture qui va à la bouche de l'homme.

Les rapports sexuels sont entourés de multiples précautions et interdits à la mesure de la crainte qu'ils suscitent : on ne peut faire l'amour quand c'est le temps de défricher, de planter, de couper la canne à sel, de tuer et manger le cochon, avant que l'homme n'aille à la chasse, quand on aide à construire une maison, à l'époque des initiations masculines et féminines, etc. Ni dans un jardin, ni dans les zones marécageuses où abondent les vers et les serpents... Il faut s'abstenir totalement après la naissance d'un enfant, « jusqu'à ce qu'il ait ses premières dents [50] ».

Enfin, pendant l'étreinte, il est interdit à la femme de chevaucher son partenaire, car les liquides qui emplissent son vagin pourraient s'épandre sur le ventre de l'homme. Et alors que la femme suce le sexe de l'homme (pour se nourrir du sperme bienfaisant), jamais celui-ci n'approche sa bou-

50. *Ibid.*, p. 103.

172

che du sexe de la femme qui suinte des liquides malfaisants...

« Il apparaît donc clairement, conclut M. Godelier, que, pour les Baruya, faire l'amour met en danger la reproduction de la nature et de la société... Tout se passe ensuite comme s'il existait une contradiction profonde entre les activités sexuelles nécessaires à la reproduction et toutes les autres activités nécessaires à la reproduction de la société [51]. »

Les Baruya connaissent ainsi plusieurs sortes de rapports avec les femmes que détermine leur statut sexuel. Avec celles qui sont interdites, la mère, les sœurs, les tantes, les cousines, les nièces, les hommes entretiennent des relations positives d'entraide et d'affection. En revanche, sur les épouses, et secondairement les épouses de leurs frères (dont ils héritent si ceux-ci viennent à mourir), ils exercent une autorité qui s'accompagne — en ce qui concerne les épouses — de divers degrés de répression et de violence. L'homme exerce la domination la plus sévère sur la femme avec laquelle il entretient des rapports sexuels. Enfin, à l'égard de ses filles, le père se montre affectueux, mais distant dès qu'elles deviennent adolescentes [52], c'est-à-dire sexuellement attirantes...

Chez les Baruya, c'est moins la cavité vaginale qui est redoutée, que les « poisons » qu'elle sécrète. Au contraire, dans d'autres sociétés, c'est l'antre du vagin qui fait le plus peur. Les mythes maori en donnent les « raisons ».

On se souvient que le dieu Tané avait commis l'inceste avec sa fille Hiné-Titama et que celle-ci, en l'apprenant, conçut un tel chagrin qu'elle se retira du monde de la lumière pour le royaume de la nuit. Elle avait changé son

51. *Ibid.*, p. 106.
52. *Ibid.*, p. 239-241.

nom pour prendre celui de Hiné Nui Te Po [53], grande dame de la nuit. Ce faisant, elle rendait possible la mort.

C'est dans ce monde neuf, que le demi-dieu [54] Maui naquit prématurément dans une famille de quatre garçons. Comme sa mère Taranga l'enveloppait dans les cheveux de son chignon [55] (*tikitiki*), il fut appelé Maui Tikitiki a Taranga. Supposé avoir tiré la Nouvelle-Zélande de l'océan Pacifique, Maui est connu pour ses exploits dans toute la Polynésie. Il a la réputation d'être espiègle, curieux et créateur. Il chercha à rendre l'homme immortel en tentant d'assassiner Hiné Nui Te Po. Il partit donc pour le monde chthonien où habitait la déesse des Morts. Il entendait profiter de son sommeil pour entrer dans son corps par le vagin, lui sectionner le cœur et sortir par la bouche. Avant de partir, il recommanda aux oiseaux qui l'accompagnaient de ne point faire de bruit pour ne pas réveiller la déesse. Mais, au moment où il passait la tête dans le vagin d'Hiné Nui Te Po, l'un d'eux trouva le spectacle si drôle qu'il fut pris d'un rire irrépressible. La grande dame de la nuit se réveilla en sursaut, referma les cuisses et Maui, l'espiègle, périt étranglé. C'est depuis cet accident que la mort existe en ce monde.

Cette histoire, qui associe la femme et la mort, est riche de symboles. Les organes génitaux féminins sont dévastateurs. Dans l'amour physique, l'organe sexuel masculin « Tiki », note Dunis, est vaincu par les dangers que recèle le vagin, appelé « Maison de la mort et du malheur ». Même si les Maori redoutent également le pouvoir maléfique du

53. S. Dunis, *op. cit.*, p. 197-198. *Po* signifie « ténèbres ».
54. Tout ce qui suit est raconté par S. Dunis, *op. cit.*, p. 199-200 et p. 415.
55. *Ibid.*, p. 211 : Taranga est un nom désignant à la fois le pénis et la vulve. Elle possède le chignon distinctif des chefs (*tikitiki*). Ce qui laisse supposer sa nature bisexuelle. D'autant plus qu'on ne parle pas du père de Maui.

sang menstruel, les expressions pullulent pour évoquer « le trou destructeur ». L'analogie entre la bouche et le vagin fait de la femme « une mangeuse du principe vital, l'agent privilégié de la mort ».

Dunis a remarqué que Tané, le dieu, avait créé l'humanité en commettant l'inceste sans perdre la vie immortelle. Mais Maui et les hommes en mouraient. « Le mythe prend soin d'opérer le clivage entre l'amante, la femme sexuelle (Hiné-Titama) réservée à Tané, et la mère, c'est-à-dire la mort (Hiné Nui Te Po), réservée aux hommes [56]. »

L'analogie de la mère et de la mort, si courante dans les mythes et dans notre inconscient, renvoie indirectement à l'analogie inverse de l'homme et de la vie. Le vagin est mortel, parce qu'il a d'abord donné la vie, mais on occulte le second aspect pour ne se rappeler que le premier.

S. de Beauvoir a très bien résumé le sentiment de révolte de l'homme contre sa condition charnelle d'origine maternelle : « Il se considère comme un dieu déchu : sa malédiction, c'est d'être tombé d'un ciel lumineux ordonné dans les ténèbres chaotiques du ventre maternel... La contingence charnelle le voue à la mort. Cette gélatine tremblante qui s'élabore dans la matrice (matrice secrète et close comme un tombeau) évoque trop la molle viscosité des charognes pour qu'il ne s'en détourne pas avec un frisson... L'embryon glaireux ouvre le cycle qui s'achève dans la pourriture de la mort [57]. »

Elle ajoute que, dans la plupart des représentations populaires, la Mort est femme, et c'est aux femmes qu'il appartient de pleurer les morts, parce que la mort est leur œuvre. La Femme-Mère est le chaos d'où tout est issu et où tout doit retourner. Mais, dans les sociétés où les hommes

56. *Ibid.*, p. 252.
57. *Le Deuxième Sexe*, tome I, p. 197-198.

se sont approprié la part essentielle et positive dans la procréation, il ne reste aux femmes qu'à jouer le rôle négatif de la destruction.

En attribuant à la mort des traits féminins, certaines cultures ont donné à l'altérité sa plus extrême limite. Altérité odieuse, terrorisante et légitimement haïssable [58].

La peur du même.

La confusion des sexes, l'indifférenciation sexuelle, pèse comme une menace redoutable sur le sentiment d'identité. Les ethnologues et certains psychanalystes [59] s'accordent à penser que le sentiment s'impose plus difficilement chez le petit garçon que chez la petite fille.

Chacun sait qu'à l'origine, le bébé n'établit pas de distinction entre le corps maternel et le sien. Contrairement à sa sœur — immédiatement identifiée au féminin maternel —, l'enfant mâle doit faire un effort considérable pour se différencier de sa mère, prendre conscience de son propre corps et pénétrer dans le monde des hommes.

M. Mead remarque que la petite fille ne se trouve pas devant un tel défi. Si, à l'origine, elle n'est pas très sûre de son rôle maternel à venir, ses doutes s'évanouiront avec l'enfantement : « La vie de la femme commence et finit dans la certitude, d'abord lors de la simple identification avec la mère, puis avec l'assurance que cette identification est véritable et qu'elle a conçu un autre être humain [60]. »

58. On ne déniera pas que, dans d'autres sociétés, la figuration féminine, voire maternelle, de la mort ait une fonction apaisante et consolatrice.
59. Cf. les travaux de Robert Stoller dont on reparlera plus loin.
60. M. Mead, *op. cit.*, p. 147.

Mais, pour le garçon, la pente est inversée. Il est contraint de réaliser qu'il est différent de sa mère, qu'il n'est pas un être dont le corps fabrique des bébés. Lui doit sortir de lui-même, pénétrer dans le monde extérieur, produire, trouver un domaine de réalisations qui lui soit propre. Autrement dit : prendre conscience et montrer qu'il est une créature différente de la femme.

L'incertitude de la virilité est encore accusée par l'absence de signe physiologique tangible du pouvoir de procréation. Dans toute société humaine, la plus primitive soit-elle, chacun sait qu'une femme peut avoir des enfants dès lors qu'elle a ses règles. Mais la capacité du mâle dans ce domaine n'est pas aussi apparente. B. Bettelheim pense que les blessures de l'initiation masculine ont pour objet de se montrer aussi féconds que les femmes. S'ils font couler le sang de leur sexe, c'est pour marquer qu'ils ont le même pouvoir qu'elles.

Les difficultés de l'identité masculine sont rendues plus aiguës encore par l'envie tenace que porte le mâle aux fonctions féminines, non moins répandue que l'envie du pénis chez les filles [61]. Mais contrairement à celle-ci, l'envie du mâle est profondément refoulée dans la plupart des sociétés humaines, parce que l'homosexualité masculine (à laquelle elle renvoie à tort ou à raison) fait toujours plus horreur que l'homosexualité féminine.

Les hommes ont donc à lutter plus durement que les femmes pour se différencier de l'Autre et acquérir psychologiquement leur sentiment d'identité sexuelle. Déchirés entre le défi d'être un mâle et l'envie interdite d'être l'Autre et de posséder ses pouvoirs, les hommes ont inventé des rites pour les aider dans cette tâche : la

---

61. « Le complexe de féminité des hommes paraît tellement plus obscur que le complexe de castration chez les femmes, et pourtant, il est tout aussi important », Melanie Klein, *Essais de psychanalyse*, Payot, 1968, p. 234.

circoncision — pendant de l'excision féminine, mais beaucoup plus répandue qu'elle — est l'un des moyens de lutter contre l'horreur de la bisexualité originaire.

Parmi beaucoup d'autres, les mythes de la création des Dogons (Mali) [62] racontent qu'à l'origine chaque être humain est nanti de deux âmes de sexe différent. Pour l'homme, l'âme femelle siège dans le prépuce. Pour la femme, l'âme mâle est supportée dans le clitoris. Mais cette âme double est un danger pour l'ordre social (et psychologique). Un homme doit être mâle et une femme femelle. Seules la circoncision et l'excision peuvent remettre les choses en ordre.

Aux yeux des Dogons, les « incirconcis » ne rêvent que désordre et embarras. Ils sont en marge du groupe, parce que « rien en eux n'est fixé [63] ». Tant qu'un enfant conserve son prépuce ou son clitoris, masculinité et féminité sont de même force, et si l'indécision quant à son sexe devait durer, l'être humain n'aurait jamais aucun penchant pour la procréation. D'autre part, un individu ne peut pas se conduire « normalement » sous une double direction. Il faut donc débarrasser l'enfant d'une force mauvaise et l'aider à verser définitivement dans un sexe. La section d'une peau est la condition de la « sexion » psychologique et physique.

G. Groddeck, qui s'est beaucoup penché sur la bisexualité humaine, a interprété la circoncision des juifs non seulement comme une volonté d'éliminer toute trace de féminin (le prépuce est assimilé au vagin dans lequel est fourré le gland féminin), mais aussi comme un signe de soumission à Dieu, qui seul peut incarner la bisexualité. Groddeck pensait que le pluriel *Eloïm*, qui désigne Dieu,

---

62. Marcel Griaule, *Dieu d'eau*, Fayard, rééd. 1983.
63. *Ibid.*, p. 146.

s'explique si l'on suppose que la légende concevait Dieu comme bisexuel [64].

Dans son commentaire, Roger Lewinter souligne que « la circoncision est véritablement l'emblème du projet humain, l'être manifestant et assumant par là pleinement sa finitude par rapport à l'infini : sa sexion par rapport à l'inséqué et l'insécable, Dieu qui est bisexion ou Eloïm, pluralité une, au contraire de l'être humain qui est unité duelle [65] ».

La circoncision, renoncement symbolique à la bisexualité, est donc l'emblème de l'humain unisexuel. En ignorant l'excision des femmes, les juifs ont montré qu'elles n'avaient pas même statut que les hommes. Seuls ces derniers signent le pacte d'humanité avec Dieu et constituent le peuple élu.

Mais au-delà de l'aspect métaphysico-mystique de la circoncision, de nombreux psychanalystes, tels Theodor Reik [66], Géza Roheim [67] ou B. Bettelheim, ont montré que la circoncision détache le garçon de sa mère. Elle l'introduit (beaucoup plus tôt dans le rite juif que musulman) dans la communauté des hommes et renforce ainsi sa masculinité. D'autres insistent sur le fantasme de « renaissance » mâle qu'elle occasionne : « Par la circoncision, le gland du pénis est libéré ; il émerge comme un enfant qui sort du ventre de la mère ; autrement dit, après la circoncision, un nouveau pénis est né qui ressemble à un phallus rétracté. Comme dans le système inconscient, ou dans la pensée primitive, une partie est prise pour le tout, ici c'est tout le corps qui se

64. G. Groddeck. « Le double sexe de l'être humain », *Nouvelle Revue de psychanalyse*, n° 7, printemps 1973, p. 193-198.

65. R. Lewinter, « Groddeck : (anti) judaïsme et bisexualité », *Nouvelle Revue de psychanalyse*, n° 7, printemps 1973, p. 200.

66. *The Ritual. Couvade and the fear of retaliation*, Londres, Hogarth Press, 1931.

67. *Psychanalyse et Anthropologie*, Gallimard.

179

trouve identifié avec le nouveau phallus : l'enfant est né ; le garçon initié, circoncis, renaît sans prépuce et, ainsi, est un homme [68]. »

Dans la plupart des sociétés, la séparation des sexes s'opère plus tardivement que chez les juifs. On peut procéder à la circoncision jusqu'à l'adolescence et, là où on l'ignore, on se plie à des rites d'initiation qui ont généralement lieu entre le début et la fin de l'adolescence.

Les rites d'initiation des jeunes garçons, que nous avons déjà évoqués du point de vue du père, n'ont pas pour unique fonction de récupérer les pouvoirs procréateurs de la femme. Ils ont aussi pour but d'ancrer le garçon dans sa virilité, c'est-à-dire d'achever le travail psychologique d'identification masculine.

M. Godelier a longuement insisté sur la différence d'énergie dépensée par la société baruya pour fabriquer un homme et une femme adultes achevés. Les Baruya estiment qu'il faut dix ans de ségrégation sexuelle, quatre grandes cérémonies qui durent plusieurs semaines, pour disjoindre le garçon du monde féminin, et en faire vraiment un homme. En revanche, l'initiation des filles nécessite un peu moins d'une quinzaine de jours pour les transformer en femmes. « Les quelques jours que les jeunes filles passent avec les femmes interrompent, mais sans la rompre, leur vie quotidienne [69] » faite des travaux habituels.

La sagesse baruya veut marquer par là qu'il est incommensurablement plus difficile d'acquérir le sentiment d'identité masculine que celui d'identité féminine. Dès la naissance, la bisexualité de l'enfant mâle se nourrit de la féminité de sa mère et, pour pouvoir l'en débarrasser, il faudra non seulement le séparer longuement de tout

---

68. Herman Nunberg, « Tentatives de rejet de la circoncision » (1949), *Nouvelle Revue de psychanalyse*, n° 7, printemps 1973, p. 205.
69. M. Godelier, *op. cit.*, p. 84.

contact féminin, mais le faire re-naître par les hommes jusqu'au jour où il sera prêt à être marié. Pour pouvoir à son tour prendre femme, le jeune Baruya doit avoir abandonné toute sa féminité première avec son enfance, être imprégné de son évidente supériorité sur les femmes, laquelle ne peut apparaître au début de sa vie.

C'est beaucoup plus tard qu'un homme retrouve sa mère. Lorsqu'il a lui-même plusieurs enfants, il peut lui offrir par deux fois du gibier. « Par le premier don, il se délie de l'interdiction de lui adresser la parole, qui pèse sur lui depuis qu'il a été initié ; par le second, il peut enfin manger devant elle, retrouvant sans danger les rapports de commensalité... Nous voyons donc une formidable ambivalence du rapport à la mère. Elle est la première femme sur le chemin de la vie, protection, douceur, affection ; c'est pourtant sans elle et contre elle qu'il a fallu que le garçon apprenne à vivre pour devenir un homme. Il y a entre un homme marié et sa vieille mère une attitude faite de réserve et d'affection retenue, qui se nourrit de longs silences, alors qu'entre une mère et ses filles mariées, les liens sont faits de rires, d'entraide, de brouilles, de cadeaux, de petits soins [70]. »

Même marié et père de famille, l'homme baruya continue d'observer une certaine distance avec sa mère, comme s'il voulait éviter de provoquer chez lui la moindre tentation (inconsciente) de revenir à son état premier d'enfant, fait de dépendance, de passivité et de féminité. Comme chez les juifs, selon Groddeck, la bisexualité est le contenu essentiel du refoulé masculin baruya. A la différence des premiers, ce n'est pas la circoncision qui les aide dans cette tâche, mais un long, long détour dans la maison des hommes.

70. *Ibid.*, p. 240.

Quelle que soit la culture à laquelle il appartient, le petit garçon est toujours passible d'une triple crainte : perdre ses attributs mâles, ne pas être un homme complet, revenir à la passivité du nourrisson. Circoncision et initiation ont pour but de refouler ces peurs au plus profond de l'inconscient. Mais les rêves de l'homme adulte disent que celles-ci ne sont jamais complètement mortes, parce qu'elles ont partie liée avec le puissant désir de la bisexualité...

La peur de l'Autre, doublée de celle du Même, rendent compte psychologiquement du dualisme conflictuel des sexes. Celui-ci renforce le sentiment d'identité de genre et justifie la répression de l'Autre, objectivement dans les relations sociales et subjectivement à l'intérieur de soi-même. Si l'interférence des sexes suscite de l'angoisse, surtout chez les hommes, on comprend leur agressivité à l'égard des femmes et le processus de ségrégation sexuelle qui débouche sur le conflit. Comme s'ils préféraient la hiérarchie, même au prix de la guerre, à la paix perçue comme source de chaos, de désordre et d'indifférenciation. L'égalité des sexes risque de provoquer la comparaison et de changer les femmes soumises, enfermées dans leur altérité, en concurrentes.

Serge Dunis pense que « la misogynie n'est pas une maladie, mais une politique jetant systématiquement son discrédit sur les femmes pour mieux asseoir les pouvoirs créateurs masculins [71] ». Moins assurés que lui de la force psychique des hommes, nous sommes enclins à croire qu'elle est d'abord une maladie, qui commande ensuite une politique. La grande question est de savoir quand et comment cette maladie a commencé, ou si elle est inhérente à la condition masculine. Le lointain passé tend à montrer que les relations de complémentarité entre les sexes furent

71. *Op. cit.*, p. 11.

possibles et peut-être plus sereines que celles que l'on connaît depuis 3 000 ou 4 000 ans. Mais cela ne prouve pas l'absence de toute crainte des hommes à l'égard des femmes, et réciproquement. Au demeurant, un plus grand équilibre des pouvoirs garantissait l'Un de l'oppression de l'Autre et par là même atténuait la menace d'une révolte ou d'un conflit. En revanche, dès qu'un sexe détient tous les pouvoirs — et ce ne peut être que le sexe masculin, fort de sa constante supériorité physique —, il règne dans la terreur que ceux-ci lui soient ravis par l'Autre pour le réduire à son tour à néant.

De là vient peut-être l'obsession masculine des pouvoirs maléfiques des femmes, d'autant plus redoutables qu'ils sont officiellement déniés et secrètement désirés.

Les ultimes conséquences.

A force de ségrégation et d'exclusion, certaines sociétés patriarcales, plus « malades » que d'autres, ont réduit jusqu'à l'absurde l'idée d'une humanité commune aux deux sexes. Dans de tels systèmes, il n'y a pas une mais deux humanités hétérogènes. L'une bonne, masculine, et l'autre mauvaise, féminine, qui s'opposent comme la nature à la culture. Selon les époques et les civilisations, on a indifféremment identifié la femme à la dangereuse nature ou à la coupable culture. Mais quel que soit le système choisi, le but de l'opération a toujours été de justifier son oppression.

Pour l'Islam, la femme omnisexuelle incarne le désordre naturel qui s'oppose à la culture patriarcale hiérarchisée. « En écoutant les muscles qui palpitent entre ses jambes, la femme corrode la hiérarchie sociale, ouvre son vagin au gros phallus des hommes de basse condition, des pauvres, de ceux que l'ordre social place au bas de l'échelle, et opère ainsi un renversement des valeurs [72]. »

Dans les régimes fascistes du XXᵉ siècle, la femme est également assimilée à la nature, mais cette fois elle est sommée de ne pas en sortir.

Dans l'idéologie nazie, la femme est un animal qui procrée et dont l'univers se limite à la famille, par opposition à l'homme qui est l'architecte du macrocosme. Rita Thalmann fait remarquer que dans *Mein Kampf*, on ne trouve même pas le mot « femme » (*Frau*) à l'index des thèmes traités, mais le terme archaïque, biologique et péjoratif : *Weib* [73].

L'une des vestales du national-socialisme, Guida Diehl, pourra écrire que la sphère féminine est délimitée par la nature (maternité), à l'inverse de celle de l'homme (dominé par la raison), qui s'étend sur l'État et la communauté. En vertu de cette conception, les nazis chasseront les femmes des postes de responsabilités dans les différents secteurs de la vie publique [74] et instaureront le *numerus clausus* dans l'enseignement supérieur [75]. En cela, elles sont traitées comme les juifs et les ennemis du pouvoir en place. Mais, à la différence de ces derniers, que l'on veut stériliser et exterminer, le IIIᵉ Reich somme les femmes allemandes de mettre leur corps à la disposition de la régénérescence de la race germanique. « On nomme des zoo-techniciens comme responsables de la reproduction raciale de l'État allemand. Heinrich Himmler, élève en agronomie de l'Institut tech-

72. Fatna Ait Sabbah, *op. cit.*, p. 64.
73. Rita Thalmann, *Être femme sous le IIIᵉ Reich*, R. Laffont, 1982, p. 66.
74. *Ibid.*, p. 84 : dès l'accession d'Hitler à la Chancellerie, le décret du 7 avril 1933 commence l'épuration des femmes sous forme de suspensions et de licenciements.
75. *Ibid.*, p. 92 : loi du 25 avril 1933 complétée par une ordonnance du 28 décembre.

nique supérieur de Bavière, va transférer son expérience de l'aviculture à l'élevage d'une caste de guerriers [76]. »

Au congrès de Nuremberg, en 1934, Hitler appelle à une véritable mobilisation maternelle qui doit s'accomplir dans la perspective raciale. Si l'on stérilise celles qui ne présentent pas les qualités génétiques requises, on réintroduit les peines d'emprisonnement pour toute aide à l'avortement, et on prend des mesures gratifiantes pour les bonnes mères prolifiques [77].

Poussant la logique de l'animalité féminine jusqu'à son extrémité, les nazis créent le fameux *Lebensborn* [78], véritable haras SS. Épouses, compagnes, fiancées de SS sont appelées à venir dans ces « foyers d'accueil » pour s'y reproduire le plus vite possible. Les femmes allemandes sont réduites au statut de pouliches. Plus la guerre devient meurtrière, et plus l'obsession démographique augmente : le 8 mai 1942, Himmler donne l'ordre de projeter un grand centre du *Lebensborn* qui pourrait recevoir 400 000 femmes... Comme les hommes disponibles se font de plus en plus rares, les dirigeants nazis décident qu'on permettra aux hommes sélectionnés d'avoir deux femmes et même qu'on supprimera la notion d'enfants illégitimes : « Chaque femme allemande doit pouvoir enfanter à discrétion si le Reich ne veut pas manquer dans vingt ans de divisions indispensables à la survie de notre peuple [79]. »

L'idéologie nazie, dans la lignée de penseurs misogynes allant de Schopenhauer à Otto Weininger [80], reprit la thèse

---

76. *Ibid.*, p. 101.
77. Places gratuites aux spectacles (!), priorité dans les centres de vacances (!), transformation de la fête des Mères en fête nationale en 1935, attribution de médailles, etc.
78. *Être femme...*, p. 110.
79. *Ibid.*, p. 137.
80. Lequel disait que la femme qui serait placée plus haut parmi les

d'une bipolarité masculin/féminin semblable à celle de l'esprit et de la matière, de la raison et de l'instinct, de la lumière et des ténèbres.

Inutile de préciser que les valeurs viriles incarnent l'ordre et les forces créatrices, alors que les valeurs féminines sont synonymes de chaos et de dégénérescence. La place des femmes est bien du côté de la nature, mais il faut constamment veiller à ce qu'elles y restent pour ne pas installer le désordre et l'anarchie dans la culture. Or, dans ce pays qui avait connu de puissants mouvements d'émancipation féminine depuis le début du siècle, où les femmes étaient éligibles et électrices grâce à la Constitution de la République de Weimar, les hommes du IIIe Reich avaient tout lieu de craindre qu'elles veuillent malignement sortir de leur condition naturelle...

Dans d'autres idéologies patriarcales, c'est le schéma inverse qui s'impose. L'homme est plus proche de la bonne nature que la femme qui, elle, est soupçonnée de déclencher les catastrophes « culturelles ». C'est le cas d'Ève qui fait naître la culture comme la punition de son péché. C'est aussi, à un moindre degré, celui des femmes baruya. On se souvient que les mythes de l'origine faisaient état de la création féminine de la flûte, des arcs, etc., mais qu'elles en avaient fait mauvais usage. Chez les Baruya, la supériorité de l'homme vient de sa familiarité avec le monde de la forêt, de la chasse [81], alors que la femme est confinée dans l'espace « civilisé » des jardins, du village. Selon M. Godelier, si les jeunes femmes sont dominées, c'est parce qu'elles

---

représentants de son sexe serait encore loin d'égaler l'homme le plus médiocre.

81. M. Godelier, *op. cit.*, p. 122 : « C'est dans la forêt que l'homme reçoit la sève des grands arbres qui va devenir son sperme, c'est là qu'il chasse, qu'il tue, qu'il éprouve sa force, sa résistance et sa maîtrise des moyens de destruction... »

sont beaucoup plus du côté de la culture que de la nature :
« Chez les Baruya, elles ne sont pas grandies d'avoir —
dans l'imaginaire, dans la pensée — permis l'agriculture [82]. »

Quel que soit le cas envisagé, les femmes sont exclues de
la bonne partie de l'humanité et méritent le traitement
qu'on leur inflige. Assimilées tantôt à une sous-humanité à
cause de leur ressemblance avec l'animal, tantôt à la partie
diabolique de l'humanité par leur connivence avec le
désordre, les femmes ne peuvent plus être appréhendées
dans le rapport de complémentarité. La connivence et la
tendresse fraternelle n'ont pas leur place là où l'Autre est
l'irréductible ennemi dont il faut se méfier. Dans la cité
patriarcale, les hommes connaissent davantage le désir, la
crainte, la passion que l'amour-amitié qui se nourrit d'égalité, de confiance et de la possibilité de s'identifier à
l'Autre. Lorsqu'un tel sentiment unit le couple indien,
islamique, moyenâgeux ou baruya, il est moins représentatif de l'état commun de la société que d'une sorte de
« déviation » individuelle. Il constitue comme un défi à
l'égard des valeurs qui fondent cette société [83]. Il en montre
à la fois la relativité et la généralité. Mais il prouve aussi
qu'un autre type de relations est possible entre homme et
femme.

Avant de clore ce chapitre, une question reste posée, à
laquelle il n'est pas aisé de répondre. S'il y eut des lieux et
des époques où les femmes eurent prestige et quelques

---

82. *Ibid.*
83. Dans son étude sur les sociétés patriarcales maghrébines, C. Lacoste-
Dujardin insiste sur la profonde dichotomie qui existe entre les deux univers
masculin et féminin, l'absence de communication qui rend impossible le
choix d'un conjoint, la réprobation de l'intimité conjugale, le manque
d'attente affective dans cette relation et enfin la totale méconnaissance de
l'idéologie de couple (*op. cit.*, p. 79, 92, 223).

pouvoirs, comment et pourquoi s'en sont-elles laissé déposséder ?

Certains ont fait observer que c'était bien là la preuve que les femmes n'avaient jamais dominé les hommes, ni connu de situations privilégiées. On ne voit pas très bien pourquoi, se demande F. Héritier, « si en un lieu donné, elles avaient été dominantes politiquement, économiquement, et idéologiquement, les femmes auraient été incapables de s'adapter aux transformations sociales... Dans tous les cas, le nivellement en question s'est traduit vraisemblablement par l'aggravation, non par l'inversion progressive d'un statut [84] ».

S'il semble peu probable, en effet, que les femmes aient jamais détenu tous les pouvoirs, comme les hommes par la suite, il subsiste de nombreux indices de leur puissance idéologique et de leur maîtrise de l'économie durant une longue période.

Certes, ce statut positif qui fut le leur dans certaines régions du monde, en d'autres temps, n'est pas un fait universel. Il serait absurde de penser que le rapport hommes/femmes obéit à quelque loi des trois états, qui s'appliquerait toujours et partout. Mais il est non moins risqué de croire — surtout lorsqu'on observe l'évolution actuelle des sociétés occidentales — que la supériorité masculine est elle-même une loi universelle de la culture.

Il est exact que les femmes se sont laissé déposséder et mettre en coupe sans turbulences excessives. Du moins, n'en avons-nous conservé aucune trace... Pour expliquer ce changement d'état, plus lent et progressif qu'on veut bien l'imaginer, il nous paraît nécessaire d'en revenir à l'essentielle bisexualité humaine, qui fait de l'homme et de la femme des êtres à la fois actifs et passifs, agressifs et

84. *Cahiers du GRIF, op. cit.*, p. 9.

soumis, virils et féminins. En cédant progressivement de leur puissance, les femmes se sont vues délivrées des responsabilités afférentes à leurs charges. Elles y ont gagné en échange les plaisirs de la passivité et peut-être même la satisfaction de secrets désirs masochistes.

A l'inverse, les hommes ont pu donner libre cours à leurs pulsions agressives, dominatrices et actives. Tant et si bien qu'ils ont parfois rompu le pacte d'alliance avec leurs semblables féminines.

Il n'est donc pas surprenant qu'elles aient décidé un jour de leur rappeler leur commune appartenance à l'humanité. Gavées de passivité, lassées de leur soumission, emprisonnées dans leur statut d'infériorité, elles se sont aperçues que le refoulement d'une large partie de leurs désirs et ambitions pouvait cesser.

Cette prise de conscience des femmes occidentales fut le début d'une autre guerre qui dura des siècles. A ce jour, les blessures ne sont pas encore refermées.

CHAPITRE III

La mort du patriarcat

Le patriarcat n'est pas un simple système d'oppression sexuelle. Il est aussi l'expression d'un système politique qui a pris appui, dans nos sociétés, sur une théologie. Selon que celle-ci fut autoritaire ou tolérante, respectueuse ou non de l'individu, le patriarcat a montré, au cours de l'histoire, différents visages qui vont du pire au tolérable. Nul doute, par exemple, qu'au XVIIIᵉ siècle, les monarchies catholiques ont exercé plus durement le pouvoir que les grands pays protestants. Que le maître mot des uns fut la soumission, alors que celui des autres était la tolérance.

La relation homme/femme s'inscrit dans un système général de pouvoir, qui commande le rapport des hommes entre eux. Cela explique qu'à l'origine, les premiers coups portés contre le patriarcat le furent par les hommes et non par les femmes. Avant de penser à ruiner le pouvoir familial du père, il fallait d'abord abattre le pouvoir politique absolu du souverain et saper ses fondements religieux. Telle est l'évolution que connaissent toutes les sociétés occidentales à travers révolutions et réformes, et cela jusqu'au XXᵉ siècle. Mais, si les hommes eurent à cœur de construire une nouvelle société fondée sur l'égalité et la liberté, leur projet, d'abord politique puis économique et social, ne concernait qu'eux-mêmes, puisqu'ils s'en voulaient les seuls bénéficiaires.

Les hommes ont lutté pour l'obtention de droits dont ils prirent soin d'exclure les femmes. Quel besoin avaient-elles de voter, d'être instruites ou d'être protégées, à l'égal des hommes, sur leurs lieux de travail ? L'égalité s'arrêtait aux frontières du sexe, car, si la plupart des hommes cherchaient à se débarrasser du patriarcat politique, ils voulaient à tout prix maintenir le patriarcat familial. D'où l'avertissement constamment répété, au XIXe siècle, par les conservateurs et l'Église : en luttant pour plus de liberté et d'égalité, vous portez atteinte à la puissance paternelle et vous sapez les fondements de la famille...

Le combat mené pendant deux siècles par les démocrates fut sans conteste la cause première de la chute du système patriarcal. Mais il n'en fut pas la raison suffisante. Ce sont les femmes, alliées aux plus justes d'entre eux, qui achevèrent péniblement le travail. Il leur fallut presque deux siècles pour faire admettre à leurs pères et époux qu'elles étaient des « Hommes » comme tout le monde : les mêmes droits devaient s'appliquer à leurs compagnons et à elles-mêmes, ils devaient partager ensemble les mêmes devoirs.

L'évidence enfin reconnue est lourde de conséquences. Non seulement parce qu'elle met fin à un rapport de pouvoir entre les sexes plusieurs fois millénaire, mais surtout parce qu'elle inaugure une nouvelle donne, qui oblige à repenser la spécificité de chacun. Les valeurs démocratiques furent fatales au roi, à Dieu-le-père et au Père-Dieu. Elles rendirent par là même caduques les définitions traditionnelles des deux sexes et n'ont pas fini de laisser perplexe et d'inquiéter une partie du monde.

L'agonie.

L'exclusion et la hiérarchie commencèrent lentement à décliner lorsque s'imposa à tout l'Occident le nouvel idéal de liberté, d'égalité et de fraternité. Même si les femmes en furent les ultimes bénéficiaires, le bouleversement idéologique introduit par la Révolution française, la plus décisive des révolutions du monde occidental, portait un coup mortel à tout pouvoir imposé par la grâce de Dieu et par là même à toute idée de supériorité naturelle de l'Un sur l'Autre.

La Révolution française : meurtre du père, meurtre de Dieu.

A la fin du XVIIᵉ siècle et au début du XVIIIᵉ, les théoriciens de la monarchie absolue avaient cherché à justifier en droit l'autorité du roi, en la liant à celle de Dieu et du père. Ainsi Bossuet [1], recueillant et systématisant la leçon de saint Paul (*Nulla potestas nisi a Deo* [2]), renforçait mutuellement le pouvoir de l'un par celui des deux autres. Comparant le souverain au père de famille, il faisait de la monarchie un droit naturel. Pour la rendre plus indiscutable, il érigea l'autorité politique en droit divin. Dieu, disait-il, est le modèle parfait de la paternité. Or, le roi est l'image de Dieu sur la terre, le père de ses sujets. Le simple père de famille est donc le succédané de l'image divine et

1. Bossuet, *Politique tirée des propres paroles de l'Écriture Sainte* (1709), livres II et III.
2. Il n'est nul pouvoir qui ne vienne de Dieu.

193

royale auprès de ses enfants. Chacun y gagnait dans ces analogies successives : le père de famille en magnificence et en autorité, le roi en bonté et en sainteté. Dieu lui-même était rendu plus proche de ses créatures.

Bossuet recommandait d'obéir aux puissants liés entre eux par une commune origine. Mais l'habileté de l'argumentation n'était pas sans danger. A lier aussi étroitement Dieu, le roi et le père, le destin de l'un commandait celui des deux autres. C'est ainsi qu'en tuant le roi, les révolutionnaires français portèrent un coup décisif au pouvoir de Dieu et à celui du père : « la mise à mort du roi est un simulacre du meurtre de Dieu, lui-même simulacre de la mort du père [3] ».

Comme l'a très bien montré le philosophe Jean Lacroix, la démocratie est incompatible avec le pouvoir paternel d'antan. Toute émancipation est d'abord libération par rapport au père. La souveraineté populaire est née du parricide. En tuant le roi-père, le peuple, longtemps tenu à l'état de mineur, gagne l'autonomie de l'adulte. Pour en arriver là, il a fallu guillotiner le souverain sur la place publique, afin que chacun prenne bien conscience du changement d'État [4]. L'acte accompli, le renversement des valeurs devenait effectif. Le triptyque Liberté, Égalité, Fraternité se substitua à l'ancien : Soumission, Hiérarchie et Paternité. En république, l'amitié fraternelle entre citoyens remplace le sentiment de respect qui unit les fils au

3. J. Lacroix, « Paternité et démocratie », revue *Esprit*, mai 1947, p. 748-755, et Albert Camus, *L'Homme révolté*, Gallimard, écrit à propos de l'exécution de Louis XVI : « Dieu chancelle et la justice, pour s'affirmer dans l'égalité, doit lui porter le dernier coup en s'attaquant directement à son représentant sur la terre » (p. 145).
4. Par avance, Robespierre avait justifié la nécessité de l'acte fondateur et proclamé à la Convention que la république n'était innocentée que si le roi était coupable. Pour que la nation vive, disait-il, il faut que le roi meure (discours du 3 décembre 1792).

père. Les liens verticaux cèdent la place à des liens horizontaux, seuls compatibles avec l'idéal égalitaire.

Jean Lacroix a eu raison de souligner que la démocratie moderne se présente comme « une recherche de fraternité accompagnée d'un refus de paternité [5] ». La fraternité révolutionnaire, scellée par le parricide royal, donne à la notion de sacré un autre sens. « Au lieu du sacré qui procède d'une participation à une réalité supérieure, il y a celui qui naît de la communion des égaux [6]. »

On aura compris que le rejet du roi et du père est ici, encore plus profondément, celui de toute transcendance. La révolte ne pouvait épargner Dieu, le Père universel du genre humain. Les révolutionnaires de 1789, qui ont passionnément cherché à promouvoir le concept d'Humanité associé aux valeurs d'égalité, de liberté et de fraternité, ne pouvaient pas ne pas rencontrer sur leur route Dieu, intimement lié aux anciennes valeurs. Les philosophes du XIXe siècle, parmi lesquels Feuerbach, Proudhon, Marx ou Nietzsche, tirant les conséquences de la Révolution française, ont proclamé la mort de Dieu, celle-ci apparaissant comme la condition nécessaire de la libération de l'humanité [7].

Au-delà des philosophes du XIXe siècle, Lacroix souligne que, si l'humanité a voulu se débarrasser de Dieu, c'est avant tout parce qu'elle voyait en lui le symbole du père. L'homme s'affirme contre le « monarque des monarques, énonciateur suprême des interdits séculaires contre lesquels il n'a cessé de buter. Si même Dieu était amour, il le

5. Article cité, p. 750.
6. *Ibid.*, p. 752. Lacroix rappelle que la Constitution du 3 septembre 1791 réclame l'établissement de fêtes nationales pour « entretenir la fraternité entre citoyens ».
7. J. Lacroix, article cité, p. 750 : « Le trait le plus caractéristique de la conscience moderne est sans doute que la foi en l'homme y implique la fin de la foi en Dieu. »

répudierait, car il ne semble pouvoir aimer que comme un père... Il récuse ce jugement perpétuel, il ne veut tenir de Lui sa Grâce ni son Salut, pas plus qu'il ne redoute ses châtiments différés hors de l'histoire [8] ».

Dorénavant, la Théologie s'effacera devant l'Anthropologie.

Mais à la fin du XVIIIᵉ siècle, le refus de la transcendance divine, ou plutôt l'affirmation de la primauté de l'individu, ne s'exprime pas encore dans ces termes. Sans évoquer la « mort de Dieu », on construit patiemment un État débarrassé de toute influence religieuse. A partir de la Révolution française se développe dans le monde occidental un lent, mais profond mouvement de laïcisation, qui rompt avec une tradition vieille de plus de dix siècles.

Jusqu'à la scission opérée au XVIᵉ siècle par la Réforme, qui fit éclater la cité chrétienne, toutes les nations européennes sont caractérisées par trois traits : la place indiscutée de l'Église catholique, un État confessionnel et une théorie de l'ordre social mise au point par les théologiens [9]. Mais alors que la Réforme protestante, premier effort de laïcisation de l'État, ne constitue qu'une révolte contre les contraintes ecclésiastiques, la Révolution française s'affirme comme un refus de Dieu. Dès la fin du XVIIᵉ siècle, les pays protestants (Angleterre et Hollande) ont entamé le processus de déconfessionnalité de l'État. En développant l'esprit de libre examen, en tolérant la diversité des confessions et des sectes, en reconnaissant que le droit de l'État s'arrête au seuil de la conscience individuelle, les protestants ont finalement mieux défendu la cause de Dieu que les pays catholiques.

8. Jean Dupuy, « La laïcité dans les déclarations internationales des droits de l'homme », *La Laïcité*, PUF, 1960, p. 147.
9. A. Latreille, « L'Église catholique et la laïcité », *La Laïcité, op. cit.*, p. 60.

Chez ces derniers, le processus de laïcisation fut plus tardif, mais plus radical. Entre 1789 et 1799, la Révolution française fait brutalement éclater les cadres de l'ère chrétienne et remplace la *Civitas Dei* par la *Civitas Humana*. En proclamant la neutralité religieuse de l'État, en laïcisant les services publics et, plus tard, en se séparant définitivement de l'Église, la République française devint un modèle de laïcité pour les États chrétiens modernes.

Au XIXᵉ siècle, l'Italie et l'Allemagne [10] tentent à leur tour d'imposer le mariage civil, mais c'est au XXᵉ siècle que la laïcité devient un principe général des États modernes. Les déclarations internationales sont autant de proclamations laïques [11]. Si la séparation de l'Église et de l'État est inscrite dans le premier amendement de la Constitution américaine (1787), et si l'article 10 de la Déclaration française des droits de l'homme proclame la liberté d'opinion, ce n'est que le 10 décembre 1948 qu'une décision internationale ratifie — par une omission volontaire — le principe de laïcité. En effet, le premier article de la Déclaration universelle des droits de l'homme déclare que « tous les êtres humains sont libres et égaux en droit. Ils sont doués de raison et doivent agir les uns envers les autres dans un esprit de fraternité ».

Dans les débats qui précédèrent le vote, une minorité de pays [12] avaient souhaité que soit mentionné le nom de Dieu, et proposé que le texte rappelle que les hommes ont été créés à son image. Mais cette motion fut combattue par les représentants de l'URSS et de la France. Finalement, « Dieu se voyait refuser droit de cité aux Nations unies,

---

10. *Ibid.*, p. 67.
11. Titre de l'article de J. Dupuy déjà cité.
12. J. Dupuy, *op. cit.*, p. 151-152 : les délégations américaines et brésiliennes, appuyées par la plupart des pays de l'Amérique latine. Cf. le *Livre des droits de l'homme*, présenté par J.-J. Vincensini, Laffont, 1985.

auxquelles il apparaissait comme le plus grand commun diviseur [13] ».

En affirmant la transcendance de l'Homme, les nouvelles « Tables de la loi [14] » introduites en 1789 font de lui un dieu. Dorénavant, ce sont les hommes qui légifèrent pour eux-mêmes. C'en est bien fini de la soumission au père tout-puissant qui décide seul de ce qui est bon ou mauvais pour ses enfants. L'idéologie des droits de l'Homme, devenue, au moins en théorie, une véritable religion, a consacré la République des frères, dans laquelle les ressemblances l'emportent sur les différences. L'humanité qui leur est commune les rend tous égaux, indépendamment de leur spécificité religieuse, raciale, économique ou sociale. Reste à savoir si la spécificité sexuelle n'est pas, quant à elle, un handicap majeur.

Droits de l'Homme ou droits des hommes ?

Même si les hommes de la Révolution n'ont jamais publiquement délibéré sur ce point, une grande question ne sera pas posée : les femmes sont-elles des Hommes comme tout le monde, qui doivent bénéficier des droits sacrés que l'on vient de proclamer ? Autrement dit, plus brutalement, la nature ne tient-elle pas les femmes à l'écart de l'humanité ?

A défaut d'être objet d'un débat politique, le problème fut posé par les « intellectuels », bien avant que ne commence la Révolution. Le précurseur fut Poulain de la Barre qui, dans un livre [15] passé inaperçu à l'époque (1673),

13. *Ibid.*, p. 152.
14. Déclarées « inviolables et sacrées ».
15. *De l'égalité des deux sexes*, réédité dans le Corpus des œuvres de philosophie en langue française, sous la direction de M. Serres, Fayard, 1984.

établit une thèse des plus révolutionnaires : l'égalité des sexes. Pour ce disciple de Descartes, l'égalité est totale parce que hommes et femmes, doués d'une même raison, sont semblables en presque tout. La nature féminine est si homogène à la nature humaine que Poulain rêve de voir les femmes accéder à tous les emplois de la société : professeurs de médecine ou de théologie, ministres de l'Église, général*les* (*sic*) d'armées ou présidentes de Parlement. En réduisant au minimum la différence des sexes, Poulain tisse les liens de la fraternité entre hommes et femmes et réintègre celles-ci dans le sein de l'humanité.

Malheureusement, les hommes du XVIIIe siècle, qui ne l'avaient pas lu, furent beaucoup plus timorés. Aucun de ceux qui exprimèrent leur opinion sur la nature des femmes n'alla aussi loin que le grand méconnu du XVIIe siècle. Le débat sur la question féminine mit au jour trois points de vue. Les uns, dans la lignée de Poulain de la Barre, privilégiaient la similitude des sexes et militaient pour leur égalité. D'autres, d'accord sur ce principe, insistaient surtout sur leur nécessaire complémentarité. Enfin, une majorité, à la suite de Rousseau, continuait de penser la féminité comme l'irréductible différence. En accusant celle-ci, on justifiait par avance l'inégalité d'Émile et de Sophie quant à leur éducation, leur vie sociale et même politique.

Si on laisse de côté l'aspect polémique et politique de l'égalité des sexes, le débat philosophique, toujours ouvert chez les féministes actuelles, consiste à savoir s'il faut privilégier l'identité ou la différence, donner la priorité au concept de nature humaine ou à celui de nature féminine.

Diderot, en qui de nombreuses femmes pourraient aujourd'hui se reconnaître, plaida la thèse de l'égalité dans la différence. Prenant prétexte de la parution d'un petit opuscule de Thomas sur les femmes [16], il écrivit un court essai sur le sujet [17]. Diderot distingue le beau sexe par l'ardeur de ses sentiments : « C'est surtout dans la passion de l'amour, dans les transports de la jalousie, dans les accès de la tendresse maternelle, dans la superstition, dans la manière dont elles éprouvent les émotions épidermiques et populaires que les femmes étonnent. J'ai vu l'amour, la jalousie, la superstition, la colère portés par les femmes à un excès que l'homme n'éprouve point [18]. »

La raison de transports aussi violents, qui paraissent à Diderot étrangers aux hommes, est d'ordre anatomo-physiologique. La femme porte « au-dedans d'elle-même un organe susceptible de spasmes terribles, disposant d'elle et suscitant dans son imagination des fantômes de toute espèce [19] ». Rien d'étonnant, dès lors, à ce qu'elle puisse passer de l'hystérie à l'extase, de la révélation à la prophétie. Esclaves de leur utérus et de leur imagination fougueuse, les femmes « sont des enfants bien extraordinaires [20] » qui inspirent l'attendrissement et la pitié à Diderot. Il les plaint d'être ce qu'elles sont, vouées aux douleurs et aux dangers de l'enfantement mais aussi aux « maladies longues et dangereuses [21] » lorsqu'elles perdent le pouvoir d'être mères.

Mais les différences naturelles entre les sexes perçues par Diderot l'inclinent à défendre la cause des femmes afin que « la cruauté des lois civiles établies contre elles dans presque toutes les contrées » ne s'ajoute à la cruauté de la nature. Diderot réclame qu'elles ne soient plus traitées

16. Thomas, *Sur le caractère, les mœurs et l'esprit des femmes*, 1772.
17. *Sur les femmes*, 1er avril 1772, *Œuvres complètes* de Diderot, tome X, Club français du livre, 1971.
18. *Ibid.*, p. 32.
19. *Ibid.*
20. *Ibid.*, p. 33.
21. *Ibid.*, p. 34.

comme des « enfants imbéciles », qu'elles soient convena-
blement instruites [22] et qu'on reconnaisse enfin leur part de
génie : « quand elles en ont... elles en ont l'empreinte plus
originale que nous [23] ».

En terminant cet essai de quelques pages, Diderot
pouvait penser qu'il avait bien plaidé en faveur des femmes,
puisqu'il va jusqu'à écrire : « Si j'avais été législateur... je
vous aurais affranchies, je vous aurais mises au-dessus de la
loi ; vous auriez été sacrées, en quelque endroit que vous
vous fussiez présentées [24]. »

Mises ainsi sur un piédestal, qu'auraient-elles pu demander de plus ?

Sa vieille amie, Mme d'Épinay, ne voyait pas les choses
ainsi. Bientôt suivie par Condorcet, elle pensait que la
ressemblance des sexes est plus importante que ce qui les
sépare et qu'une simple égalité vaut peut-être mieux qu'un
piédestal. Critiquant, elle aussi, l'essai du pauvre Thomas,
elle fut l'une des premières à dénoncer ceux qui « attribuent
sans cesse à la nature ce que nous tenons évidemment de
l'éducation ou de l'institution [25] ». A son avis, hommes et
femmes sont de même nature et de même constitution.
Mère de trois enfants, elle n'attachait pas à l'utérus
l'importance que lui prêtait Diderot... Au contraire, avec
une audace tranquille, elle affirmait l'idée très moderne
que « même la faiblesse de nos organes appartient certainement à notre éducation et est une suite de la condition
qu'on nous a assignée dans la société [26] ».

Mme d'Épinay constate que les deux sexes sont susceptibles des mêmes défauts, des mêmes vertus et des mêmes

22. J.-M. Dolle, *Diderot, politique et éducation*, Vrin, 1973, chap. 4 sur
l'éducation des femmes.
23. *Ibid.*, p. 36.
24. *Ibid.*, p. 34.
25. *Correspondance avec l'abbé Galiani*, lettre 107, 14 mars 1772.
26. *Ibid.*

vices. Deux siècles avant Simone de Beauvoir, elle pense à sa manière qu'on ne naît pas femme mais qu'on le devient, et que les caractéristiques féminines ne sont pas si « naturelles » qu'on veut bien le dire. Force physique, courage moral et puissance intellectuelle seraient identiques chez l'homme et la femme, si la société et l'éducation ne se mêlaient pas de les distinguer. Pourtant, pessimiste quant à la révolution que produirait une véritable égalité, Mme d'Épinay concluait : « Il faudrait plusieurs générations pour nous remettre telles que la nature nous fit. Nous pourrions peut-être y gagner ; mais les hommes y perdraient trop [27]. »

Condorcet fut l'un des rares hommes politiques [28] à militer pour l'égalité des sexes avec les mêmes arguments que Mme d'Épinay, et aussi parce que le contraire lui paraissait une insupportable injustice [29]. Il réclama que « les droits de la moitié du *genre humain* (ne soient) plus oubliés par tous les législateurs [30] » ; que les femmes puissent voter, être éligibles et accéder à toutes les places. Moins audacieux que Poulain, il pensait que les femmes ne sombreraient pas dans le ridicule de vouloir commander à l'armée ou présider un tribunal... Mais, anticipant sur les objections traditionnelles concernant l'obstacle incontournable des grossesses, couches et allaitement, Condorcet répliqua qu'on n'interdisait pas le vote et les charges aux hommes atteints de rhume de cerveau... Quant à la prétendue incapacité féminine de créer, il répondait, non sans humour, qu'il n'y croyait pas et que s'il ne fallait admettre

27. *Ibid.*
28. Les femmes eurent peu de défenseurs chez les révolutionnaires. Citons parmi eux l'abbé Grégoire, Pierre Guyomar, Saint-Just, Chabot, Cambacérès, Charlier, etc.
29. « Lettres d'un bourgeois de New Haven à un citoyen de Virginie », *Recherches sur les États-Unis*, tome I, 1788, p. 281-287.
30. *Ibid.*, p. 286. (Souligné par nous.)

aux places que les hommes capables d'inventer, il y en aurait beaucoup de vacantes, même dans les académies...

Puisqu'à ses yeux aussi, « il n'y a aucune différence entre elles et les hommes qui ne soit l'ouvrage de l'éducation [31] », Condorcet présenta en 1792 un remarquable projet de décret qui modifiait radicalement l'éducation des femmes. Il réclamait une instruction commune aux deux sexes, qui avait « pour but d'enseigner aux individus de *l'espèce humaine* ce qui leur est utile de savoir pour jouir de leurs droits et pour remplir leurs devoirs [32] ».

Contrairement à l'immense majorité des hommes, Condorcet considérait les femmes comme les « *concurrents* [33] » légitimes des hommes dans de nombreuses charges et professions, y compris celles relatives aux sciences, et concluait donc à la nécessité absolue d'une formation similaire. Alors que Talleyrand, un an plus tôt [34], rappelait que l'exclusion des emplois publics prononcée contre les femmes est pour les deux sexes un moyen d'augmenter « le bonheur du couple » et exhortait ses auditeurs à ne pas faire « des *rivaux* des compagnes de leur vie », Condorcet soutient l'idée inverse. « Le défaut d'instruction des femmes introduirait dans les familles une inégalité contraire à leur bonheur... puisque l'égalité est partout mais surtout dans les familles, le premier élément de la félicité, de la paix et des vertus [35]. »

L'argument du bonheur par l'égalité des sexes ne fut pas

31. *Ibid.*, p. 284-285.
32. *Mémoire sur l'éducation des femmes* qui accompagne le projet sur l'organisation générale de l'Instruction publique présenté à l'Assemblée nationale les 20-21 avril 1792. Cf. C. Hippeau, *L'Instruction publique en France pendant la Révolution*, Paris, 1881 ; Librairie académique, p. 279. (Souligné par nous.)
33. *Ibid.*, p. 280. (Souligné par nous.)
34. Débat à la Constituante sur l'Éducation, septembre 1791.
35. *Op. cit.*, p. 282.

entendu des hommes de l'Assemblée, plus sensibles au discours rousseauiste de Talleyrand qu'aux idées révolutionnaires d'un Condorcet. Le plan de ce dernier ne reçut pas le moindre début d'exécution. S'il inspira largement les républicains de 1880, l'enseignement des femmes se fit jusque-là à l'encontre de ses idées. En réglant ainsi le problème de l'éducation féminine, les hommes de la Révolution avaient clos pour un long moment le débat provoqué par Poulain de la Barre. Les femmes n'étaient pas des individus comme les autres. Leur féminité restait un obstacle incontournable à leur intégration dans l'humanité.

Incontestablement, les femmes furent les laissées-pour-compte de la Révolution. Alors que l'idéal révolutionnaire plaçait l'égalité formelle au-dessus des différences naturelles, le sexe resta l'ultime critère de distinction. Les juifs furent émancipés par le décret du 27 septembre 1791, l'esclavage des Noirs aboli le 4 février 1794, mais, en dépit des efforts de certains, la condition des femmes ne fut pas bouleversée. Les Droits de l'homme, droits naturels attachés à la personne humaine, ne leur furent pas reconnus.

La *Déclaration des droits de la femme et de la citoyenne* [36] d'Olympe de Gouges resta lettre morte, ainsi que le premier projet de Code civil présenté par Cambacérès [37], qui proclamait la pleine capacité de la jeune mariée, l'entière égalité des époux et accordait à chacun d'eux, sous un régime légal de communauté universelle, des droits absolument identiques. La Convention s'opposa au vote des femmes, leur interdit toute association et les renvoya dans leur foyer, sous prétexte que « chaque sexe est appelé

36. 1791. Art. 1 : La femme naît libre et demeure égale à l'homme. Art. 2 : Le but de toute association est la conservation des droits naturels de la femme et de l'homme ; ces droits sont la liberté, la propriété, la sûreté et surtout la résistance à l'oppression.
37. Le projet fut ajourné par la Convention en août 1793.

à un genre d'occupation qui lui est propre ; son action est circonscrite dans ce cercle qu'il ne peut franchir, car la nature, qui pose ses limites à l'homme, commande impérieusement et ne reçoit aucune loi [38] ».

Le Code civil de Napoléon entérina l'inégalité des sexes au nom de leur nécessaire complémentarité. Aux hommes, les droits ; aux femmes, les devoirs. L'empereur intervint personnellement pour rétablir pleinement l'autorité maritale [39], légèrement bousculée à la fin du XVIIIᵉ siècle. Il insista pour que, le jour du mariage, l'épouse reconnaisse explicitement qu'elle devait obéissance à son mari. Comme le dit fort bien Françoise Picq : « Le Code civil est le code des droits du plus fort qui garantit ceux du mari et du père... Il organise le nivellement par le bas de la condition des femmes [40]... »

La longue marche des femmes...

Il faudra plus d'un siècle et demi [41] pour que l'ensemble des femmes occidentales se voient reconnus leurs droits d'êtres humains : droits civiques, droits éducatifs, auxquels il faut ajouter la libre maternité.

En ce qui concerne l'octroi des droits civiques aux femmes, une fois encore les nations protestantes furent en avance sur les pays catholiques. Ce sont les États-Unis qui montrèrent l'exemple au monde occidental. Même si les Américaines durent patienter plus d'un siècle avant d'obtenir un amendement constitutionnel, les épouses des « pilgrims », douées d'une plus grande autorité que les Euro-

38. Amar, *Discours de la Convention*, cité par P.-M. Duhet, *Les Femmes et la Révolution, 1789-1791*, Gallimard, coll. « Archives », Paris, 1977, p. 155.
39. Cf. l'art. 212 du Code civil.
40. F. Picq, *op. cit.*, p. 20.
41. Il subsiste encore aujourd'hui quelques cantons helvétiques où les femmes n'ont toujours pas le droit de vote.

péennes, commencèrent à lutter pour le droit de vote au lendemain de la guerre d'Indépendance. Le Congrès fédéral de Philadelphie représentant treize États, saisi de cette question, décida de laisser chaque État libre d'inscrire ou non le droit électoral des femmes dans leur Constitution fédérale. Aucun ne le fit. Après un demi-siècle de silence, les femmes reprirent le combat en 1840, en liaison avec le mouvement pour l'abolition de l'esclavage. Elles organisent en 1848 la « Woman's Rights Convention », puis en 1850 la « National Woman Suffrage Convention », qui ne recueilleront leurs fruits qu'après la guerre de Sécession (1862-1865). Trois ans après l'abolition de l'esclavage (1866), l'État du Wyoming est le premier à accorder le droit de vote aux femmes, suivi un an plus tard par l'Utah (1870). A la fin du XIXe siècle, trente-six États possèdent des associations suffragistes [42], mais il faudra attendre 1919 pour que soit pris un amendement constitutionnel reconnaissant le droit de vote à toutes les femmes, lequel sera ratifié en 1920.

L'Allemagne [43] et l'Angleterre [44] en firent autant à la même époque. Il est vrai que, depuis le début du siècle, l'agitation n'avait pas cessé dans ces deux pays où les suffragettes étaient en contact permanent. Les unes avaient bénéficié de l'aide précieuse du député philosophe Stuart Mill [45], les autres de celle d'Auguste Bebel [46]. Mais

42. En 1914, les femmes américaines ont le droit de vote dans tous les États, sauf au Nouveau-Mexique.

43. Le droit de vote est accordé aux femmes allemandes en 1919 par la Constitution de Weimar.

44. La loi électorale anglaise de 1918 accorde le suffrage à tous les hommes âgés de plus de 21 ans et aux femmes de plus de 30 ans. La limite d'âge fut abolie en 1928.

45. Il fut élu député du district de Westminster en 1865 en ayant inclus dans son programme le droit de vote des femmes et publia en 1869 le fameux *The Subjection of Women*, ce qui lui valu de ne pas être réélu.

46. Il publie en 1879 un livre très important : *La Femme dans le passé, le présent et l'avenir*.

c'est surtout grâce à l'action de Clara Zetkin et de son journal *l'Égalité*, lancé en 1892, que le parti socialiste accepte d'inscrire à son programme l'égalité politique, économique et civile des femmes.

Les Françaises, on le sait, furent les plus mal loties. Il leur fallut attendre la fin de la Seconde Guerre mondiale pour qu'une ordonnance du Gouvernement provisoire du général de Gaulle leur accorde (le 21 avril 1944) le droit de vote et d'éligibilité sans restriction [47].

Il faut reconnaître que le mouvement suffragiste français fut peu suivi au XIXe siècle et que les femmes qui menèrent ce combat furent bien isolées. A part Jeanne Deroin qui fut une pionnière [48], il faut attendre 1870-1880 pour voir ce droit redéfendu. C'est Hubertine Auclert, rendue célèbre par une lettre au préfet : « Je ne vote pas, je ne paye pas (mes impôts) [49] », qui relance le débat, bien qu'elle reste isolée dans le mouvement féministe. Celui-ci, trop marqué par le socialisme, n'a pas suffisamment détaché les revendications des femmes du contexte politique général. Sauf quelques militantes, telles Marguerite Durand, Madeleine Pelletier ou Nelly Roussel, les féministes ont lié leur salut au combat des hommes de liberté. Elles ont eu tort. Le gouvernement de Léon Blum en 1936 nomme sous-secrétaires d'État trois femmes [50], mais omet de reprendre la question du suffrage féminin. Finalement, lorsque ce droit leur fut enfin octroyé par le général de Gaulle, aucune action spécifique des femmes n'avait été nécessaire à l'obtention de ce résultat. Une femme député ira même jusqu'à remar-

---

47. Le 20 avril 1945, elles votent pour les conseils municipaux ; le 21 octobre suivant pour l'Assemblée constituante.

48. Elle posa sa candidature à la législative de 1849.

49. Lettre de mars 1881.

50. Irène Joliot-Curie à la Recherche scientifique ; Suzanne Lacor à la Santé publique et Cécile Brunschvicg à l'Éducation nationale.

quer que « les Françaises ont sagement attendu le droit de vote [51] ».

De façon générale, les grands combats qui ont ponctué l'histoire de l'émancipation féminine n'ont pas été menés de la même façon en France, pays latin, et dans les grandes nations anglo-saxonnes. Les féministes sont fort mal vues dans le pays qui s'est tour à tour moqué des précieuses, des femmes savantes, des pétroleuses, des bas-bleus et des « cervelines [52] ». La mentalité des Latins ne s'accommode guère de femmes qui réclament pour elles-mêmes, au lieu d'attendre qu'on leur accorde ce qu'on veut bien leur donner. Contrairement aux États-Unis, où les épouses des « pilgrims » ont pris une large part à la fondation de la démocratie, en France, la république s'est édifiée sans les femmes, presque contre elles. Les bruyantes manifestations des suffragettes anglaises [53], au début du siècle, choquent le tempérament des Français ; les puissantes associations suédoises, norvégiennes ou finlandaises n'ont pas d'équivalent en France [54]. R.M. Rilke l'écrit : « Du nord vient la lumière. » On peut l'expliquer, avec Tocqueville, par l'influence protestante [55].

51. Mme Peyroles à l'Assemblée constituante, le 19 mars 1946. Cité par Jean Rabaut, *Histoire des féminismes français*, Stock, 1978, p. 305. La France était l'un des derniers pays démocratiques de l'Europe à reconnaître ce droit aux femmes.

52. Titre d'un roman de Colette Yver (1913). Le mot désigne de façon péjorative les intellectuelles.

53. Le parti des suffragettes se fait connaître au monde en 1905. Les militantes organisent de grands cortèges tumultueux à Londres.

54. Léon Abensour, *Histoire générale du féminisme*, Ressources, 1921, p. 290-293 : la Norvège, libérée de la Suède, donne le suffrage aux femmes en 1907.

55. Tocqueville, *De la démocratie en Amérique*, G.F. Flammarion, 1981, tome II, p. 247 : « Chez presque toutes les nations protestantes, les jeunes filles sont infiniment plus maîtresses de leurs actions que chez les peuples catholiques... » L'indépendance des femmes « est encore plus grande dans les pays protestants qui, ainsi que l'Angleterre, ont conservé ou acquis

Contrairement à l'éducation des Françaises, celle des Américaines, en 1840, surprend Tocqueville par son absence de timidité ou de fausses pudeurs. On apprend tôt à la jeune fille à savoir conduire ses pensées et ses paroles [56], car les Américains « ont vu que, au sein d'une démocratie, l'indépendance individuelle ne pouvait manquer d'être très grande... l'autorité paternelle faible et le pouvoir marital contesté [57] ».

Dès 1826, tous les États américains possèdent des écoles primaires et élémentaires analogues à celles des garçons. Grâce à l'agitation féministe et à l'accès des femmes au professorat, les jeunes filles peuvent prétendre à l'enseignement supérieur dans les universités créées par des fondations privées. En 1848, la Nouvelle-Angleterre ouvre la première faculté de médecine pour femmes ; de 1865 à 1885 se créent les grands collèges universitaires féminins : Vassar College (1865), Smith and Wellesley (1875), Radcliffe (1882) et Bryn Maur (1885). A la fin du XIXe siècle, toutes les professions sont ouvertes aux femmes [58].

En ce qui concerne les Françaises, ce sont, là aussi, moins les revendications des femmes que l'action des laïcs républicains qui triomphent des vieux conservatismes. C'est parce que l'enseignement des filles était généralement abandonné aux religieuses, que des hommes comme Victor Duruy [59], Camille Sée [60] et Jules Ferry se sont battus

le droit de se gouverner eux-mêmes. La liberté pénètre alors dans les familles par les habitudes politiques et par les croyances religieuses ».

56. *Ibid.*, p. 248 : « Au lieu de la tenir dans la défiance d'elle-même, on cherche sans cesse à accroître sa confiance en ses propres forces... à lui donner une connaissance précoce de toutes choses. »

57. *Ibid.*, p. 248.

58. *Histoire mondiale de l'éducation*, PUF, 1981.

59. 30 octobre 1867 : circulaire Victor Duruy sur l'enseignement secondaire pour jeunes filles.

60. 21 décembre 1880 : loi Camille Sée qui fonde l'enseignement secon-

pour les arracher à l'influence cléricale antirépublicaine. En 1870, Jules Ferry s'en explique clairement : « il y a une barrière entre la femme et l'homme... Une lutte sourde entre la société d'autrefois, l'Ancien Régime (que la femme perpétue) et la société qui procède de la Révolution française... Celui qui tient la femme, celui-là tient tout, d'abord parce qu'il tient l'enfant, ensuite parce qu'il tient le mari [61]... ».

Une fois soustraites à l'influence religieuse, les Françaises durent patienter jusqu'en 1924 pour qu'un décret [62] assimile enfin l'instruction secondaire des filles à celle des garçons et entraîne l'équivalence des baccalauréats. Car si, en principe, les facultés de médecine, de lettres et de sciences étaient ouvertes aux femmes depuis le Second Empire, elles n'étaient en réalité qu'une poignée — quelques centaines — à suivre un enseignement secondaire dans les années 1880 [63].

Pour être les égales des hommes, il restait aux femmes à acquérir un ultime droit : celui de disposer de leur corps, ou plus précisément d'obtenir les moyens de la libre maternité. A la fin du XIXe siècle, des voix féminines s'élèvent en France [64], en Angleterre [65], aux Pays-Bas [66] et en Allema-

---

daire féminin en même temps que les lois relatives à la création obligatoire d'écoles normales de filles, lois sur la gratuité, l'obligation et la laïcité des écoles primaires.

61. Discours du 10 avril 1870 sur l'égalité d'éducation.

62. Décret du 25 mars 1921.

63. F. Mayeur, *L'Éducation des filles en France au XIXe siècle*, Hachette, 1979, p. 167.

64. Le néo-malthusianiste Paul Robin installe à Paris, dès 1889, un centre d'information et de vente de produits anticonceptionnels. Nelly Roussel, Madeleine Pelletier, Marie Huot, Jeanne Dubois sont du même combat.

65. C'est dans le pays de Malthus que les frères Drysdale créent en 1877 la première organisation néo-malthusienne.

66. En 1878 s'ouvre le premier dispensaire ou des sages-femmes ensei-

gne [67] à la fois contre « la double morale sexuelle » et pour « la maternité consciente ». Soutenues par les organisations néo-malthusiennes, qui tentent de propager tous les moyens qui permettent d'avoir des relations sexuelles sans risque, les femmes se battent moins pour la liberté sexuelle — mal vue dans ce siècle de restauration morale — que pour échapper aux multiples maternités qui handicapent leur vie et leur santé et font naître des enfants dont on ne peut assurer le bien-être minimal.

Aux alentours de 1920 [68], ces revendications commencent à trouver un début de réalisation. Aux États-Unis, l'infirmière Margaret Sanger, révoltée par la mort de sa mère lors de la mise au monde de son onzième enfant et après avoir rencontré les mouvements néo-malthusiens européens, ouvre, en 1917, le premier dispensaire américain de contrôle des naissances. En 1921, c'est Marie Stopes (1880-1958) qui ouvre la première clinique de ce genre en Grande-Bretagne. En 1924, il en est de même à Francfort-sur-le-Main.

Malheureusement, la France, en bon pays latin, ne suit pas le mouvement. En l'absence d'un véritable soutien populaire aux luttes pour la libre maternité, les néo-malthusiens vont se trouver progressivement isolés face aux attaques de plus en plus nombreuses des tenants de l'ordre moral et des natalistes. La hiérarchie médicale et ecclésiastique rappelle avec insistance que la femme qui se refuse à la maternité « ne mérite plus ses droits ; elle n'est plus

---

gnent l'usage de contraceptifs. En 1895, la Ligue néo-malthusienne fut reconnue d'utilité publique par arrêté royal.

67. La première ligue néo-malthusienne allemande est fondée en 1892.

68. Pour toute l'histoire de la libre maternité, cf. *D'une révolte à une lutte, vingt-cinq ans d'histoire du Planning familial*, Éd. Tierce, 1982, chap. 1 à 4.

rien... Volontairement stérile, elle retombe au rang de prostituée [69]... »

Au lendemain de la Première Guerre mondiale, les adversaires de la libre maternité réussissent à mettre en place un véritable carcan juridique. Celui-ci se constitue en deux étapes : la loi de 1920 qui assimile la propagande anticonceptionnelle à la provocation à l'avortement et réprime toute information et pratique de contraception ; la loi de 1923 qui, en correctionnalisant l'avortement, met fin à l'indulgence de certains jurys de cours d'assises. Grâce à la vigilance de la police, les différents contraceptifs disparaissent du jour au lendemain des pharmacies ; les militants néo-malthusiens sont pourchassés [70].

Alors que, dans les années trente, les partisans du Birth Control sont tolérés et même encouragés dans les pays scandinaves, aux États-Unis et en Angleterre [71], la France, profondément marquée par l'idéologie catholique, continue de condamner toutes les méthodes de contraception. Sur ce point, aucun changement notable dans la condition des Françaises n'interviendra avant les années soixante.

Commencée au XVIIIe siècle dans les pays à vocation démocratique, l'agonie du patriarcat dura près de deux cents ans, non sans connaître dans certains pays des moments d'extrême rémission. Les dictatures qui ont dévoré l'Europe entre les deux guerres, et même au-delà dans l'Espagne franquiste, furent autant de tentatives délibérées pour renforcer le patriarcat. Nous avons vu ce qu'il en était sous le régime d'Hitler, mais la situation des

---

69. *Ibid.*, p. 25 : déclaration du Dr Doléris, 1918.

70. *Ibid.*, p. 27 : les époux Humbert sont condamnés respectivement à 5 et 2 ans de prison pour propagande antinataliste.

71. *Ibid.*, p. 35 : en 1930, l'Église anglicane admet, au cours de la conférence de Lambeth, l'utilité du Birth Control, malgré les résistances d'une minorité (193 voix pour, 67 contre).

Italiennes sous Mussolini et même des Espagnoles sous Franco n'était guère plus brillante [72]. L'idéologie de la mère prolifique, réquisitionnée pour procréer et obéir, est sensiblement la même à Berlin, à Madrid et à Rome. Selon les impératifs économiques et idéologiques, on les utilise comme main-d'œuvre sous-payée ou on les renvoie dans leur foyer pour répondre à leur vocation de mères et de ménagères... Poulinières ou lumpen-prolétariat, elles n'ont guère droit à beaucoup d'égards.

A l'Est, également, le patriarcat connut un regain de faveur au cours des années trente et quarante. Alors que la jeune Union soviétique avait voté des lois pour libérer la femme [73] et ôter aux hommes toutes prérogatives sur les membres de leur famille [74], l'expérience échoua. La société russe connut une contre-révolution sexuelle qui la fit ressembler de plus en plus aux autres pays européens. Sous Staline, elle prôna la famille traditionnelle avec autant de zèle que l'Allemagne nazie. Toutes les lois libératrices de Lénine furent abandonnées au profit de dispositions répressives [75].

72. Maria-Antonietta Macciochi, *Les Femmes et leurs maîtres*, Christian Bourgois, 1978. Il faut noter que le régime pétainiste n'a pas pesé sur les femmes comme les trois pays fascistes mentionnés.

73. Libéralisation du mariage et du divorce, contraception et avortement sur demande.

74. Le 19 décembre 1917 et le 17 octobre 1918, Lénine promulgua deux décrets qui reconnaissaient aux femmes le droit à l'autodétermination économique, sociale et sexuelle.

75. Dès 1932, au Congrès de Kiev, l'avortement fut dénigré. On parlait de préserver la race. En 1944, l'avortement légal fut aboli, et le fait d'aider une femme à avorter passible de 2 ans de prison. En mars 1934, la vieille législation tsariste pénalisant l'homosexualité fut réadoptée et assortie de peines allant de 3 à 8 ans de prison. En 1936, une nouvelle loi sur le divorce rendait passible d'amendes et fut renforcée en 1944 par une loi plus sévère. L'illégitimité fut à nouveau pénalisée et stigmatisée chez la mère et l'enfant. Le père n'en était plus tenu pour responsable. Les lois de 1936 et 1946 accordaient des avantages aux mères de six enfants, etc.

Au lendemain de la Deuxième Guerre mondiale, et avec le retour à la démocratie de l'Europe de l'Ouest, le combat pour l'égalité des sexes n'est encore qu'un demi-succès. En principe, les femmes bénéficient des mêmes droits que les hommes, mais, en fait, la pratique et les mœurs continuent de leur faire un sort à part. Le patriarcat existe encore parce que l'idéologie de la complémentarité est toujours bien vivace. Le destin féminin continue de se jouer à la maison par le biais de la maternité. Une femme n'est « respectable », « accomplie » ou « épanouie », qu'en fonction de son statut de mère et de ménagère [76].

Dans les années soixante, une révolution d'un autre genre balaie le monde occidental qui achève celle du XVIIIe siècle. Une fois encore, c'est la procréation qui est au centre des débats. La question n'est plus comme jadis de savoir qui détient la part essentielle dans l'œuvre d'engendrement [77], mais plutôt comment maîtriser sa fécondité pour n'être mère qu'à volonté.

Le coup de grâce.

Dans la plupart des démocraties occidentales, le système patriarcal a reçu le coup de grâce au cours des deux

76. Dans les classes favorisées, on parle de « maîtresse de maison ».
77. Le biologiste suisse Herman Fol avait, en 1877, mis définitivement fin à la polémique millénaire en observant pour la première fois chez les étoiles de mer la pénétration du spermatozoïde. Il montra que les deux germes paternel et maternel (les gamètes) si dissemblables entre eux (ovule et spermatozoïde) sont, par leur noyau, parfaitement équivalents et concurrents de façon égale à la constitution du noyau de l'œuf. Il faut bien dire que cette découverte, qui éclaire la participation strictement égale du père et de la mère à la formation de la progéniture, ne souleva aucune passion...

dernières décennies. Point minuscule sur la ligne de l'évolution humaine, les années soixante-quatre-vingt ont trans-
formé le rapport entre hommes et femmes dans une large
partie du monde, sans qu'on en ait encore pleinement pris
conscience aujourd'hui.

Parlant des débuts de l'*homo sapiens*, Edgar Morin
pouvait écrire en 1973 que « la classe des hommes s'approprie le gouvernement et le contrôle de la société et *impose
sur les femmes et sur les jeunes une domination politique qui
n'a pas encore cessé* [78] ». En cette fin du IIᵉ millénaire, le
propos n'est plus évident. Le pouvoir paternel et marital est
en voie de disparition. La puissance idéologique, sociale et
politique de l'homme est sérieusement érodée.

La mort du patriarcat résulte d'un double bouleversement : le père a perdu son prestige et Ève a modifié la
donne. Le XVIIIᵉ et le XIXᵉ siècle avaient dépossédé le père
de son parrainage divin, le XXᵉ siècle achèvera de lui retirer
son autorité morale et l'exclusivité du pouvoir économique.
Si l'on a pu définir le patriarcat par le contrôle de la
fécondité des femmes et la division sexuelle du travail [79], les
vingt dernières années sont marquées par une double
conquête féminine : la maîtrise de leur fécondité et le
partage du monde économique avec les hommes.

Depuis lors, elles ne sont plus des *objets*.

La défaite morale de l'homme occidental.

Le XXᵉ siècle a sonné le glas des valeurs viriles en
Occident. En un premier temps, il semble que ce soient les
caractères propres à la Deuxième Guerre mondiale qui

---

78. *Le Paradigme perdu...*, *op. cit.*, p. 78. (Souligné par nous.)
79. F. Héritier, *Cahiers du GRIF*, *op. cit.*, p. 19.

furent à l'origine d'une remise en cause de nos valeurs traditionnelles. Que l'un des peuples les plus civilisés du monde ait pu sombrer dans une telle folie destructrice a provoqué de multiples interrogations. L'idéologie hitlérienne était peut-être « l'expression libre du refoulé maternel (image de la mauvaise mère)... Une tentative de défense contre un père vécu comme tout-puissant et sadique [80] » ; en réalité, la politique menée par les nazis a exalté et concrétisé, jusque dans ses plus tragiques conséquences, les valeurs viriles. La force est devenue droit ; l'agressivité, la violence, le sadisme furent officiellement normalisés. Jamais, depuis fort longtemps, la suprématie du mâle (blanc et aryen) n'avait été revendiquée avec autant de passion.

Durant cette guerre, qui marque un tournant décisif dans l'histoire de l'Occident, la virilité a montré l'image la plus grimaçante d'elle-même, c'est-à-dire la plus meurtrière. Contrairement aux guerres précédentes, la mort n'a pas été donnée que sur les champs de bataille. Elle a été organisée systématiquement, rationnellement, à l'usage des civils [81] non conformes aux normes nazies. Pendant cette période de folie, aucun des aspects positifs de la virilité ne put s'exprimer. La pitié, le respect des Conventions et surtout la protection des femmes et des enfants furent exclus de cette guerre-génocide. S'il est vrai que les guerres constituent toujours des parenthèses dans l'observation des Droits de l'homme, l'Europe n'a jamais connu une telle trahison à l'égard des idéaux qu'elle avait construits depuis deux siècles. En mettant en pièces le concept d'humanité, la guerre faite par les nazis a provoqué une véritable horreur de toutes les valeurs au nom desquelles elle avait été

80. Gérard Mendel, *La Révolte contre le père*, Payot, 1978, p. 224.
81. Les prisonniers furent mieux traités que les civils déportés pour être exterminés.

216

menée. Lorsque les survivants purent mesurer l'étendue du désastre humain, ils bannirent de leur « conscience » toute idée de racisme ou de discrimination. La violence et l'exercice de la force furent stigmatisés comme le Mal absolu. Qu'on le veuille ou non, c'étaient les valeurs viriles archaïques qu'on mettait ainsi au banc des accusés. Dans les démocraties de l'après-guerre, le cri fasciste « Viva la Muerte ! », la fascination exercée par la mort n'avaient plus cours. Le guerrier était devenu suspect et le respect de l'Autre redevenait valeur sacrée.

La décolonisation des années cinquante-soixante est l'une des conséquences du rétablissement des valeurs humanistes. A force de dénoncer toutes les formes d'oppression, il devenait de plus en plus difficile de justifier le maintien sous tutelle de certains peuples par d'autres. La décolonisation acheva le processus démocratique inauguré par la Révolution française. Quelle que soit leur race ou leur culture, les peuples du XXe siècle voulurent bénéficier — parfois au prix de terribles guerres de libération suivies de combats fratricides — des idéaux que les Occidentaux avaient érigés pour eux-mêmes. S'ils parvinrent rarement à construire des États libres, respectueux de l'égalité des citoyens, du moins n'étaient-ils plus soumis aux lois de l'homme blanc.

Il faut replacer dans ce contexte les mouvements d'émancipation féminine qui apparurent dans tous les pays occidentaux à la fin des années soixante. Bercées durant leur adolescence par les thèmes du droit des peuples à disposer d'eux-mêmes, les jeunes femmes se mirent aussi à la recherche de leur identité. Les plus radicales d'entre elles développèrent les thèmes de la colonisation intérieure. En France, elles se disaient aussi exploitées que les colonisés d'hier par l'homme blanc. Aux USA, elles comparaient leur sort à celui de la communauté noire. Là, sous la houlette de Betty Friedan [82], ou en France, de façon volontairement anonyme et inorganisée [83], les militantes féministes dressèrent la liste des exploitations dont elles étaient victimes : sexuelle, domestique, économique, sociale et politique. Inlassablement, elles exposaient leurs griefs contre les hommes, comme si elles avaient éprouvé le besoin irrésistible de libérer une parole étouffée depuis la nuit des temps.

En 1972, le MLF organisa à la Mutualité *les Journées de dénonciation des crimes contre les femmes* où affluèrent des témoignages d'anonymes de tous horizons. Les unes dénonçaient leur enfermement et les multiples discriminations dont elles étaient l'objet ; d'autres racontaient un viol ou un avortement. Toutes disaient leur oppression et leur rancœur. Au début, ces cris suscitèrent ricanements et insultes. Mais les hommes qui avaient milité pour la décolonisation furent les premiers à se sentir concernés par la contestation des femmes. Ils éprouvèrent le même sentiment de culpabilité qu'ils avaient ressenti naguère à l'égard des colonisés. Jadis, on contestait l'homme blanc. A présent, c'était l'homme tout court qui était sur la sellette, sans moyen de mettre quelque distance entre lui et l'accusateur. Quelques-uns épousèrent le combat féministe, mais la plupart ressentirent un inexprimable malaise. Ils comprenaient ou ne voulaient pas comprendre que la lutte des femmes représentait à plus ou moins long terme « un renversement total de leurs valeurs, de leurs lois, en un mot de toute leur civilisation [84] ».

82. En 1966, elle fonda le premier grand mouvement féministe : NOW (National Organisation of Women).
83. En mai 1968, Anne Tristan crée avec des amies le « Féminin-Masculin-Avenir ». Après 1970, la presse parlera du MLF, mais le MLF fut une nébuleuse de petites formations d'existence courte.
84. Anne Tristan et A. de Pisan, *Histoires du MLF,* Calmann-Lévy, 1977, p. 99.

La mise en cause des hommes par les femmes se renforça de celle des pères par les fils. A la fin des années soixante, les femmes et les jeunes contestant en même temps le mari et le père formèrent objectivement « une nouvelle alliance ». Les jeunes Occidentaux ne voulaient plus s'identifier aux pères. Bien que ces derniers n'aient pas de sang sur les mains, les valeurs qu'ils incarnaient semblaient à la fois dérisoires et mortelles. Le goût insatiable de la consommation, de la possession et du gadget, allié à la guerre économique, la course aux armements et à l'exploitation sans précédent de la nature, constituaient aux yeux des fils un modèle absurde, dénué de prestige et d'éthique. Les jeunes rejetèrent en bloc les valeurs viriles traditionnelles au profit de valeurs plus féminines. Niant toute idée d'autorité ou de supériorité naturelle, ils prônèrent la non-violence sous toutes ses formes. La guerre du Vietnam qui leur paraissait, à tort ou à raison, une résurgence du vieil impérialisme occidental — et donc de l'autoritarisme patriarcal — fut universellement honnie par la nouvelle génération des années soixante-soixante-dix. Les jeunes Occidentaux, qui ne voulaient plus jamais entendre parler de guerre [85], préféraient la vie à n'importe quel prix [86], militaient pour le respect de la nature et affichaient leur méfiance pour les progrès de la technique et de la science [87] dès lors qu'ils pouvaient menacer l'environnement.

En contestant toutes les valeurs paternelles, les fils se rapprochaient inconsciemment de celles des mères, traditionnellement ennemies de la guerre, ignorantes de la

85. Jusqu'à ce jour les générations successives sont immergées dans un flot d'images, de films et de livres qui racontent sans fin les horreurs de la guerre de 40.

86. Cf. le slogan des « Verts », neutralistes : « Plutôt rouges que morts. »

87. Cf. les principaux thèmes des mouvements écologistes, leurs combats contre les recherches nucléaires, etc.

concurrence, étrangères au pouvoir [88] et à l'oppression. Le renversement des alliances eut bien lieu, qui mit fin à l'autorité et au prestige millénaire du père et du mari. Mais, en réalité, cette nouvelle alliance était fondée sur un malentendu. Au moment même où les jeunes hommes tournaient le dos aux stéréotypes de la virilité et adoptaient des comportements plus féminins, les femmes elles-mêmes abandonnaient une part de leurs attitudes millénaires et s'emparaient de domaines jadis chasses gardées des hommes. La génération des fils, qui avait été souvent solidaire du combat des femmes, s'aperçut trop tard qu'elle avait été flouée. Ceux qui s'étaient rapprochés des valeurs maternelles traditionnelles eurent du mal à admettre que les femmes prennent justement leurs distances avec celles-ci. Alors que les uns voulaient construire un monde moins agressif où la concurrence serait moins cruelle, les autres se posaient maintenant en redoutables concurrentes. Elles ne sont plus seulement tendresse et dévouement, mais aussi ambition et égoïsme. Le désarroi des pères devint celui des fils. A ce jour, il n'a pas cessé.

Ève modifie la donne.

En l'espace de vingt ans, les rapports entre les hommes et les femmes se sont modifiés radicalement. En partant à la conquête du monde extérieur, Ève a mis fin à la division sexuelle du travail. En se battant pour le droit à la contraception et à l'avortement, elle a récupéré pour elle seule le contrôle de la reproduction. Enfin, le corps libéré, maîtresse de sa vie, elle n'est plus un objet d'échange entre hommes. C'est ainsi que les trois piliers du patriarcat se

---

88. Autre que le pouvoir sur les membres de la famille.

sont trouvés anéantis en moins de deux décennies, dans la majeure partie du monde occidental.

En 1906, les femmes françaises représentaient 39 % de la population active [89]. Proportion qui ne cessera de décroître pendant une quarantaine d'années. Il faudra attendre 1975 pour retrouver des chiffres semblables tant en France que dans la plupart des pays industriels [90], mis à part le Japon. La reprise est donc relativement récente, mais elle amorce, semble-t-il, une évolution irrésistible. En dépit de la crise économique qui sévit dans tout l'Occident, les femmes sont chaque année plus nombreuses sur le marché du travail. En 1985, on estime à près de 10 millions le nombre de Françaises actives [91].

Mais, phénomène plus important encore, le nombre des mères qui travaillent a considérablement augmenté. Aux USA, le chiffre est multiplié par 10 depuis 1940 [92]. L'évolution est identique dans tout l'Occident, même si son rythme est légèrement plus bas dans les pays à forte influence catholique [93] ou pauvres en crèches.

89. 43,65 % d'entre elles travaillaient dans le secteur agricole.
90. Tableau des femmes actives publié par *L'Express*, 3-9 mars 1975 :

	France	Allemagne	Italie	G.-B.	URSS	États-Unis	Suède
% de femmes dans la pop. active	38	36,9	27,8	37,2	51	37	40,7
% de femmes actives par rap. à la pop. féminine	52,3	45,5	18	48,4	90	24,5	61
% des femmes mariées des pop. actives féminines	62	59,6	51,4	64		23,4	59

91. *Le Nouvel Observateur*, 17 janvier 1985.
92. En 1983, il y avait 60 % de mères d'enfants de moins de 18 ans qui étaient actives contre 40 % en 1970. Chiffres du US Bureau of Labor Statistics cités par Brigitte Ouvry-Vial, *Femmes made in USA*, Autrement, 1984, p. 56-57. En 1983, 70 % des mères d'enfants en classe maternelle sont employées à plein temps.
93. Italie et Espagne.

Les études sur les Françaises montrent qu'elles sont de plus en plus nombreuses à travailler [94] lorsqu'elles ont deux enfants [95] ou un nourrisson à la maison [96]. Au total, plus de 50 % des enfants de 0 à 16 ans ont une mère active contre 36,8 % en 1975.

Tous ces chiffres témoignent d'une révolution considérable. En prenant possession du monde extérieur, les femmes mettent fin à la division sexuelle des rôles et à l'opposition millénaire entre la vie au foyer qui leur était jadis réservée et la vie professionnelle qui appartenait d'office aux hommes. Alors que, dans la société patriarcale, la femme est mère avant tout, responsable des tâches de survivance et du pouvoir domestique, la nouvelle société, en brouillant les rôles de la femme, porte atteinte à l'une des plus anciennes caractéristiques masculines.

La plupart des tâches perdent chaque jour un peu plus de leur spécificité sexuelle. Le machinisme du XIXᵉ siècle avait commencé de dévaloriser la force de l'homme. Celui du XXᵉ siècle a achevé de la rendre inutile, comme il enlève tout intérêt aux tours de main, à la minutie et au savoir-faire féminins. A l'ère de l'ordinateur, nul ne se soucie plus de distinguer les tâches féminines et masculines.

L'autre facteur de « désexualisation » du travail est l'effort des sociétés occidentales pour donner une éducation

94. En 1975, l'Allemagne n'offrait que 20 428 places de crèches aux 9,5 millions de travailleuses, et l'Angleterre 29 902 aux 9,3 millions de mères actives. En revanche, la Suède avait 36 000 places de crèches pour 1,6 million de mères actives et la France 51 064 pour 7,9 millions de femmes actives.

95. Nicole Marc et Olivier Marchand notent que leur taux d'activité s'est accru entre 1975 et 1982 de 10 points pour les mères d'un enfant et de 15 points pour celles qui en ont deux, in *Economie et Statistiques*, nᵒ 171-172, novembre-décembre 1984.

96. *Population et Sociétés*, nᵒ 186, décembre 1984 : en 1982, 52 % des nourrissons ont des mères qui travaillent.

commune et identique aux enfants des deux sexes. Depuis 1972 [97], la mixité est effective de la maternelle aux grandes écoles d'ingénieurs. Même si les résultats paraissent encore insuffisants aux plus pressés d'entre nous [98], on notera qu'en vingt ans le nombre de femmes cadres a quadruplé et qu'actuellement, sur cent postes proposés, 46 % se concluent par une embauche féminine [99]. Aux États-Unis, elles sont encore une minorité, mais déjà cinq fois plus nombreuses que les hommes à quitter la grande entreprise pour créer leur propre affaire. En citant ces chiffres, B. Ouvry-Vial note que « si l'esprit d'entreprise est une réalité constante dans l'histoire nationale, l'avance très nette qu'y ont prise les femmes est en revanche une nouveauté. Leur nombre a augmenté de 56 % entre 1970 et 1979 ; elles sont aujourd'hui près de 2 millions et demi [100] ».

Peu à peu, les plus privilégiées des femmes rejoignent professionnellement les plus privilégiés des hommes. Le travail a acquis pour elles une tout autre signification que celle qu'il avait pour les femmes du début du siècle. A cette époque, elles n'avaient accès qu'aux travaux pénibles et répétitifs. Exploitées plus durement encore que les hommes, moins payées qu'eux [101], les femmes constituaient

97. Date à laquelle Polytechnique, HEC et l'ESSEC ont ouvert leurs portes aux femmes.

98. Sur 20 840 dirigeants dans les états-majors des 4 300 principales entreprises françaises, il n'y a que 810 femmes, soit 3,9 % de l'effectif total. (*Nouvel Économiste*, mars 1985.)

99. Chiffres publiés par une étude du CEGOS en 1984. En 1983, 43,3 % des femmes cadres avaient moins de 35 ans, 33 % moins de 25 ans.

100. *Op. cit.*, p. 49 : « D'après le département du commerce, les recettes en provenance de ces entreprises créées et dirigées par les femmes s'élèvent à plus de 40 billions de dollars. »

101. E. Sullerot, *Histoire et Sociologie du travail féminin*, éd. 1971, p. 102 : à la fin du XIXe siècle, à Paris, la moyenne des salaires masculins est près du double de la moyenne des salaires féminins. En Allemagne, les

une réserve de main-d'œuvre particulièrement malléable. Il est vrai que ces travaux dénués d'intérêt [102] et de prestige rapportaient un simple salaire d'appoint aux finances du ménage et jetaient une sorte de discrédit sur les travailleuses. Pratiquement jusqu'à la Première Guerre mondiale, le travail des femmes — surtout celui qui les obligeait à quitter leur foyer — est considéré avec suspicion par la société bourgeoise. Il est assimilé à un échec social et économique. En effet, chaque femme mariée qui travaille à l'extérieur de chez elle révèle l'incapacité de son mari à subvenir aux besoins du ménage, et pis encore à donner une bonne mère à ses enfants.

Aujourd'hui, la signification du travail féminin est bien différente. S'il est vrai qu'un grand nombre de femmes n'ont d'autres motivations qu'économiques et sont prêtes à faire n'importe quel travail sans y trouver la moindre satisfaction — pour apporter un deuxième salaire au ménage [103] —, leur condition n'est pas différente de celle des hommes les moins favorisés. Cependant, on ne peut s'en tenir à cette seule motivation. A l'autre extrémité de l'échelle sociale, l'exercice d'une profession est considéré par les femmes comme nécessaire pour deux raisons ignorées au début du siècle : le travail est la condition de leur autonomie ; il est aussi l'occasion d'un épanouissement personnel qu'elles ne peuvent plus trouver dans leur foyer. Là encore, semblables aux hommes les plus favorisés, elles ont découvert que le monde extérieur était la seule scène qui convenait à la réalisation de leurs ambitions. Pour elles,

salaires féminins ne représentent souvent que le quart de ceux des hommes occupés aux mêmes tâches.

102. *Ibid.*, p. 97-98 : au XIXᵉ siècle, les femmes sont préposées aux travaux les plus sales et répugnants ; elles sont cureuses d'égouts, épuratrices de graisses d'huile, trieuses de chiffons, balayeuses de rues...

103. Au début des années quatre-vingt, le salaire féminin représentait à peu près 40 % du budget global de la famille.

le travail n'est plus symbole d'échec, mais au contraire le signe le plus évident de leur réussite sociale, économique et même personnelle.

Entre les mieux et les moins bien nanties, il existe une catégorie de travailleuses, fort nombreuses, qui reçoivent un salaire modeste pour une activité qui ne les passionne pas nécessairement, et dont les experts ont calculé qu'elles travaillaient presque pour rien [104]. Cibles privilégiées des natalistes [105] qui leur conseillent de s'arrêter et de faire des enfants, ces femmes montrent plus clairement que d'autres le désarroi que l'on peut ressentir à rester dans son foyer. Si la monotonie et les fatigues d'un travail à l'extérieur ne leur paraissent pas moins fastidieuses que les charges d'une maison, elles trouvent là des compensations qu'elles ne trouvent pas ici : des relations d'amitié, une vie sociale plus stimulante, en fait l'occasion de fuir une insupportable solitude. La confrontation avec le monde extérieur fait sortir la femme du domaine naturel.

Edgar Morin, il y a peu, regrettait que la culture féminine fût incomplète parce qu'elle n'avait pas accès à celle des hommes [106]. Il peut être aujourd'hui satisfait puisqu'elles partagent avec eux la culture masculine adulte. En devenant leurs concurrentes dans un domaine qui n'appartient qu'à eux, elles leur font perdre l'exclusivité de la gloire qu'entraîne la maîtrise du monde. Certains s'en plaignent déjà [107], les femmes ont acquis la « dureté du chasseur ».

104. Lorsqu'on retire de leur paie tous les frais occasionnés par leur travail (perte des avantages sociaux et fiscaux, coût de la garde des enfants, transports, cantines, etc.), on s'aperçoit qu'il leur reste un bénéfice presque dérisoire.
105. Cf. campagne télévisée en 1979-1980.
106. *Op. cit.*, p. 87-88. E. Morin remarque à juste titre que tel n'est pas le cas des hommes qui ont accès à la culture féminine par les liens précoces qu'ils entretiennent avec leur mère.
107. Ivan Illich, *Le Genre vernaculaire*, Le Seuil, 1983.

La seconde étape de l'émancipation féminine concerne la maîtrise de leur fécondité et par là même leur liberté sexuelle. L'obtention de ce droit fut le résultat d'une longue guerre [108] livrée par des femmes associées à tous les hommes de liberté [109]. La bataille pour la séparation de la sexualité et de la procréation avait commencé en Occident dès la fin du XIXe siècle. Mais les politiques natalistes succédant naturellement aux guerres, il faudra attendre les années soixante-soixante-dix pour que soit satisfaite cette revendication essentielle. Cela ne fut rendu possible que par la conjonction de découvertes biochimiques et d'un profond changement des mentalités, dans chaque pays occidental.

On se souvient qu'aux États-Unis, la pionnière du Birth Control, Margaret Sanger, avait œuvré pour la diffusion du diaphragme, qui resta pendant longtemps l'une des méthodes contraceptives les plus efficaces. Mais comme il heurtait certains tabous corporels, il était souvent difficilement accepté. En 1951, Margaret Sanger posa le problème au Dr Pincus [110], biochimiste réputé, qui accepta [111] d'entreprendre des recherches sur la mise au point d'un contraceptif oral. Grâce aux travaux du chimiste Russel Marker, qui avait découvert dans les années quarante la possibilité d'extraire la progestérone d'une plante, grâce aussi à une meilleure connaissance des phénomènes de fécondation et

---

108. Elle dura presque cent ans.

109. Après les militants néo-malthusiens du début du siècle, c'est aux anarchistes, à certains francs-maçons, à tous les médecins du Planning familial, au Dr Étienne Baulieu, qui mit au point la pilule française, que nous voudrions rendre ici hommage.

110. Le Dr Gregory Pincus (1903-1967).

111. Selon le Pr E. Baulieu, qui travaille aux USA en 1961, le Dr Pincus avait été particulièrement sensible à l'argument développé par M. Sanger concernant les dangers à la surpopulation mondiale (article, « La nouvelle sexualité » dans *Science et Avenir,* n° 48, p. 46).

du cycle féminin, les travaux de Pincus, réalisés avec la collaboration des Dr Chang et Rock [112], aboutirent en 1955 à un produit inhibiteur de l'ovulation. La première pilule fut d'abord expérimentée pour lutter contre la stérilité, puis en 1956 à Porto-Rico comme moyen contraceptif. En 1960, le premier contraceptif oral était en vente aux USA sans qu'il ait donné lieu à d'infinies controverses entre les féministes et les pouvoirs publics.

Il n'en fut pas de même en France. Entre le premier article de Mme Weill-Hallé concernant la pilule (1961) et la loi du Dr Neuwirth [113] l'autorisant, il se passa six ans de militantisme acharné de la part du mouvement français pour le Planning familial, bloqué par la loi de 1920 interdisant aux Françaises — avec l'usage du diaphragme — toute possibilité de contraception. La droite, le conseil de l'Ordre des médecins et l'Église catholique étaient contre ; la gauche, les intellectuels et une majorité des femmes souhaitaient la suppression de la loi de 1920. Les traditionalistes s'effarouchaient du libertinage féminin [114], car ils redoutaient de ne plus contrôler la sexualité de leurs filles et de leurs épouses ; les autres évoquaient les maternités non désirées et les malheurs qui en découlaient. Finalement, la loi autorisant la contraception fut votée avec l'arrière-pensée qu'elle mettrait un frein aux avortements clandestins si désastreux pour la santé des femmes.

Mais à l'époque où le gouvernement français donnait son

---

112. C'est Mme Mac Cormink qui offrit les tout premiers moyens financiers de cette recherche, relayée par la compagnie SEARLE qui aida généreusement Pincus. Lorsqu'elles sentirent l'affaire rentable, d'autres maisons pharmaceutiques apportèrent leur aide (article E. Beaulieu, *op. cit.*).

113. Loi votée le 28 décembre 1967.

114. Au cours du Conseil des ministres du 9 juin 1967, le général de Gaulle aurait déclaré : « La pilule, c'est pour la distraction. »

feu vert à la contraception, la liberté de l'avortement était instaurée en Angleterre (1967) [115]. Déjà, les féministes américaines engageaient la bataille. En dépit des possibilités contraceptives qui existaient depuis longtemps, des centaines de femmes mouraient chaque année des suites d'avortements clandestins et illégaux. Les féministes constituèrent des dossiers qui révélèrent l'étendue de la tragédie. On cita les chiffres d'un million d'avortements légaux et illégaux par an, et de 350 000 femmes qui souffraient de suites post-opératoires [116], parmi lesquelles les plus pauvres étaient les plus touchées. La situation était à peu près similaire dans toute l'Europe occidentale, et les mouvements féministes [117] de tous ces pays entreprirent à peu près les mêmes actions : manifestations, pétitions, procès exemplaires de femmes avortées, etc.

Après des débats passionnés, la liberté d'avorter est acquise aux États-Unis en 1973, en RFA en 1974 et en France en 1975 [118]. Dans les années qui suivirent, la plupart des autres pays occidentaux légiférèrent dans le même sens [119]. Certains pays, qui continuent officiellement de l'interdire, comme la Belgique, le Canada, la Suisse, pratiquent une politique d'indulgence. D'autres, comme l'Espagne ou la Grèce, possèdent une législation restrictive qui permet l'avortement dans certaines conditions. A ce jour seuls deux pays éminemment catholiques, le Portu-

---

115. La loi japonaise libéralise l'avortement par la loi de 1968.

116. Rolande Ballorain, *Le Nouveau Féminisme américain,* Denoël-Gonthier, 1972, p. 317.

117. En France, étaient aux avant-postes : le Planning familial, Choisir (fondé en 1971), le MLAC (1973), le MLF, etc.

118. Loi Veil du 17 janvier 1975, votée par toute la gauche et une minorité de droite.

119. Danemark (1978), Italie (1978), Luxembourg (1978), Pays-Bas (1981)...

gal [120] et surtout l'Irlande [121], continuent d'y être vraiment hostiles.

Les résultats de cette évolution sont considérables et, à ce jour, encore incalculables. Lorsque les femmes ont acquis le droit de ne plus être mères contre leur gré, elles se sont réjouies de cette nouvelle liberté en ayant le sentiment que c'était un acquis personnel et intime. On ne se rendait pas compte que la contraception renforcée par le droit d'avorter pouvait bouleverser radicalement le rapport des sexes et même l'ensemble de la société. En déliant la femme de l'obligation d'engendrer, on a fait voler en éclats l'équation millénaire « femme = mère » que l'on pensait éternelle parce que ancrée au plus profond de la nature biologique. Ce qui apparaissait comme un droit exclusivement féminin et une étape décisive vers l'égalité des sexes fut, en réalité, le début d'une nouvelle ère qui dépasse, et de loin, le seul fait féminin.

Lorsque, dans un premier temps, les femmes obtinrent le droit à la contraception, les hommes perdirent du même coup tout moyen de contrôle sur leur sexualité. Les sociétés « qui s'étaient donné pour fondement, entre autres, la répression coercitive de la sexualité désordonnée de la femme [122] » se trouvaient privées d'une de leurs plus précieuses raisons d'être. Toutefois, si la fidélité de l'épouse échappait à la vigilance du mari, les hommes avaient moins à craindre les bâtards. La trahison était rendue aussi facile à la femme qu'à l'homme, mais au moins elle n'était lourde d'aucune conséquence pour la lignée. Le respect et l'amour devenaient les seuls obstacles à l'infidélité. La confiance réciproque se substituait au contrôle et à la répression. Sous

120. La loi du 27 janvier 1984 autorise l'avortement thérapeutique mais le refuse pour des raisons économiques.
121. Mars 1983 : l'avortement est un crime passible de réclusion à vie.
122. Mary Jane Sherfey, citée par S. Hrdy, *op. cit.*, p. 264.

cet aspect, l'égalité était enfin rétablie entre l'Un et l'Autre.

Mais la contraception féminine portait un coup fatal à la famille patriarcale, en laissant la maîtrise de la procréation à l'autre camp. Dorénavant, ce n'est plus l'homme qui en décide en utilisant le retrait, mais la femme qui choisit ou non d'avoir un enfant avec cet homme. Le rapport de force s'est complètement renversé au détriment du père, dépossédé d'un pouvoir essentiel. C'est d'elle dont tout dépend, et rien ne peut se faire contre sa volonté. Elle peut aussi bien refuser de faire l'enfant qu'il désire que procréer contre sa volonté à lui, voire le réduire à son rôle biologique d'inséminateur, sans qu'il ne sache jamais qu'il est père.

De ce point de vue, on a substitué une inégalité à une autre, même s'il est vrai que celle qui pèse aujourd'hui sur les hommes est autrement moins lourde que celle dont les femmes étaient jadis victimes.

La légalisation de l'avortement a confirmé, en aval, le pouvoir exclusivement féminin sur la procréation. Le droit de vie et de mort sur l'enfant a lui aussi changé de camp. Il n'y a pas si longtemps, lorsqu'un accouchement était difficile, le médecin demandait au père de choisir entre la vie de l'enfant et celle de la mère. L'usage voulait que le père choisisse la mère, mais le droit patriarcal lui offrait la possibilité de ne pas le faire. Aujourd'hui, la situation est inversée, la femme l'emporte sur l'enfant à naître et le père. A cet égard, le droit d'avorter — plus encore que la contraception — a mis au jour une éthique radicalement nouvelle : les droits de la femme passent avant ceux du fœtus et avant les devoirs de la mère. Entre l'humain en puissance et l'individu en acte, le XXᵉ siècle a tranché en faveur du second. La maternité n'est plus sacrée, et la femme est enfin devenue un individu comme les autres.

Il est certain qu'un tel bouleversement est à lui seul une

remise en cause fondamentale du patriarcat. Non seulement, la femme n'est plus identifée à la mère, rôle dans lequel la nature et la société l'avaient enfermée, mais la puissance absolue qu'elle détient sur la procréation inverse la donne millénaire des rapports de pouvoir entre elle et lui. Dorénavant, celui-ci n'est père que par la grâce de la femme : s'il veut un enfant, il lui faut demander. Jadis les hommes maîtrisaient la fécondité des femmes. A présent, ce sont elles qui décident de leur paternité.

Cette révolution associée au brouillage des rôles sexuels traditionnels dû à la volonté féminine de partager le pouvoir économique avec les hommes mettent un terme au système patriarcal que l'on croyait, il y a encore peu, universel et éternel. La preuve ultime de ce changement réside dans le fait qu'à la veille du IIIe millénaire les hommes occidentaux n'échangent plus les femmes.

Il y a à peine quelques décennies, le mariage était tout à la fois synonyme de sécurité, de respectabilité et de fécondité. Aujourd'hui, il a perdu ces trois caractères essentiels.

Dans les sociétés pauvres, aujourd'hui comme hier, le mariage est d'abord une sécurité économique, « une assurance sur la vie [123] ». E. Sullerot fait remarquer avec justesse que le refus du mariage s'est développé dans les pays les plus riches du monde : Suède, Suisse, États-Unis, Danemark, Angleterre, France. Inversement, dans certains pays comme l'URSS, où les mœurs pourraient théoriquement être libres, la pénurie de logement rend quasiment inexistante la cohabitation juvénile [124].

Jadis, dans nos sociétés, c'était surtout la femme qui recherchait la sécurité économique par le mariage. Trouver

123. E. Sullerot, *Pour le meilleur et sans le pire,* Fayard, 1984, p. 66.
124. *Ibid.,* p. 67.

un mari tournait parfois à l'obsession [125]. Les jeunes filles en âge de convoler restaient sagement chez leurs parents, même si les plus favorisées allaient à l'université pour « se cultiver », ou que d'autres effectuaient un petit travail en attendant de changer de statut. Mais, en quelques années, l'extension extraordinaire du salariat féminin [126] a puissamment contribué à changer la mentalité des femmes. Outre l'habitude de travailler hors du foyer, « elles ont souvent atteint ou considérablement augmenté leur autonomie de revenus. Pour nombre d'entre elles, le travail procure une stabilité de revenus. Autant ou plus que le mariage [127]... ». La sécurité matérielle n'est donc plus le but du mariage pour les femmes, qui savent de mieux en mieux pourvoir à leurs besoins économiques.

Le mariage n'est plus perçu comme la condition de la respectabilité féminine. La meilleure preuve en est l'extraordinaire promotion de la femme célibataire. Que de chemin parcouru depuis un siècle ! Que l'on songe à cet état d'infériorité permanente que vivait un jeune être, anxieux de trouver un mari, angoissé peut-être à la perspective, en cas d'échec, de connaître la détestable situation de « vieille fille » ! Là encore, le vieux garçon provoquait plutôt une ironie souriante. Tel n'est plus le cas aujourd'hui, parce que le mariage a perdu officiellement le caractère sacré et divin qui le rendait indissoluble. La considérable perte d'influence de la religion a permis le développement de deux nouvelles pratiques inconnues des temps jadis : le divorce et la cohabitation.

---

125. *Ibid.*, p. 70 : « On a peine à croire que voici seulement vingt ans on publiait aux États-Unis des petits manuels de conseils pour la pêche au mari. »

126. Le taux d'activité féminine des 25 à 30 ans est passé de 45,3 % en 1962 à 71,1 % en 1982 (chiffres du ministère du Travail, 1984).

127. E. Sullerot, *Pour le meilleur...*, *op. cit.*, p. 71.

Jusque dans les années 1965, le nombre de divorces resta relativement stable : autour de 30 000, 35 000 par an [128]. Depuis 1967, ce nombre a régulièrement augmenté en France, puisqu'en 1984 il atteignait le chiffre record de 130 000. Phénomène que l'on retrouve dans toute l'Europe de l'Ouest [129], et particulièrement accentué dans les pays nordiques (Suède et Danemark) et aux États-Unis. En 1979, on comptait 1 divorce pour 2,6 mariages dans trois pays industriels aussi différents que les USA, l'URSS [130] et la Suède.

Non seulement le divorce s'est vulgarisé à une vitesse extraordinaire, mais la preuve que le mariage n'est plus le lieu de la respectabilité féminine réside dans le fait que, là où l'on pratique le divorce, ce sont toujours les femmes qui sont massivement demanderesses. En France, sur 100 demandes de divorce, 64 proviennent des femmes [131], montrant ainsi que l'état conjugal est parfois moins enviable que celui de célibataire.

Parallèlement à cette montée du divorce, on constate depuis plus de dix ans une désaffection croissante à l'égard du mariage. Celui-ci n'est plus le détour obligé de la vie de couple et même de l'institution familiale. Alors qu'en 1972, la France célébrait 417 000 mariages [132], en 1985, elle n'en célébrait plus que 273 000. Compte tenu de l'augmentation

128. *Économie et Statistiques*, nº 145, juin 1982.

129. A l'exception de quelques pays méditerranéens dans lesquels la législation sur le divorce n'a été que récemment modifiée.

130. Il y eut une augmentation spectaculaire du nombre des divorces l'année qui suivit le changement de la législation soviétique en 1965 en faveur d'une plus grande facilité de procédure : 1965 : 360 000 divorces ; 1966 : 646 000 divorces ; 1979 : 950 000 divorces. Cf. H. Yvert-Jalu, « Le divorce en Union soviétique », *Femmes, Sexisme et Sociétés*, PUF, 1977.

131. *Le Divorce en France*, publié par le ministère de la Justice et l'INSEE en 1981.

132. Statistiques de L. Roussel publiées dans le *Colloque national de démographie de 1980*, p. 68.

233

de la population entre ces deux dates, ce nombre correspond au taux de nuptialité le plus faible depuis la dernière
guerre. Non seulement le prestige du mariage n'a jamais été
aussi bas, mais les jeunes couples ne sont plus pressés de se
marier pour avoir une vie sexuelle régulière, puisqu'il est de
mieux en mieux admis par la société qu'ils vivent ensemble
sans être mariés. Pour beaucoup, le mariage n'est plus un
impératif moral, social ou économique, et certains le
considèrent même avec défiance, comme « une convention
susceptible de dénaturer les liens affectifs qui conduisent à
la fondation d'une famille [133] ». Les générations post-
soixante-huitardes pouvaient donc chanter avec G. Bras-
sens : « J'ai l'honneur de ne pas te demander ta main. »

Le développement considérable de la pratique de cohabitation (jadis appelée concubinage) dans tous les pays
occidentaux constitue, avec le divorce, le second facteur de
dépréciation du mariage. Il n'est plus indissoluble et porte
la marque de la contingence. Retardable à volonté, on peut
même s'en passer pour fonder une famille. La proportion
des couples hors mariage a plus que doublé en l'espace de
dix ans. Ils étaient 411 000 en 1975, et 1 million au
recensement de 1985 [134]. La progression est surtout sensible
parmi les jeunes : le nombre des couples vivant en union
libre dont l'homme a moins de 35 ans a plus que triplé,
passant de 165 000 à 589 000.

C'est dans les grandes villes que le phénomène est le plus
répandu. Paris bat le record national avec 30,3 % d'unions
libres pour 100 couples contre seulement 7,4 % dans les

133. J.-C. Deville et E. Naulleau, « Les nouveaux enfants naturels et
leurs parents », *Économie et Statistiques*, n° 145, juin 1982, p. 79. Cf. aussi
Louis Roussel et Odile Bourguignon, « Générations nouvelles et mariage
traditionnel », *Cahier de l'INED*, n° 86, PUF, 1979.
134. *Économie et Statistiques*, n° 145, *op. cit.* ; cf. article de Pierre-Alain
Audirac, « Cohabitation et mariage : qui vit avec qui ? », et *Économie et
Statistiques*, n° 185, février 1986.

commîmes rurales. En 1985, le recensement a confirmé que, dans l'agglomération parisienne, les non-mariés sont majoritaires parmi les couples sans enfant où l'homme a moins de 35 ans [135].

Si les jeunes couples se marient plus volontiers lorsqu'ils désirent un enfant, ou lorsque celui-ci est déjà conçu [136], de plus en plus d'enfants naissent hors mariage, sans que les parents se décident pour autant à accomplir la « simple formalité » qu'est devenu le mariage. Celui-ci n'est plus la condition obligée de la fécondité. Dans le nouveau cas de figure [137], des enfants naissent de couples qui cohabitent, reconnaissent ensemble leur enfant mais ne se marient pas. Le nombre d'enfants nés hors mariage a quasiment doublé entre 1976 [138] (63 400) et 1982 (113 400). En 1985, ils représentaient 16 % des naissances contre 6 % en 1966 et 8,6 % en 1976. Selon le démographe Michel L. Lévy, la seule différence entre les couples mariés et non mariés, indépendamment de l'aspect moral, est surtout d'ordre juridique et administratif [139]. Tout compte fait, on s'est aperçu [140] qu'il était plus avantageux de cohabiter plutôt que de se marier...

Il n'y a pas si longtemps le mariage modifiait la condition civile et sociale de la jeune fille. On l'appelait « madame » et elle changeait de nom et de prénom. Rose Dupont

135. A. Fouquet et A.-C. Morin, *Données sociales*, INSEE, 1984, p. 41. *Économie et Statistiques*, n° 185, février 1986.

136. Les conceptions prénuptiales n'ont pas cessé d'augmenter depuis 1965 jusqu'en 1972, date à laquelle on maîtrise mieux la contraception : de 65 000 à 108 000, soit près de 30 % d'enfants nés moins de 7 mois après le mariage de leur parent (cf. E. Sullerot, *op. cit.*, p. 50).

137. *Population et Sociétés*, mars 1984, n° 178 : 7 enfants sur 10 qui naissent hors mariage sont reconnus par les deux parents non mariés.

138. A cette époque, un tiers des enfants suédois naissent hors mariage.

139. *Population et Sociétés, op. cit.*

140. Cf. E. Sullerot, *op. cit.*, chap. 8 et 9.

devenait Mme Yves Durand. Une des caractéristiques de la famille patriarcale était de former un groupe d'individus qui répondaient au même nom. C'était une honte pour un enfant de ne pas porter le nom de son père et pour sa mère de devoir le déclarer sous son nom de « jeune fille ». En quelques années, la sensibilité publique a complètement changé à ce sujet. La loi permet à chacun des conjoints de conserver l'usage de son nom, et les femmes ne se battent plus pour porter celui de leur mari. Dans la mesure où le nom fait partie intégrante de la personnalité d'un individu, son changement est vécu comme une aliénation, une perte d'identité. Il signifie le désengagement, la séparation de sa famille originelle ; l'adoption d'un nouveau patronyme manifeste symboliquement que les femmes changent de famille, qu'elles « appartiennent » à un autre père, autrement dit qu'elles sont bien les « objets » décrits par Lévi-Strauss. Condition récusée par les générations actuelles.

Les nouvelles attitudes à l'égard du mariage montrent que celui-ci n'est plus une affaire essentiellement religieuse, sociale ou économique, mais avant tout une affaire privée qui engage deux individus et non plus deux familles. Depuis la fin du XVIIIᵉ siècle, le mariage d'inclination [141] n'a cessé de gagner du terrain jusqu'à devenir l'unique motivation du mariage au XXᵉ siècle [142]. Peu à peu, les parents ont été exclus des choix matrimoniaux. « Le nouveau modèle du mariage a érigé en dogme l'autonomie du couple. Toute tentative d'ingérence parentale est désormais perçue comme une atteinte à la liberté individuelle. Le concubinage ne fait que perpétuer cet état de choses, accentuant simplement l'évolution : l'éviction aujourd'hui porte sur le

---

141. J.-L. Flandrin, *Le Sexe et l'Occident,* Le Seuil, 1981, et E. Badinter, *L'Amour en plus,* Flammarion, 1980.

142. Louis Roussel et Odile Bourguignon, « Générations nouvelles... », *op. cit.,* p. 81.

choix de l'état lui-même. Les parents n'ont plus les moyens de pousser au mariage. Il leur faut se démettre ET se soumettre [143]. »

Si le concubinage s'accompagne du maintien des relations unissant l'enfant avec sa lignée consanguine (surtout féminine), en revanche on constate [144] une dilution des rapports d'alliance : « les parents de chacun des partenaires font rarement connaissance... D'autre part, les liens entre parents et " pseudo-beaux-enfants " sont sensiblement atténués [145] ».

Chacun se sent plus libre d'avoir des relations choisies, facultatives avec l'autre. La situation n'est pas sensiblement différente pour les couples mariés. Les deux familles d'origine ne se rencontrent souvent qu'à la veille du mariage, voire le jour même, et ne se fréquentent plus par la suite. « Le couple, aujourd'hui, ne fait pas d'alliances de famille à famille. Il ne réunit plus deux parentèles [146]. »

L'institution du mariage a donc perdu la majeure partie de ses significations traditionnelles. Le nouveau type de liens qui unit hommes et femmes rend caduques les conditions évoquées plus haut [147] : l'asymétrie des sexes ne caractérise plus la société actuelle et les hommes n'échangent plus les femmes pour y gagner des beaux-frères. Le système décrit par Lévi-Strauss, parfaitement adapté aux sociétés patriarcales, n'est plus applicable aux sociétés occidentales de la fin du IIe millénaire.

Lévi-Strauss, on s'en souvient, affirmait : « dans la société humaine, elles (les femmes) n'occupent ni la même

143. Sabine Chalvon-Demersay, *Concubin-Concubine*, Le Seuil, 1983, p. 35.
144. *Ibid.*, p. 37-38.
145. *Ibid.*, p. 38.
146. E. Sullerot, *op. cit.*, p. 94.
147. Cf. 2e partie, chap. I, p. 147.

place, ni le même rang [148] » que les hommes, parce que ce sont eux qui les échangent et non le contraire. Aujourd'hui, les femmes ne sont plus « objets d'échange ». Elles sont devenues des sujets, libres de se marier ou non. Ensuite, le mariage a perdu son caractère d'échange entre familles, de « transactions entre hommes [149] ». Enfin Lévi-Strauss pensait que la « permanence de la résidence patrilocale atteste la relation fondamentale d'asymétrie entre sexes qui caractérise la société humaine [150] ». Mais l'augmentation des mères célibataires et divorcées [151] modifie tout à la fois le régime de filiation et de résidence.

Tout ceci conduit à penser que « la société humaine » ne s'identifie pas nécessairement au mode d'organisation patriarcale. Les sociétés occidentales ont sapé tous les fondements du patriarcat, qui se révèle du même coup relativisé tant du point de vue spatial que temporel. Il ne peut plus prétendre au titre de système social et familial universel.

D'autre part, les nouveaux types de liens qui unissent hommes et femmes évacuent la fameuse « réciprocité entre des hommes au moyen des femmes [152] ». On perçoit de plus en plus mal le vaste système d'échange social qui donnait tout son caractère positif à la loi d'exogamie, c'est-à-dire à la prohibition de l'inceste. Les femmes n'ayant plus ni valeur d'échange ni valeur de paix, la nécessaire prohibition de l'inceste perd l'une de ses plus précieuses justifications. Après les explications biologiques de l'interdiction de l'inceste [153] — on sait aujourd'hui que les unions endoga-

---

148. *Les Structures élémentaires, op. cit.,* p. 134.
149. *Ibid.,* p. 136
150. *Ibid.,* p. 136.
151. Dossier *Le Monde de l'éducation* (mars 1985) : on comptait, en 1984, 1 million de parents seuls avec enfants, dont 821 000 femmes.
152. Lévi-Strauss, *op. cit.,* p. 135.
153. *Ibid.,* p. 15-19.

mes ne sont pas plus néfastes que les autres —, voici que tombe, à présent, l'avantage social des alliances nécessaires. Mais l'humanité n'est pas à bout d'arguments pour empêcher ce qui lui fait horreur : on justifie autrement le maintien du tabou. Le discours n'est plus celui de la biologie, ou de l'anthropologie, mais de la psychanalyse. C'est la folie qui constitue à ce jour l'ultime rempart contre l'inceste. Les relations sexuelles entre frères et sœurs, et surtout entre parents et enfants sont déclarées pathologiques et sources de malheur.

Mais, pour la première fois, certains osent revendiquer à visage découvert le droit à l'inceste [154] et d'autres s'emploient à le dédramatiser. Ainsi Wardell Pomeroy, co-auteur du célèbre *Rapport Kinsey* sur le comportement sexuel des Américains, affirme tranquillement qu'« il est temps de reconnaître que l'inceste n'est pas nécessairement une perversion ou une forme de maladie mentale, mais qu'il peut être parfois bénéfique ». De son côté, le sexologue américain James W. Ramey estime que « notre attitude face à l'inceste aujourd'hui est identique aux réactions de craintes provoquées il y a un siècle par la masturbation [155] ».

Rien n'interdit de penser que les actes des premiers et les théories des seconds sont pervers, et donc « a-normaux ». Mais l'on ne peut s'empêcher d'éprouver le vertige à l'idée que l'argument de la folie soit à son tour battu en brèche. Les interdits pesant de moins en moins lourd et la tentation plus grande de les défier feraient peut-être tomber en désuétude le tabou universel de l'inceste. On a peine

154. Séance de télévision projetée sur FR3 le 14 septembre 1984 dans le cadre de l'émission « Vendredi » : un frère et une sœur concubins venaient d'avoir une petite fille et demandaient au président de la République l'autorisation de se marier. Cf. aussi *le Monde-Dimanche* du 20 septembre 1981, l'article de Alain Woodrow, « L'inceste, dernier tabou ? » qui rapportait les propos de personnes vivant en situation incestueuse.
155. Les deux citations sont extraites du *Monde-Dimanche*.

à imaginer les conséquences de l'ultime triomphe de l'individualisme, du brouillage des générations, de la fin des pratiques exogamiques...

Le XXᵉ siècle a mis fin au principe d'inégalité qui présidait aux rapports entre hommes et femmes. Il a clos, en Occident, une longue étape de l'humanité commencée il y a plus de 4 000 ans. Il est probable que les hommes se seraient mieux accommodés de l'égalité dans la différence, c'est-à-dire du retour à l'authentique complémentarité des rôles et des fonctions. Malheureusement pour eux, l'expérience de nos sociétés prouve que la complémentarité est rarement synonyme d'égalité et que la différence se transforme vite en asymétrie. L'époque n'est plus à la séparation primitive des sexes, mais au contraire au partage de tout par Elle et Lui.

Le combat pour l'égalité a si bien estompé les différences, qu'il remet en question la spécificité de chacun. Le schéma de la complémentarité s'efface au profit de la ressemblance si longtemps redoutée par les hommes. Certains ressentent ce changement comme « la grande défaite historique du sexe masculin [156] », comme s'ils craignaient l'établissement d'un pouvoir féminin semblable à celui qu'ils ont longtemps exercé.

En réalité, il n'est nullement question de substituer un pseudo-matriarcat au patriarcat d'hier. Tout s'y oppose : l'idéologie égalitaire qui règne toujours en Occident et le refus des femmes d'exercer leur pouvoir par le biais de la maternité.

La ressemblance n'est pas propice à la domination de l'Un sur l'Autre. Au contraire, elle incite plutôt à la paix des sexes.

---

156. Dans l'*Origine de la famille, de la propriété privée et de l'État,* Éditions sociales, éd. de 1969, p. 57, Engels avait qualifié l'apparition de la famille patriarcale de « grande défaite historique du sexe féminin ».

TROISIÈME PARTIE

L'UN *EST* L'AUTRE

« Mon enfant, ma sœur
songe à la douceur
d'aller là-bas vivre ensemble !
... au pays qui te ressemble ! »

BAUDELAIRE.

« Voici venir le temps de l'androgyne... »

APOLLINAIRE.

Proclamer que l'Un est l'Autre, n'est-ce pas céder à une provocation inutile ? L'anatomie, marquée du sceau de l'universel, est là qui nous défie. Quelle que soit leur évolution vers une plus grande ressemblance, l'homme et la femme se distinguent fondamentalement par leur appareil sexuel. La nature les a faits de telle sorte qu'ils se complètent et ne se confondent pas.

Laissons les subtils méandres de la dialectique platonicienne [1], nous savons bien que le verbe « être » n'indique pas seulement une relation d'identité. Dire que l'Un est l'Autre ne signifie pas ici que l'Un est le même que l'Autre, mais que l'Un participe de l'Autre et qu'ils sont à la fois semblables et dissemblables.

Si l'anatomie ne change guère au cours des siècles et des millénaires, en revanche l'histoire et l'ethnologie montrent que les sociétés ont des attitudes très diverses quant à l'importance attribuée à celle-là. Certains, comme les Mundugumor, tendent à minimiser les conséquences de la différence ; d'autres, au contraire, les accusent. Selon les temps et les lieux, hommes et femmes se perçoivent plus différents que ressemblants ou inversement. Évidence récente, insuffisamment méditée jusqu'à présent.

1. *Parménide,* in *Œuvres complètes,* tome VIII, les Belles Lettres, 1965.

Aujourd'hui, en refusant que l'anatomie pèse de son poids sur le destin de l'être humain, les sociétés occidentales privilégient le rapport de similitude entre les sexes comme aucune n'avait pu le faire avant elles. En maîtrisant de mieux en mieux les phénomènes de la vie, en coupant les rôles et les fonctions sociales de leurs racines physiologiques, en prenant conscience enfin d'une bisexualité physique et psychique, longtemps déniée, nous réduisons l'altérité des sexes au strict minimum. Pour l'instant, la seule différence qui subsiste, comme un roc intangible, est le fait que ce sont les femmes qui portent les enfants des hommes et jamais l'inverse. Alors que la maternité reste la marque irréductible de la spécificité féminine, les hommes commencent à s'interroger sur la leur [2]. Que leur reste-t-il en propre qui soit ignoré des femmes ?

A défaut de pouvoir répondre à cette question, hommes et femmes tendent de plus en plus vers un modèle unique. Au moment même où elles maîtrisent leur fécondité et détiennent l'essentiel du pouvoir procréateur, les femmes montrent à de multiples signes qu'elles n'entendent plus assimiler leur destin à la condition de mère, ni utiliser cette nouvelle puissance comme un moyen de chantage ou de mise en coupe des hommes. Là aussi, en prenant leur distance à l'égard de la maternité, les femmes font implicitement un pas vers leurs compagnons. L'emprise de la nature recule et, avec elle, la différence qui sépare les sexes.

Le rapport qui les unit est de nouveau en train de changer. On a cru déceler, dans les temps les plus lointains, une période de relatif équilibre dû à la séparation des rôles et des pouvoirs. Elle opérait le miracle de la vie. Lui osait

2. A. Finkielkraut, « La nostalgie de l'épreuve », *Le Genre humain*, n° 10, juin 1984, Éd. Complexe : « Qu'est-ce que le masculin ? Voilà une question à laquelle les sociétés occidentales ne savent plus répondre. »

défier la mort. Tous deux étaient auréolés d'un prestige spécifique, comme en témoignent encore l'art paléolithique et préhistorique. L'équilibre qui reposait sur une approche complémentaire des fonctions sexuelles fut rompu par des bouleversements écologiques, économiquues et idéologiques. Ce qui faisait jadis la gloire et la spécificité des femmes fut mis au crédit des hommes : maîtres absolus du monde extérieur, ils éliminèrent les déesses au profit des dieux et reprirent à leur compte le prestige de la procréation humaine. Réduite au statut marginal de ventre et de ménagère, la femme a longtemps perdu toute forme de participation à la transcendance. La complémentarité n'était plus qu'un leurre partout où l'on faisait de l'Un l'inverse de l'Autre, comme s'ils n'appartenaient pas à la même espèce.

Cette complémentarité négative fut source d'une sorte de guerre entre les sexes. Elle inclina les perdantes d'hier à évacuer tout schéma similaire. L'expérience leur ayant appris que la complémentarité porte les germes de l'inégalité et de l'oppression, elles se sont acharnées à en saper les fondements.

L'égalité, en voie de réalisation, engendre la ressemblance qui met fin à la guerre. Chacun des protagonistes se voulant désormais le « tout » de l'humanité est plus à même de comprendre l'Autre devenu son double. Les sentiments qui unissent ce couple de mutants ne peuvent que changer de nature. L'étrangeté disparaît pour laisser place à la « familiarité ». Nous y perdrons peut-être un peu de passion et de désir, mais on y gagnera tendresse et complicité, de celles qui peuvent unir les membres d'une même famille : la mère et son enfant, le frère et la sœur... Enfin tous ceux qui ont déposé les armes.

CHAPITRE I

La ressemblance des sexes

Le nouveau modèle qui s'élabore devant nos yeux est angoissant à plus d'un titre. Acteurs d'une révolution qui vient à peine de s'ébaucher, nous avons perdu nos vieux repères sans pour autant être sûrs des nouveaux. Décalés par rapport à nos racines qui appartiennent encore à l'ancien monde, nous sommes pris de vitesse par le formidable changement de civilisation que nous avons provoqué. Celui-ci suscite des sentiments contradictoires, sources de malaises. Nous le trouvons à la fois trop rapide et trop lent ; nous voulons rompre avec l'ancienne civilisation, tout en redoutant la nouvelle ; enfin, nous savons ce que nous ne sommes plus sans percevoir clairement ce que nous voulons être.

Chacun mesure qu'on ne bouleverse pas impunément la relation entre homme et femme. Au carrefour de la nature et de la culture, elle n'est pas seulement « le paradigme [1] » de toute société, elle influence aussi notre être le plus intime. Nous avons voulu modifier les rapports de pouvoir au sein de notre société et nous nous retrouvons en train de changer de « nature », du moins en percevons-nous des aspects restés jusque-là inconnus. Nos certitudes les

1. G. Balandier, *op. cit.*, p. 61.

plus primordiales sont ébranlées et transforment les évidences en problèmes.

A l'heure où les repères sociaux s'évanouissent, où
s'impose la plasticité des rôles sexuels, où les femmes
peuvent choisir de ne pas être mères, la différence spécifique entre l'Un et l'Autre devient de plus en plus difficile à
cerner. La mise en lumière croissante de notre nature
bi-sexuelle achève de nous désorienter. A part l'irréductible différence chromosomique [2], nous voilà réduits aux
distinctions par le plus et le moins. Il y a certes plus
d'hormones mâles chez l'Un et femelles chez l'Autre [3], mais
les deux sexes produisent des hormones féminines et
masculines [4]. Les hommes ont une plus grande force
musculaire [5] et davantage d'agressivité que les femmes [6],
mais ces différences varient grandement d'un individu à
l'autre.

En fait, si nous nous distinguons définitivement par notre
matériel génétique héréditaire qui entraîne le sexe des
cellules reproductrices [7], la pathologie mentale et physique,

2. XX pour les femmes ; XY pour les hommes.
3. E. Baulieu, *Le Fait féminin, op. cit.,* p. 134-136 : la testostérone est la
sécrétion hormonale androgène de l'homme. L'œstradiol et la progestérone
sont des hormones féminisantes. « Les différences hormonales sexuelles
entraînent un réseau de conséquences biochimiques et fonctionnelles très
différentes chez l'homme et la femme » (p. 138).
4. *Ibid.,* p. 135-136 : « L'œstradiol et la progestérone sont produits dans
le sexe masculin mais à des taux très inférieurs à ceux qu'on observe chez la
femme. Réciproquement, on trouve un faible niveau de testostérone dans le
sexe féminin... Des hormones typiquement féminines, telles que la prolac-
tine qui stimule le développement mammaire et la lactation, et l'ocytocine
qui provoque les contractions utérines au moment de l'accouchement, sont
présentes en quantité non négligeable dans le sexe masculin. »
5. Odette Thibault, *Le Fait féminin,* p. 218 : la force musculaire de la
femme est globalement les 570/1.000e de celle de l'homme.
6. O. Thibault, *ibid.,* l'agressivité est liée en partie aux hormones
mâles.
7. E. Baulieu, *ibid.,* p. 146.

ainsi que les divers cas d'intersexualité, nous obligent à admettre — en dehors des deux sexes reconnus par la loi — un nombre varié de types intermédiaires entre le type féminin et le type masculin définis [8]. Ce qui laisse à penser au professeur E. Baulieu qu'il existe « une grande similitude initiale et une certaine plasticité dans la différenciation des deux sexes [9] »... Autrement dit qu'« il n'y a pas de limite infranchissable entre le masculin et le féminin [10]».

A la similitude des rôles que nous avons imposée s'ajoute une plasticité physiologique que nous ne pouvions pas soupçonner hier. Ces ressemblances et ces interférences ne nous rendent certes pas identiques, mais elles inclinent à une nouvelle réflexion sur les sexes. Celle-ci est d'autant plus difficile et risquée qu'elle ne peut trouver de modèle sur lequel s'appuyer en aucun temps ni aucun lieu.

Une mutation vertigineuse.

La ressemblance des sexes est une telle innovation qu'on peut légitimement l'envisager en termes de mutation. Jusqu'ici, toutes les sociétés connues ont toujours distribué rôles et tâches entre homme et femme. Même si leurs attributions ont varié du tout au tout d'une société à l'autre, « la conception binaire de la division des rôles n'en apparaissait pas moins comme tellement universelle qu'on pouvait la considérer comme *un fait d'espèce* [11] ».

En mettant fin à ce schéma universel de la complémentarité, notre civilisation est peut-être en train de modifier

8. O. Thibault, *ibid.*, p. 215.
9. *Ibid.*, p. 146.
10. *Ibid.*, p. 215.
11. E. Sullerot, *Le Fait féminin*, p. 483.

quelques traits « essentiels » de l'espèce humaine. S'il est bien trop tôt pour mesurer toutes les conséquences [12] d'un changement qui peut s'opérer sur plusieurs générations, voire des siècles, on perçoit néanmoins que le XXe siècle a inauguré dans notre partie du monde quelque chose qui ressemble à une nouvelle ère.

Certains esprits lucides rappelleront, avec Nietzsche, que les grands événements arrivent sur des pattes de colombes et que les vraies mutations sont imperceptibles au regard de l'individu ; d'autres, plus pessimistes, imagineront qu'une guerre ou une crise particulièrement cruelle pourraient parfaitement mettre fin à une semblable évolution des mœurs. D'autres enfin, moralistes, ne verront dans ce changement, si contraire à l'ordre naturel, qu'une manifestation de décadence analogue à tant d'autres qu'a connues l'histoire. Et ils feront confiance à la Nature pour retrouver le droit chemin qu'elle n'aurait jamais dû quitter.

Qui, aujourd'hui, pourrait ignorer complètement ces objections ? Chacune a son poids et sa vérité. La première, qui invite à la prudence en rappelant que toute mutation ne se perçoit qu'achevée, nous touche davantage que les deux autres où la pensée du changement se trouve implicitement interdite ; là, le passé reste modèle du présent. La seconde énonce une vérité souvent attestée dans l'histoire. Mais aujourd'hui elle concerne davantage le court terme que le long terme. S'il est vrai par exemple que les expériences nazies et fascistes mirent brutalement fin à la démocratie, l'idéologie des droits de l'homme et la libération des femmes, ces trois aspirations de l'humanité occidentale reprirent vie de plus belle lorsque ces tristes régimes disparurent, comme si elles étaient irréversibles.

Nous retiendrons plus volontiers la possibilité d'un

---

12. Notamment les conséquences biologiques et génétiques.

arrêt momentané de l'évolution plutôt que l'idée d'une punition trancendante à toute violation de la nature, parfois pensée comme une transgression de la morale. La paléontologie, les théories évolutionnistes et l'histoire sont là pour nous rappeler que la nature et l'humanité n'ont jamais cessé d'évoluer et que la morale, elle aussi, est sujette à changement.

Conscient des aléas du propos et de sa gratuité — n'apparaîtra-t-il pas imaginaire à certains ? —, nous faisons cependant le pari de la mutation. Deux raisons nous y poussent : l'extrême nouveauté des aspirations et des comportements humains, mais aussi le sentiment tenace que l'assignation des rôles et des places n'est plus désormais intangible.

Une grande première dans l'histoire de l'humanité.

Pour mieux mesurer l'étendue du changement que nous sommes en train de vivre, revenons un instant aux constatations des anthropologues. Tous, sans exception, affirment que la division du travail est le propre de l'humanité. Les rapports technico-économiques de l'homme et de la femme sont partout et toujours d'étroite complémentarité, contrairement au monde animal, qui ignore toute spécialisation sexuelle dans la quête alimentaire.

Aussi loin que l'on remonte dans le temps, les fossiles hominiens sont la preuve de la division sexuelle des tâches : la femme immobilisée par ses maternités, l'homme nomade, explorateur et chasseur. On a pu dire à juste titre que « la classe des hommes et le groupe des femmes ont développé chacun leur propre sociabilité, leur propre culture, leur propre psychologie [13] », au point de former

13. Edgar Morin, *op. cit.*,p. 78.

deux sociétés différentes plus ou moins complémentaires selon les époques. Il est vrai aussi que cette relation s'est fondamentalement reproduite jusqu'à nos jours, au point d'apparaître comme un phénomène universel, donc propre à l'humanité.

Alors que l'opposition des sexes s'estompe, rappelons encore le propos décisif de Margaret Mead :

« On rencontre *immanquablement* la différenciation (des rôles sexuels). On ne connaît aucune culture qui ait expressément proclamé une absence de différence entre l'homme et la femme en dehors de la part qui leur revient dans la procréation de la génération suivante [14]. »

Or, que faisons-nous d'autre aujourd'hui, sinon proclamer la ressemblance entre homme et femme en dehors du domaine de la procréation ?

La sage Margaret Mead observait également que l'un des caractères propres aux sociétés humaines résidait dans une certaine collaboration des hommes à l'éducation des enfants. Elle remarquait que l'aspect proprement humain de la famille ne réside pas dans la protection de la femme et des enfants par l'homme (on la retrouve aussi chez les primates), mais dans le comportement nourricier de celui-ci « qui chez tous les humains, aide à pourvoir au besoin des femmes et des enfants... Malgré les exceptions [15], toutes les sociétés connues reposent solidement sur ce comportement nourricier de l'homme qui est un acquis [16] ».

Quels que soient les besoins — différents selon les coutumes sociales — auxquels l'homme doit pourvoir, ce

---

14. *Op. cit.*, p. 13. (Souligné par nous.)

15. *Ibid.*, p. 175 : dans les sociétés les plus simples, un petit nombre d'hommes qui se dérobent à cette responsabilité deviennent des vagabonds. Dans les sociétés complexes, un grand nombre d'hommes ont pu fuir ces responsabilités en entrant dans des monastères.

16. *Ibid.*, p. 174-175.

comportement « acquis » et « fragile », au dire même de M. Mead, n'en a pas moins subsisté partout jusqu'à hier... Aujourd'hui, il a perdu ce caractère général qui en faisait l'un des fondements des sociétés humaines. Si les femmes ont toujours participé, pour une part plus ou moins large, à la satisfaction de leurs besoins et ceux de leurs enfants, l'apport de l'homme restait une nécessité incontournable dont l'absence se faisait cruellement sentir. Il avait seul accès à certaines techniques ou activités qui complétaient celles des femmes. Tel n'est plus le cas en Occident. Non seulement les femmes peuvent de plus en plus subvenir à leurs besoins, sans l'aide des hommes, mais les nouveaux types de familles apparus depuis vingt ans montrent qu'elles sont aussi à même de pourvoir à ceux de leurs enfants. En témoignent : les mères célibataires qui veulent ignorer le père ou, plus nombreuses, les femmes divorcées qui reçoivent des pensions alimentaires dérisoires quand elles ne se battent pas en vain pour les percevoir.

Il est vrai, toutes les sociétés ont maintenu l'obligation pour le père de partager la charge des enfants. Mais son apport ne se distingue plus « qualitativement » de celui de la mère — tous deux travaillent et gagnent de l'argent —, et le devoir qui lui est fait de participer relève au moins autant de la morale que de la nécessité économique [17]. Comme si la société devait se charger de rappeler au père ses responsabilités de « pourvoyeur », qu'il aurait peut-être tendance à oublier sans elle.

Enfin, F. Héritier constatait que dans toutes les sociétés connues « les hommes se sont créé un domaine réservé, inaccessible aux femmes, symétrique de la reproduction biologique inaccessible aux hommes : un savoir-faire technique spécialisé à l'usage exclusif du sexe masculin qui

17. Dans certains cas, plus rares, c'est le père qui obtient la garde de ses enfants et la mère qui est « obligée » de verser une pension alimentaire.

nécessite un apprentissage réellement ou faussement sophistiqué, mais dont rien dans la constitution physique féminine n'explique que la femme n'y ait pas accès [18] ». Mais, là aussi, les repères s'évanouissent. La notion de domaine réservé masculin est devenue pratiquement inexistante au point qu'on serait bien en peine aujourd'hui de citer une seule activité propre à l'homme et entièrement ignorée des femmes.

Au contraire, notre société s'emploie énergiquement à réaliser la mixité des rôles et des fonctions dans les domaines que l'on pensait les plus irréductiblement spécifiques à l'un ou l'autre sexe.

Guerre et maternage.

Depuis l'*homo sapiens,* deux activités n'ont cessé d'être l'apanage respectif de l'homme et de la femme : la chasse et la guerre sont masculines, le maternage est féminin. Or, il se trouve que de nouvelles pratiques pèsent sur notre imaginaire, qui perçoit de mieux en mieux les ressemblances au détriment des différences, influençant en retour nos comportements. Il en est ainsi de la guerre comme des soins donnés au bébé. Dans un cas les femmes se virilisent, dans l'autre les hommes se féminisent.

D'une part, le rejet explicite du modèle de l'homme guerrier a certainement contribué à modifier le sentiment d'identité masculine ainsi que le regard des femmes sur leurs compagnons [19]. Mais, d'autre part, notre appréhen-

---

18. *Cahiers du GRIF, op. cit.,* p. 20.
19. Lorsqu'on observe, par exemple, l'attitude des Israéliennes à l'égard de leurs mari et fils, on mesure à quel point l'homme qui risque sa vie pour les siens fait figure de roi.

sion de la guerre s'est beaucoup modifiée en quelques décennies. Les raisons qui sont à l'origine de notre perception nouvelle, qui n'exclut plus les femmes de cette mortelle activité, sont davantage ancrées dans notre imaginaire que dans notre expérience quotidienne. Mais elles n'en sont peut-être que plus fortes. Toutes les armées modernes comptent des femmes dans leurs rangs. Même si elles sont supposées ne pas se battre directement contre l'ennemi, nous avons en tête des images de femmes en uniforme défilant les armes à la main du même pas que les hommes. Leur féminité en retrait, elles ne nous apparaissent guère différentes de leurs homologues masculins.

D'autres images accréditent, dans nos esprits, la possibilité de la femme guerrière. Il y eut d'abord les guerres de libération nationale menées par les pays du tiers-monde. Ces « armées des ombres » ont souvent fait appel aux femmes pour poser des bombes et accomplir de multiples tâches mortelles. Même dans les pays de culture islamique, on n'a pas hésité à enrôler des femmes pour se battre au côté des hommes. Le « bon motif » faisant taire un instant les préjugés millénaires... En revanche, on s'étonna beaucoup de la large participation féminine aux mouvements terroristes italiens et allemands des années soixante-dix. Elles représentaient plus de 50 % de la Fraction Armée rouge [20] et à peu près autant des brigadistes. Ces femmes furent, plus que leurs amis politiques masculins, taxées de perversité et d'inhumanité mais elles ont marqué l'imaginaire collectif. Même si l'ensemble de la collectivité rejette avec dégoût leur image et leur personne, ces jeunes femmes — pour la plupart issues des milieux aisés [21] — ont fait la preuve absurde que le désir de mort et la violence n'étaient

20. Margarete Mitscherlich, *La Fin des modèles*, Éd. des Femmes, 1983, p. 63, article : « Réflexion sur la question de la violence des femmes. »
21. *Ibid.*, p. 65.

pas des caractères propres à l'homme. Les femmes peuvent accomplir les gestes les plus ignobles, torturer et tuer sans retenue ni pitié, et cette fois pour de « mauvais motifs ». On dira peut-être que les comportements aberrants sont justement l'inverse de la norme et qu'il serait mal venu d'expliquer celle-ci par ceux-là. Mais quels que soient les motifs pour lesquels les femmes prennent les armes, nous sommes convaincus à présent qu'elles aussi peuvent enfermer un potentiel d'agressivité qui brise l'image traditionnelle de la femme. Et si toutes les époques connurent des femmes meurtrières, nous savons à présent qu'elles peuvent participer à une guerre organisée, ou lancer des grenades avec la même détermination que les hommes. Nous pouvons bien tenter de refouler l'horreur que suscitent de telles images, nous ne pouvons plus les effacer.

La menace d'un conflit nucléaire mondial accentue encore notre représentation de l'indistinction des rôles sexuels. Si l'on tente d'imaginer une guerre de ce type, il n'y a plus de place pour le combattant. Hommes ou femmes, nous nous percevons comme des victimes immédiates dénuées de tout moyen de défense. Le courage, la force, l'endurance ne serviraient plus à rien. Face à la bombe atomique, la différence des sexes n'a plus aucune signification : tous victimes, nous pouvons aussi être tous bourreaux. Appuyer sur un bouton, déclencher une guerre nucléaire n'est pas affaire de sexe, mais de la morale et du caractère d'un chef d'État dont la spécificité sexuelle importe peu.

On peut refuser de se laisser égarer par ces fantasmes et continuer de penser la guerre en termes traditionnels, c'est-à-dire comme une activité spécifiquement masculine. La possibilité de l'autre guerre n'en est pas moins réelle, qui modifie en profondeur notre représentation de la culture masculine millénaire.

256

Celle-ci est tout autant bouleversée par une nouvelle approche de la paternité, qui tend à montrer que le maternage n'est plus la seule affaire des femmes. Même si on a déjà beaucoup écrit sur ce que certains appellent ironiquement une nouvelle « mode », la lente évolution des comportements paternels nous paraît le facteur le plus essentiel du brouillage des rôles et donc de la ressemblance des sexes.

Depuis une quinzaine d'années, s'efface peu à peu, dans la plupart des sociétés occidentales, la ligne qui sépare le domaine de la maternité de celui de la paternité. Les hommes commencent à apprendre de première main ce que signifie être un parent et à faire pour leurs enfants ce que les femmes ont fait de toute éternité. Avec la nouvelle paternité, ils affirment leur « moi nourricier » et une féminité dont souvent ils ignoraient jusqu'à l'existence.

James Levine, qui étudie la nouvelle paternité aux États-Unis, constate que l'effacement progressif de la frontière entre maternité et paternité se manifeste dans différents domaines [22]. Au niveau du droit, les années soixante-dix-quatre-vingt ont marqué une étape importante. Plusieurs États américains [23] autorisent le partage de la garde d'enfants en cas de divorce, et l'on constate que le pourcentage de pères ayant la garde de leurs enfants n'a cessé de croître au cours de la dernière décennie. En France, les pères qui se voient confier la garde de leurs enfants représentent environ 9 % à 11 % des cas. Leur chiffre stagne depuis plusieurs années, notamment à cause de la

22. L'analyse qui suit est extraite de l'article de J. Levine, « La nouvelle paternité aux États-Unis », *Les Pères aujourd'hui*, colloque international, Paris, 17-18-19 février 1981, Institut national d'études démographiques, 1982.

23. L'évolution du droit américain commence en 1973. Onze des cinquante États autorisent les mères et les pères à partager une garde conjointe. La Californie en fait même le mode présumé de garde.

pesanteur des stéréotypes et de la mentalité des juges. Mais la revendication paternelle a été suffisamment bruyante pour que les tribunaux commencent à prendre acte de l'égalité des fonctions paternelles et maternelles [24].

Dans le domaine scientifique, on s'intéresse de plus en plus aux « nouveaux pères ». Il y a encore vingt ans, les pères constituaient une espèce quasi inexistante aux yeux des spécialistes du comportement : aujourd'hui, aux USA et dans d'autres pays occidentaux, la recherche sur la paternité est en passe de devenir un secteur de pointe [25]. Sa tendance générale est la mise en question des postulats portant sur les différences supposées entre mères et pères quant à la capacité de prendre soin de leurs petits.

Ce postulat est en train de disparaître des manuels de puériculture destinés au grand public, qui ont connu une évolution spectaculaire au cours des dix dernières années. En 1974, la bible du bébé américain, *Comment soigner et éduquer son enfant* du Dr B. Spock [26], ou celle de la future mère française, *J'attends un enfant* de Laurence Pernoud [27], traitaient encore les pères comme s'ils avaient peu d'intérêt, de talent ou de responsabilité dans l'élevage des enfants. On invitait les mères à ne pas leur forcer la main et à

24. Violette Gorny, *Le Divorce en face,* Hachette, 1985, p. 112-120. Si un arrêt de la cour de Cassation du 2 mai 1984 interdit la garde alternée jugée déséquilibrante pour l'enfant, en revanche, il reconnaît les bienfaits de la garde conjointe qui donne aux deux parents la responsabilité des décisions importantes et prévoit la possibilité de séjours alternatifs de l'enfant chez l'un ou l'autre parent.

25. « J'ai dans l'idée, écrit J. Levine, qu'il y aura cette année dans notre pays plus de thèses de doctorat sur la paternité que dans les vingt années précédentes réunies. » D'autre part, en juin 1984, J. Levine a organisé un forum sur la paternité dans six des plus grandes villes des États-Unis. Enfin, il a été publié à cette occasion le premier guide national de la paternité sous le titre *Fatherwood USA,* Bavi Street College of Education.

26. Verviers, Gérard et Cie, 1972.

27. Paris, Horay, 1956. Ouvrage remis à jour tous les ans. Ainsi que *J'élève mon enfant,* Paris, Horay, 1965.

respecter « un prétendu dégoût typiquement masculin [28] ».

Aux alentours de 1975-1977, les nouveaux pères, ayant anticipé sur les manuels de puériculture, forcent les donneurs de conseils à réviser leur propos. « Le Dr Spock propose un Nouveau Testament avec chapitres et versets entièrement remaniés. Il rédige ainsi son ordonnance de nouvelle paternité : le père devrait partager avec la mère les soins quotidiens donnés à l'enfant et ce dès sa naissance... C'est là la manière naturelle (spontanée) pour le père de faire connaissance, tout comme c'est le cas pour la mère [29]. »

Dans le domaine des comportements, on voit des hommes seuls adopter des enfants dans plus de la moitié des États américains ; le cinéma, la photo, les journaux exaltent les contacts physiques entre les pères et leur bébé, mais la nouvelle paternité reste un phénomène minoritaire. Gardons-nous, cependant, d'y voir une mode passagère dans la mesure où elle répond à une demande des jeunes mères et éclaire de nouveaux aspects de l'inconscient masculin. De plus, il faut plusieurs générations pour que s'accomplisse une révolution des mœurs.

Les études déjà nombreuses que nous possédons sur les nouveaux pères indiquent qu'ils sont jeunes, participent à la grossesse et l'accouchement de leur femme, nourrissent, changent, baignent leur bébé avec toute la tendresse nécessaire. Ces hommes manifestent à l'égard de leur progéniture des réactions complexes et ambivalentes, que l'on croyait jusque-là réservées à la seule mère.

---

28. G. Delaisi de Parseval et S. Lallemand, *L'Art d'accommoder les bébés*, Le Seuil, 1980, p. 53-54, précisent que la plupart des manuels suggèrent que les pères peuvent, à la rigueur, nourrir, promener, amuser bébé mais qu'ils ne peuvent pas « constitutionnellement » changer ses couches.

29. J. Levine, *op. cit.*, p. 70.

Pour la première fois, on s'intéresse au vécu des hommes qui attendent un enfant. On parle sans ironie d'« homme enceint » ou de « primipère » [30] et on commence à s'apercevoir que ce père réagit aussi avec son corps à la venue prochaine du bébé. G. Delaisi de Parseval a certainement raison lorsqu'elle prédit que, d'ici quelques années, les manifestations de couvade masculine deviendront banales et typiques.

Sans reparler du détail du syndrome de la couvade paternelle, retenons les conclusions [31] qui se dégagent de l'étude en profondeur menée par l'ethno-psychanalyste sur douze primipères normaux. Elle remarque d'abord une « *extraordinaire similarité des fantasmes chez les hommes et les femmes face à la procréation* », qui opèrent le même remaniement libidinal à la naissance du premier enfant. La seule différence réside dans le fait que le « devenir-mère renvoie, peut-être, plutôt la femme à sa relation — réelle ou fantasmatique — avec sa propre mère, tandis que le devenir-père se joue davantage entre l'homme et son père [32] ».

Donc, au regard de la procréation, *l'homme et la femme ont un fonctionnement psychique parallèle parce qu'ils ont en commun les deux mêmes sources de la parentalité :* leur bisexualité biologique et leur dépendance vis-à-vis de la mère. G. Delaisi de Parseval, reprenant à son compte la théorie de la psychanalyste américaine Thérèse Bénédek [33], pense que, pour comprendre les sources de la parentalité, il faut mieux mettre l'accent sur l'importance des éléments

30. G. Delaisi de Parseval, *La Part du père*, *op. cit.*
31. *Ibid.*, p. 283-287.
32. *Ibid.*, p. 284 : « Encore convient-il, note Delaisi de Parseval, de présenter ce point avec nuances. Tout dépend de l'évolution libidinale de chacun. »
33. « Parenthood as a developmental phase », *Journal of a American Psychoanalytic Association*, 1959, 7.

prégénitaux que sur les éléments œdipiens classiquement mis en avant. Le devenir-mère, comme le devenir-père, fait régresser la femme et l'homme à la phase de dépendance orale. En d'autres termes, « hommes et femmes partent avec le même bagage psychologique (conscient et inconscient) et sont, en ce sens, des êtres humains avant d'être des êtres sexués [34] ». Propos confirmés par le pédiatre M. Yogman, successeur du Dr Brazelton à la Harvard Medical School, qui avoue « être frappé par la ressemblance qui existe sur le plan psychologique entre pères et mères, du point de vue de l'expérience de la grossesse et des soins donnés aux tout-petits [34 a] ».

Le nouveau père se découvre aussitôt que le fœtus est perceptible par ses mouvements. En touchant le ventre de la mère, l'enfant caressé par la main du père y est sensible et répond par des mouvements [35] qui font naître beaucoup plus tôt le sentiment paternel. A huit mois, le fœtus entend les bruits extérieurs, et le père éprouvera moins de gêne que son aîné à lui parler. Mais outre le toucher et la voix, le futur père prend contact avec l'enfant par le regard (échographie) et l'oreille (perception des battements du cœur), de telle sorte que la paternité actuelle précède vraiment la naissance.

Présent à l'accouchement, le père peut couper le cordon ombilical (séparer la mère de l'enfant), le poser sur le ventre de la mère, puis lui donner son premier bain. En ces instants, le père connaît des émotions et un bonheur sensuel

34. G. Delaisi de Parseval, op. cit., p. 284.
34 a. Dr Michael Yogman, « Présence du père », revue Autrement : « Objectif bébé, une nouvelle science : la bébologie », n° 72, septembre 1985, p. 142.
35. Les nouvelles méthodes de toucher développées par Frans Veldman sous le nom d'haptomanie (étude du toucher, du tact) ont été filmées par TF 1 : Le bébé est une personne de Tony Layné, G. Lauzun et B. Martino, 12 septembre 1984.

jusque-là réservés à la mère. A le voir prendre soin de son nouveau-né, on observe une aisance, une douceur et une tendresse insoupçonnables chez le père traditionnel. La gestuelle masculine se féminise le temps de ce tête-à-tête, dont on croyait — dans nos civilisations — qu'il n'appartenait qu'aux femmes. C'est sûrement le moment de la vie d'un homme où sa bisexualité psychique peut s'exprimer le plus fortement, une sorte de retour à sa propre enfance, où il s'identifie conjointement à l'enfant qu'il était et à sa mère.

Les nouveaux pères ne sont certes pas encore une majorité, mais notre imaginaire collectif les a, eux aussi, adoptés. Ainsi, la publicité, qui préfère refléter la réalité sociale ou nos fantasmes plutôt que les anticiper, a pris acte voilà presque quinze ans de nos nouveaux désirs parentaux. En 1971, l'agence Publicis lance une campagne de publicité pour Prénatal (maison de prêt-à-porter pour les futures mères) entièrement axée sur le futur père, illustrée par des photos pleines pages de jeunes hommes virils et souriants. La campagne « pré-papa » qui a choisi pour slogan « Un enfant, ça s'attend à deux », fait un malheur [36], en suscitant à la fois le sourire et l'émotion. A l'époque, cette publicité surprit mais ne choqua point. Elle correspondait à un courant de sensibilité en voie d'actualisation. On peut même dire qu'un consensus commençait de se dégager pour que l'homme prenne sa part dans ces affaires de femmes, et que naisse enfin le père.

L'idéologie et la politique de la ressemblance.

Jusque vers les années 1960, la différence nous paraissait si profondément ancrée dans la nature qu'on trouvait

---

36. L'année suivante, Publicis récidiva sur le thème « un enfant, ça s'élève à deux ».

légitime que femmes et hommes n'exercent pas les mêmes tâches et n'aient pas les mêmes droits. Pour mieux préparer chacun à son destin, on les élevait différemment. Partout, de l'école à l'usine, de la cuisine au salon, des toilettes aux clubs, des lieux étaient assignés à chacun des sexes qui renforçaient la séparation et la différence.

Les mouvements féministes des années soixante-dix voulurent mettre un terme à cette division du monde. Leur militantisme linguistique fut tout aussi important que leurs actions organisées. Sans mettre directement en cause la différence, deux termes nouveaux allaient jeter l'opprobre sur tous ceux qui s'en faisaient les champions. « Sexisme [37] » et « discrimination sexuelle » sont devenus moralement des chefs d'accusation aussi graves que « racisme » et « discrimination raciale » [38].

Il est vrai qu'un certain nombre de féministes talentueuses — notamment en France [39] — se sont élevées contre le modèle de la ressemblance qu'elles considèrent comme une menace pour la spécificité féminine. Craignant que les femmes ne se conforment au modèle masculin et méconnaissent leurs propres richesses, elles ont voulu montrer que cette évolution risquait d'être l'ultime triomphe des hommes. Elles s'attachèrent donc à cerner et valoriser les caractéristiques féminines : on découvrait l'existence d'une écriture, d'une pensée, d'un inconscient féminins. Bref, on remettait à l'honneur l'idée d'une nature et d'une

37. C'est en 1974 que la Ligue du droit de la femme crée la notion de sexisme et annonce sa volonté de dénoncer de façon plus « ciblée » tout signe de discrimination sexuelle.

38. Le mot « sexisme » entra dans le dictionnaire *Robert* en 1977 avec la définition suivante : « Attitude de discrimination à l'égard du sexe féminin. *Voir* Phallocentrisme. » Le terme de discrimination devint, dans le langage courant, synonyme de « ségrégation : action de séparer un groupe social des autres en le traitant plus mal ».

39. Voir notamment Luce Irigaray, Hélène Cixous ou Annie Leclerc.

culture propres aux femmes, dont il fallait faire reconnaître l'authenticité et la valeur aux hommes. Tout à fait d'accord pour les revendications égalitaires, ces féministes-là voulaient coûte que coûte sauver les différences, comme d'ailleurs, à la même époque, tous les militants des cultures minoritaires (juifs, Noirs, émigrés ou régionalistes), dont le slogan était « l'égalité dans la différence ».

Personne n'osa discuter cette revendication difficilement réalisable et non dénuée de pièges, mais chacun admit qu'il fallait d'abord se battre pour l'égalité avant de songer aux différences, sources de tant de malheurs passés. Dès les années soixante-dix, sous la pression constante des féministes, s'est dégagé un véritable consensus politique pour effacer les traces de discrimination sexuelle qui entachent les différents domaines de la vie privée et publique. De 1974 jusqu'à ce jour, le pouvoir — de droite ou de gauche — s'employa à réaliser une politique de la mixité et de l'égalité. Le code de la famille fut modifié, la mixité dans les lycées et les grandes écoles imposée ; peu à peu, tous les métiers furent accessibles à chacun, indépendamment de son sexe [40]. La loi de juillet 1983 renforça l'égalité professionnelle en interdisant, sous peine d'amende, la parution d'offres d'emplois discriminatoires [41]. Les manuels scolaires furent dépoussiérés de leurs stéréotypes sexuels [42], qui faisaient naître dans l'inconscient des enfants les germes du

40. A titre d'exemples : en 1976, les femmes peuvent devenir commissaires de police ; en 1980, Micheline Colin est capitaine de pompiers ; en 1984, l'école de sages-femmes est ouverte aux hommes.

41. Malgré l'arrêté du 30 juillet 1946, abrogeant les abattements sur les salaires féminins, malgré la loi de 1972, on constate que les rémunérations versées aux femmes salariées sont encore inférieures aux salaires masculins. En 1980, l'écart variait de 20 % à 30 % selon les catégories professionnelles.

42. Annie Decroux-Masson, *Papa lit, maman coud*, Denoël-Gonthier, 1979.

sexisme. Enfin, dans tous les domaines accessibles au législateur, les politiques se firent un devoir d'imposer la mixité des rôles et l'égalité des traitements. En ce sens, ils ont délibérément contribué à asseoir le modèle de la ressemblance sexuelle, même si la loi ne suffit pas à modifier les comportements privés [43].

Qu'une large partie des conservateurs occidentaux ait cherché à s'opposer à cette évolution n'a pu empêcher que se répandent l'idéologie de la ressemblance et la volonté d'achever le programme égalitaire de la Révolution française. Non que les classes politiques [44] aient toujours agi de gaieté de cœur, mais le discours accusateur des féministes retentissait aux oreilles des démocrates comme un insupportable rappel à la justice. La volonté politique a souvent anticipé la volonté populaire qui ne se plie pas aisément aux exigences du nouveau modèle. Néanmoins, si les comportements tardent à se mettre en accord avec l'esprit de la loi, nous pouvons constater que ce modèle reçoit l'adhésion d'une majorité du public. Égalité et mixité sont les mots d'ordre des nouvelles générations, quelle que soit la distance qui subsiste entre la théorie et la pratique.

Les différentes enquêtes françaises sur le partage des tâches montrent l'évolution très rapide des opinions, mais aussi que les résistances au nouveau modèle n'ont pas été le seul fait des hommes. En 1971, Nicole Tabard [45] entreprend une importante enquête sur *les Besoins et Aspirations des familles*, qui est la meilleure photographie de l'opinion française [46] d'alors. Elle remarque que le travail féminin

43. Notamment en ce qui concerne les tâches familiales et ménagères.
44. La classe politique est majoritairement masculine dans tous les pays occidentaux.
45. Pour la caisse nationale des allocations familiales. Le remarquable travail de N. Tabard fut publié en 1974, édité par le CNRS, le CREDOC et le CNAF.
46. L'échantillon étudié comptait près de 2 000 familles.

est le plus important sujet de divergences entre mari et femme. Invités à choisir parmi trois modèles de famille celui qui leur paraissait idéal, les personnes interrogées des deux sexes réagirent de cette manière [47] :

	Hommes	Femmes
Les deux époux également absorbés par leurs métiers se partagent les travaux domestiques	7,4 %	14,5 %
La femme, moins occupée par sa profession, assure la majorité des tâches de la maison	24,8 %	30,7 %
L'homme seul exerce une profession pendant que l'épouse reste au foyer	67,8 %	54,8 %

En 1971, si les hommes sont beaucoup plus opposés que leur épouse au travail féminin — constatation vérifiée dans tous les groupes sociaux —, une majorité de femmes reste toujours attachée à la répartition traditionnelle des tâches. Quelques années plus tard, les enquêtes sur le partage des rôles prouvent une évolution considérable des opinions, particulièrement dans les nouvelles générations. En 1977, Louis Roussel et Odile Bourguignon [48] posent aux jeunes de 18 à 30 ans la question : « On dit souvent que les rôles de l'homme et de la femme dans l'éducation des enfants et la vie de ménage deviennent de plus en plus interchangeables. Selon vous, cette opinion est-elle vraie ou fausse [49] ? »

47. N. Tabard, *Besoins et Aspirations des familles et des jeunes*, 1974, p. 178.

48. *Générations nouvelles et Mariage traditionnel*, INED, Cahier n° 86, PUF, 1978.

49. On notera que la formulation de la question est la plus neutre et la plus impersonnelle possible ; tableau 22, p. 121.

	Mariés		Célibataires		Cohabitants		ensemble	
	H	F	H	F	H	F	H	F
Vraie	71	72	70	71	75	78	71	74
Fausse	21	18	17	16	12	15	18	17
Sans opinion	8	10	13	8	13	7	11	9

Pour ceux qui ont répondu « vrai », une deuxième question était posée, qui les impliquait personnellement : « Est-ce un changement vraiment bon ? Bon en principe, mais excessif ? Plutôt dangereux ? »

	Mariés		Célibataires		Cohabitants		ensemble	
	H	F	H	F	H	F	H	F
Vraiment bon	74	81	72	77	70	85	73	80
Bon en principe mais excessif	16	15	15	14	18	6	16	14
Plutôt dangereux	4	2	7	4	7	1	5	3
Ne se prononcent pas	6	2	6	5	5	8	6	3

On constatait que les cohabitants de la région parisienne avaient répondu « vraiment bon » plus massivement que les autres, puisque telle était l'opinion de 88 % des hommes et de 92 % des femmes. Au total, 55 % des interrogés reconnaissaient l'existence d'un changement et l'appréciaient positivement. En outre, l'écart des opinions selon les sexes est si faible, qu'on peut légitimement parler d'un consensus idéologique [50] à l'égard de l'égalité des sexes et

50. L'enquête du CREDOC (1983) publiée en 1984, concernant toutes les catégories sociales, confirme les résultats précédents. A la question :

de l'interchangeabilité des rôles. Ce qui n'empêchait pas L. Roussel d'ajouter finement : « Il est actuellement difficile, dans notre société, de ne pas se déclarer partisan d'une plus grande indistinction des tâches. Cela ne prouve pas que tous les hommes savent langer les bébés [51]. »

On verra plus loin à quel point les actes suivent difficilement les paroles. Mais prenons acte pour l'instant de l'évolution parallèle des opinions masculine et féminine, toutes deux massivement favorables au nouveau modèle de la non-distinction des rôles sexuels. Si le modèle de la ressemblance n'est pas encore bien intégré, il est du moins souhaité par le corps social, qui paraît vouloir se diviser autrement que par le sexe. A ce propos, il est juste de rendre hommage à Evelyne Sullerot qui perçut dès 1965, bien avant les bouleversements évoqués, que la ressemblance était le modèle de demain et que nos sociétés évoluaient « vers la différenciation des individus et des groupes selon des clivages plus subtils que le sexe [52] ».

L'avènement de l'androgyne.

« Androgyne » signifie étymologiquement « homme-femme ». Mais la définition du dictionnaire est plus restrictive. Après avoir dit justement que l'androgyne est un

---

« Pensez-vous que toutes les tâches doivent être partagées indifféremment par les hommes et les femmes ? » 64 % des personnes interrogées étaient pour, dont 73 % chez les femmes actives et 70 % chez les femmes de moins de 40 ans.

51. *Op. cit.*, p. 122.

52. *Demain les femmes*, Laffont-Gonthier, 1965, p. 106. Propos qu'elle a souvent répété, notamment dans *Le Fait féminin, op. cit.*, p. 483.

individu qui présente des caractères sexuels du sexe opposé, il en limite la portée par sa référence à la morphologie [53] et son renvoi à l'hermaphrodite légendaire, auquel on supposait une forme humaine à deux sexes. En termes biologiques et médicaux, l'hermaphrodite est un individu anormal, un monstre. C'est probablement l'une des raisons pour lesquelles parler de l'androgyne fait peur.

En vérité, nous sommes tous des androgynes parce que les humains sont bisexués, sur plusieurs plans et à différents degrés. Masculin et féminin s'entrelacent en chacun d'entre nous, même si la plupart des cultures se sont plu à nous décrire et nous vouloir d'un seul tenant. La norme imposée fut le contraste et l'opposition. Il revient à l'éducation de faire taire les ambiguïtés et d'enseigner le refoulement de l'autre partie de soi. L'idéal est d'accoucher d'un être humain uni-sexué : un homme « viril », une femme « féminine ». Mais les adjectifs révèlent ce que l'on veut cacher : toute une série d'intermédiaires possibles entre les deux types idéaux. En réalité, le dressage atteint plus ou moins bien son but, et l'adulte garde toujours en lui une part indestructible de l'Autre.

Le modèle de la ressemblance est propice à la prise en compte de notre nature androgyne. On admet volontiers aujourd'hui que l'épanouissement de l'individu passe par la reconnaissance de sa bisexualité [54]. Mais « reconnaître », n'est-ce pas admettre une vérité que l'on a d'abord ignorée ? C'est donc moins « l'avènement » d'une nature andro-

---

53. Dictionnaire *Robert* : une femme est androgyne quand sa morphologie ressemble à l'homme ; un homme est androgyne lorsqu'il présente des caractères extérieurs féminins.

54. S. Dunis, *Sans tabou ni totem, op. cit.*, p. 263 : « Naître à soi-même, c'est assumer sa sexualité... dépasser le clivage homme/femme pour accepter la structuration bisexuelle de la personnalité dans l'intégration du père et de la mère... »

gyne dont nous prenons acte que du « retour » de celle-ci, au sens où les psychanalystes parlent du « retour du refoulé ».

La créature duelle.

Le modèle complémentaire axait sa représentation du monde sur le dualisme des créatures. Pour que règne l'harmonie, il fallait bien que l'Un soit différent de l'Autre, mais aussi que l'Un soit impuissant sans l'Autre. La ressemblance, ou l'indifférenciation, aurait semblé contraire aux vœux du Créateur. Pourquoi deux genres de créatures, si elles sont presque semblables ?

Si Dieu (ou la nature) — qui ne fait rien en vain — a créé deux types d'êtres différents, ce n'est pas seulement pour introduire richesse et diversité dans son œuvre, c'est aussi pour donner à chacun conscience de la finitude qui le distingue inexorablement de son Créateur. Solitaire, l'humain est stérile, en état de manque. Le bonheur et la complétude ne lui viennent que de sa réunion à l'Autre. Toute la théologie visant à justifier le dualisme des sexes raisonne ainsi. Il faut deux créatures pour faire un créateur, sans quoi, c'est le statut et la puissance de Dieu qui sont menacés.

Si l'homme et la femme se ressemblent davantage qu'ils ne se distinguent, si chacun reconnaît posséder une part importante de l'Autre, ne vont-ils pas se sentir dégagés du besoin d'être deux ? Ne seront-ils pas tentés de céder au fantasme de la toute-puissance ?

Ces questions provoquent un malaise. Nous pensons à la mégalomanie, au solipsisme fou, à la déliquescence du lien familial et social, et finalement à la mort de l'humanité. Comment ne pas obtempérer à la nécessité du dualisme ?

Puisque deux ils sont, deux ils doivent rester, avec leurs différences et leurs liens de dépendance réciproque, qui seuls assurent la reproduction de l'espèce, l'ordre social et le bonheur.

L'illustration la plus évocatrice du dualisme des créatures reste pour toujours le mythe de l'androgyne rapporté par Aristophane au *Banquet* de Platon [55]. Jadis, dit-il, notre nature était bien différente de ce qu'elle est à présent. Chaque humain était de forme ronde, comme une sphère fermée sur elle-même, avec quatre mains, autant de jambes, deux visages, deux organes de la génération et tout le reste à l'avenant. Il y avait trois espèces d'hommes et non deux, comme aujourd'hui : le mâle, la femelle et une troisième composée des deux autres. C'était l'espèce androgyne à présent disparue et dont il ne reste qu'un nom décrié.

Doués d'une vigueur et d'un courage extraordinaires, ils attaquèrent les dieux qui, pour les punir, les coupèrent en deux. Chacun recherchait désespérément sa moitié. Lorsqu'ils se rencontraient, c'était un prodige que les transports de tendresse, de confiance et d'amour dont ils étaient saisis. L'objet de leurs vœux était de ne plus jamais se quitter, « de se réunir et de se fondre avec l'objet aimé et de ne plus faire qu'un au lieu de deux [56] ». Le désir, né du manque, est la source même de l'amour, du sentiment de complétude, lequel réalisé enlève au désir sa raison d'être.

Si l'on considère les trois espèces mythiques décrites par Aristophane, que sommes-nous d'autre sinon l'une des deux parties de l'androgyne [57] ? Et de quoi est faite une

---

55. Garnier-Flammarion, 189 d-193 c.
56. *Ibid.*, 193 a.
57. Les deux autres espèces étaient composées de deux parties mâles ou deux parties femelles. Coupées en deux, elles recherchent leur moitié du même sexe. Ce sont les homosexuels.

partie de l'androgyne ? A lire notre philosophe, celui-ci était constitué de deux moitiés hétérogènes, l'une toute féminine, l'autre toute masculine, réunies en leur centre. Lorsque Zeus les sépara, il fit naître deux créatures distinctes et complémentaires, mais qui avaient perdu toute nature duelle. L'espèce androgynale avait disparu puisqu'il était entendu que la créature féminine était dorénavant étrangère à son ancien compagnon comme lui vis-à-vis d'elle.

Le modèle de la ressemblance peut inspirer une autre interprétation du mythe. On pourrait supposer que les deux parties séparées n'étaient pas hétérogènes. Que l'une et l'autre étaient le résultat de la fusion du masculin et du féminin, comme le « mélange » des matières opéré par l'alchimiste. L'union intime résultant de leur interpénétration expliquerait que la coupure de l'androgyne n'aurait pas donné naissance à deux humains spécifiquement différents, mais à deux autres créatures androgynes, qui ne seraient que les reflets du premier. Certes, celui-ci, fermé sur lui-même, n'avait nul besoin d'un Autre. La dépendance fut la punition divine. Les deux nouveaux androgynes furent munis de caractères sexuels complémentaires, les inclinant à refusionner.

Reste que ces vieux complices sont moins étrangers qu'on l'a souvent dit. Leur mémoire archaïque est commune ; elle précède la coupure et l'apprentissage des différences. Le dualisme des créatures n'est pas discutable, mais le temps est venu d'appréhender chacune comme un être duel, doué de toutes les caractéristiques de l'humanité. La différence des sexes n'exclut pas l'intériorisation de cette différence en chacun d'entre nous. Si nous sommes visiblement deux êtres différents, nous connaissons l'Autre intimement.

Nous avons voulu l'égalité des sexes sans mesurer à quel

point elle révélerait notre structure androgynale, née dans la nuit des mythes. Cette nouvelle représentation de nous-mêmes implique à son tour un changement radical de notre approche philosophique. Le temps est moins « au clair et au distinct » qu'à « la philosophie des corps mêlés » si chère à Michel Serres. La logique de la séparation fait place à celle de l'interférence, du mélange et de la complicité, bien difficile à intégrer pour tous ceux qui ont été élevés au lait du cartésianisme [58]. Problème rendu plus ardu encore par l'impérieuse nécessité de ne pas ignorer la différence.

La ressemblance est moins l'effet d'une neutralisation du sexuel que de la bisexualité commune aux deux sexes [59]. L'histoire de l'individu en témoigne tant au niveau physique que psychologique. Au moment de la naissance, et pendant les premières années de l'enfance, les organes génitaux externes permettent seuls de reconnaître le sexe de l'individu. « C'est dire que l'ensemble du corps est encore indifférent, qu'il n'est orienté ni dans un sens ni dans l'autre. Il est potentiellement bisexué, non seulement parce qu'il peut acquérir les caractères de l'un ou l'autre sexe, mais aussi, parce que l'on trouve dans chaque sexe les rudiments des caractères qui s'exaltent dans l'autre [60]. »

Il faut attendre la puberté pour que soit partiellement évincée la bisexualité morphologique, grâce à une nouvelle

58. Divisions et énumérations ne servent pas à grand-chose pour la connaissance de l'homme et de la femme. Et comment aller du simple au complexe dès lors qu'il n'y a plus de simple et que tout est complexe, « composé » ?

59. S. Lilar, *Le Malentendu du deuxième sexe*, PUF, 1962, renvoie dos à dos les traditionalistes qui identifient chacun à sa différence naturelle et les féministes qui refusent toute signification au biophysiologique.

60. E. Wolff, *Les Changements de sexe*, Gallimard, 1946, p. 59. Il fait remarquer que la présence de mamelons et de tissu glandulaire chez l'homme est une preuve manifeste de la bipotentialité morphologique des somas.

poussée de sexualisation (différences de pilosité, différences de forme du corps). En revanche, lorsqu'ils vieillissent, l'homme et la femme sont de moins en moins différenciés. Les vieillards suivent le chemin inverse des nourrissons pour finir comme eux commencent : apparemment désexualisés.

La relation du sexe et de la bisexualité, qui ne cesse d'évoluer au cours des âges de la vie, est rendue plus problématique encore par notre double structure hormonale. Impliquant, on l'a vu, une double potentialité sexuelle, les hormones maintiennent « une sorte de flottement entre les sexes... une oscillation. L'inconsistance des caractères sexuels déterminés par les hormones, leur labilité, leur aptitude à virer, constituent un encouragement à regarder le sexe comme un équilibre provisoire toujours sujet à révision [61] ».

S. Lilar pose la question : que peut-on retenir de ce chassé-croisé, où la bisexualité ne fait place au sexe que pour s'y substituer ou juxtaposer à nouveau ? « Rien à coup sûr qui ressemble à la conception traditionnelle d'une *section* nette et sans bavures de l'espèce en deux moitiés, mais au contraire celle d'une division qui n'est jamais si radicale ni si définitive qu'elle ne s'accompagne d'une tendance à reconstituer l'union [62]. »

Psychiquement, la « sexion » est encore moins nette qu'il n'y paraît physiquement. C'est le grand mérite de Freud d'avoir mis en relief la notion de « bisexualité inconsciente », quel que soit le malaise qu'elle provoquait en lui [63]. Invoquée dans ses travaux de 1899 à 1938, la

61. S. Lilar, *op. cit.*, p. 206.
62. *Ibid.*, p. 207.
63. Lettre à Fliess, n° 81, 4 janvier 1898 : « J'ai adopté d'emblée ta conception de la bisexualité et je la considère comme la plus importante depuis celle de la défense... Si étant moi-même un peu névrosé, des motifs

bisexualité psychique a un statut ambigu, voire contradictoire, d'un texte à l'autre. Hésitant à « dénaturaliser » la bisexualité, Freud maintient parfois [64] un lien étroit entre le constitutionnel et le psychique, ou bien il marque l'indépendance relative entre la bisexualité psychique et la bisexualité biologique [65].

De cette hésitation découlent deux attitudes différentes quant au statut à accorder à celle-ci. Contrairement à des théoriciens tels que Jung, Groddeck ou Ferenczi, qui lui reconnaissent une place « fondamentale » et positive chez tout être humain, Freud n'a cessé d'osciller entre deux positions contradictoires :

« Souvent il voit dans la bisexualité une disposition originaire et universelle, nettement morbide quand elle est prononcée, dont le destin naturel est la réduction graduelle au cours du développement libidinal. A son terme, elle ne consiste plus " normalement " qu'en traits personnels discrets, en désirs inhibés quant aux buts ou en aptitudes à la socialisation et à la sublimation... L'identité psychosexuelle se trouve, dans l'immense majorité des cas, finalement intégrée en accord avec le sexe propre : ceci suppose le refoulement réussi de la bisexualité initiale... Parfois Freud montre que l'intégration différentielle de la sexualité, loin d'exclure une bisexualité psychique active et de requérir l'entier succès de son refoulement, peut aller de pair avec un authentique accomplissement bisexuel [66], sinon en ce qui

personnels me poussaient à éprouver quelque aversion, cette aversion serait justement dirigée contre l'idée de bisexualité... »

64. Dans sa correspondance avec Fliess, lettres n° 145-146, Freud pense que le refoulement présuppose la bisexualité.

65. Notamment *Les Trois Essais sur la théorie de la sexualité*, 1905, collection « Idées », Gallimard, p. 27 ; « Un enfant est battu » (1919), in *Névrose, Psychose et Perversion*, PUF, 1973.

66. Illustre ce propos : *La Psychogenèse d'un cas d'homosexualité féminine* où Freud assigne pour but au traitement psychanalytique de l'homo-

concerne le choix d'objets et la réalisation érotique, du moins quant aux caractéristiques et aux fonctionnements psychiques personnels [67]. »

Malheureusement, le deuxième aspect de la théorie freudienne n'a pas eu la place qu'il méritait dans son œuvre. C'est le premier aspect qui reste privilégié. Dans l'un de ses derniers articles, « Analyse terminée et analyse interminable [68] », Freud repense la bisexualité en termes de pathologie. En dernier ressort, c'est elle qui est la source de toute demande analytique, puisque l'homme ne supporte pas sa féminité ni la femme son absence de pénis.

Des différents textes de Freud, la vulgate psychanalytique n'a longtemps retenu que cet aspect de sa théorie : la bisexualité originaire propre au stade pré-génital doit laisser place progressivement — grâce au conflit œdipien et à sa résolution — à une « sexion » psychologique dénuée d'ambiguïté. Le petit garçon s'identifie à son père, la fillette à sa mère, et l'adolescent achève le processus de distinction psychosexuelle en passant par une phase de revendication de son identité sexuelle. L'évolution psychologique satisfaisante implique donc le refoulement efficace de la bisexualité, qui perd ainsi tout statut positif [69].

Si les psychanalystes ont longtemps tenu la bisexualité en respect, à l'écart de l'idéal de la normalité, c'est en grande partie parce qu'ils ne pouvaient rester indifférents au modèle social dominant. Tant que la complémentarité fut

---

sexualité « le rétablissement d'une pleine fonction bisexuelle... Puisque la sexualité humaine oscille normalement, durant toute la vie, entre l'objet masculin et l'objet féminin ».

67. Extrait de l'admirable rapport de Christian David sur la bisexualité psychique, *Revue française de psychanalyse*, 5-6, 1975, p. 720.

68. *Revue française de psychanalyse*, 3, 1975.

69. L'homme « normal » est un homme viril. Une femme « normale » est une femme « féminine » (Hélène Deutsch).

celui-ci, ils l'ont identifiée à « la normalité [70] », se faisant un devoir de combattre les aspérités bisexuelles qui dépassaient ici ou là. Nul ne songerait à tenir rigueur aux spécialistes de l'inconscient d'être, comme tout un chacun, sensibles à l'idéologie dominante. Mais on peut s'étonner de leur extrême réticence à l'admettre. Peut-être ont-ils trop souvent cru que l'inconscient était une hypostase parfaitement insensible à l'environnement et imperméable aux bouleversements culturels.

Depuis une quinzaine d'années, beaucoup d'entre eux ont changé. Parmi ceux-là, R. Stoller aux États-Unis, L. Kreiler et Christian David en France, ont fait un travail considérable sur la bisexualité, en reconnaissant l'influence du milieu sur l'inconscient humain et sur la psychanalyse en général. C. David est, à notre connaissance, l'un des premiers à avoir osé écrire que « si un nouvel intérêt théorique se manifeste de la part de certains analystes à l'endroit de la bisexualité, il faut sans doute en voir *la cause immédiate dans les récents changements socio-culturels...* L'évolution rapide et spectaculaire... l'impose aujourd'hui toujours davantage à l'attention, non pas uniquement parce que la bisexualité est dans la rue et partout, parce que le statut des femmes, du couple, de l'homosexualité est remis en cause, mais aussi semble-t-il parce que tout l'équilibre dialectique du masculin et du féminin se trouve compromis. Or *en dépit de l'intemporalité de l'inconscient, celui-ci,* sous certains aspects du moins, *ne reste pas imperméable aux modifications de l'ambiance* et réagit certainement aux sollicitations nouvelles du monde extérieur [71] ».

S'il est vrai, conclut David, que les changements de

70. La normalité est entendue ici au double sens de « naturel » et de « santé mentale ».
71. « Rapport sur la bisexualité psychique », *op. cit.*, p. 728. (Souligné par nous.)

modèles ne provoquent pas un changement correspondant des dispositions psychosexuelles, il reconnaît qu'on est ici aux confins de l'individuel et du social, que la façon dont les psychanalystes posent les problèmes dépend de la transformation de la société et que la psychanalyse n'est pas un empire dans un empire. C'est pourquoi, prenant acte de l'incontestable « crise socio-culturelle de l'identité sexuelle [72] », il récuse la tendance de certains analystes à assimiler bisexualité et morbidesse ou immaturité et tente au contraire une réévaluation de celle-ci, notamment à la lumière du second aspect de la théorie freudienne.

S'il admet que « le développement dysharmonique de la bisexualité psychique est souvent un signe de dégradation, de désorganisation [73] », il pense qu'à côté de ses formes tératologiques et destructrices, il existe au cours de l'analyse un effet régénérateur, réparateur et créateur du travail de bisexualisation. Que la dynamique bisexuelle conduit à des positions psychosexuelles aussi éloignées du « *neutraquisme* » (désir de n'appartenir ni à l'un ni à l'autre sexe) que de l'« *ultraquisme* » (désir d'appartenir aux deux à la fois). D'autre part, la notion de bisexualité psychique paraît le seul moyen de dépasser les difficultés liées à un primat absolu du phallus et du complexe de castration [74]. Enfin « le fait de porter en soi une réplique de l'autre sexe en tant que potentialité psychique ne supprime aucunement la reconnaissance des sexes... *La bisexualité, c'est là un de ses paradoxes, source d'étrangeté, se donne aussi comme accès à l'étranger.* Qu'il puisse y avoir altérité sexuelle pour chacun d'entre nous sans que cette altérité présuppose nécessaire-

---

72. *Ibid.*, p. 700.
73. *Ibid.*, p. 700.
74. *Ibid.*, p. 702. C. David rappelle que, dès 1928, M. Klein posait à égalité d'importance le complexe de féminité des hommes et le complexe de castration des femmes.

ment l'opposition proprement dite, c'est ce que seules une suffisante intégration bisexuelle, une bisexualisation élaborée, permettent d'appréhender[75] ».

C. David appelle à accueillir l'idée de « médiation sexuelle » dans la perspective de décloisonnement, à ne pas rester prisonnier de la logique du comptage, et à éviter de fixer obsessionnellement les repères de l'identité sexuelle élaborée. Homme et femme se ressemblent en ce qu'ils sont l'un et l'autre « la conjonction des altérités[76] ».

Au regard de cette analyse, il faut modifier le schéma psychologique précédent. A la bisexualité originaire succède toujours l'élaboration du sentiment d'identité sexuelle, mais l'évolution psychologique ne s'arrête plus là. Lorsque l'identité de genre est bien intégrée, l'être humain peut retrouver, telle une possibilité supplémentaire d'épanouissement, les avantages de sa bisexualité. C'est elle qui permettra par exemple à l'homme de « materner » sans complexe et à la femme d'utiliser positivement ses pulsions viriles. C'est elle aussi qui fortifie le modèle de la ressemblance qui a lui-même beaucoup contribué à sa reconnaissance et à sa reviviscence.

Tout compte fait, si nous voulions illustrer le nouveau rapport homme/femme, nous emprunterions à G. Balandier[77] une image qui caractérise certains mythes africains : Elle et Lui sont des « *jumeaux de sexe opposé* »...

---

75. *Ibid.*, p. 703. (Souligné par nous.) C. David ajoute : « A moins qu'on ne veuille donner son adhésion à l'approche nietzschéenne de l'amour : l'amour, son moyen c'est la guerre et il cache au fond la haine mortelle des sexes. »
76. *Ibid.*, p. 711.
77. *Anthropo-logiques, op. cit.*, p. 21.

Les difficultés de l'identité masculine.

De toute évidence, les femmes vivent mieux leur bisexualité que les hommes. Assurées de leur féminité, elles utilisent et manifestent leur virilité sans réticence. Alternant avec aisance rôles masculin et féminin selon les périodes de la vie ou les moments de la journée, elles n'ont pas le sentiment que leur bisexualité est une menace pour leur identité féminine : au contraire, elles ressentent l'altérité comme la condition d'une existence plus riche et moins déterminée par avance. Dans l'ensemble, les femmes semblent satisfaites de leur nouvelle condition et agréent l'idée d'être les « jumelles » des hommes. Leurs plaintes n'ont pas pour objet le regret de l'ancien modèle mais le constat de l'évolution plus lente de leurs compagnons, de leur résistance, voire de leur régression. Celles qui se lamentent de tout assumer n'expriment là aucun désir de retour au partage sexuel des rôles, mais celui de se répartir à deux toutes les tâches de la vie. Les femmes attendent des hommes qu'ils vivent aussi bien qu'elles leur propre altérité et acceptent d'être leurs jumeaux.

Les années qui viennent de s'écouler semblent montrer que seule une minorité d'hommes réagit positivement au nouveau modèle. En règle générale — à ce premier stade d'une évolution qui vient à peine de commencer —, ils manifestent de différentes manières qu'ils n'ont pas envie d'être les jumeaux des femmes. Pour comprendre leurs réticences, il paraît nécessaire de dépasser le cadre de la problématique féministe axée sur la mauvaise volonté des hommes. Qu'ils affichent leurs réticences ou leur bonne volonté, l'essentiel n'est pas là, mais au cœur de leur inconscient. Que les mieux intentionnés aient tant de mal à concilier théorie et pratique révèle un genre de résistance, dont on ne vient pas à bout par de simples discours.

On a vu précédemment que la bisexualité est d'autant mieux vécue que l'individu a acquis un solide sentiment de son identité sexuelle. Or, il semble que le garçon l'acquiert toujours plus difficilement que la fillette [78] et que le modèle de la ressemblance, propre à nos sociétés, rend plus périlleuse encore l'acquisition d'un tel sentiment. Le problème des hommes est donc plus psychologique et social que moral et politique.

Margaret Mead fut l'une des premières à l'exposer à la lumière de son expérience d'anthropologue. Son analyse recoupe celle du psychanalyste américain R. Stoller, célèbre pour ses travaux sur les transsexuels. De son étude de sept peuplades des mers du Sud [79], elle tire la conviction que l'allaitement qui rattache l'enfant au sein féminin domine le devenir psychologique de tout être humain. Pour la fille, celui-ci est la base d'une identification avec son propre sexe qui est simple et peut être acceptée sans histoires. En revanche, pour le bébé mâle, l'allaitement est un renversement des rôles futurs : « la mère introduit et il reçoit. Pour devenir un homme, il lui faudra abandonner cette passivité [80] ». Ainsi la toute première expérience de la petite fille est celle d'un contact intime avec sa propre nature. Sa mère et elle répondent au même type. Tandis que le petit garçon apprend qu'il doit se différencier de l'être qui lui est le plus proche, sous peine de n'exister jamais. Donc, dès le début de la vie, la fille peut s'accepter telle qu'elle est, alors qu'un

---

78. Cf. deuxième partie, chap. II.

79. Cf. *L'Un et l'Autre Sexe*, *op. cit.* Les sept peuplades sont les Samoans polynésiens, les Manus des îles de l'Amirauté, les Arapech de Nouvelle-Guinée, les Mundugumor du fleuve Yvat, les Tchambulis de Nouvelle-Guinée, les Iatmuls, les Balinais.

80. *Ibid.*, p. 138.

effort est demandé au mâle pour acquérir son identité sexuelle [81]. Elle apprend à *être* ; lui apprend à *réagir* pour pénétrer dans le monde des hommes. Elle sait que sa féminité atteindra son apogée avec l'enfantement, alors que lui manquera toujours d'une certitude aussi évidente. Dans la procréation, le rôle de l'homme se définit comme un acte unique de copulation réussie. Et, en dépit de nos connaissances biologiques, la paternité demeure toujours sujette à caution.

C'est pourquoi, note M. Mead, « le problème permanent de la civilisation est de définir le rôle de l'homme de façon satisfaisante afin qu'il puisse, au cours de sa vie, parvenir au sentiment stable d'un accomplissement irréversible [82] ». Pour ce faire, la plupart des sociétés ont institué des droits et des activités interdits aux femmes [83], qui donnent aux hommes l'orgueil de leur virilité et leur apportent la paix due au sentiment d'un accomplissement irréversible.

En enlevant aux hommes le réconfort de modèles sexuels différenciés, nos sociétés leur rendent plus difficile encore l'acquisition du sentiment d'identité. Faute de se sentir suffisamment ancrés dans leur propre sexe, les hommes redoutent que l'accomplissement de tâches traditionnellement féminines ne réveille en eux des pulsions homosexuelles. R. Stoller a très bien rendu compte de cette crainte

---

81. *Ibid.*, p. 139 ; M. Mead fait remarquer que « si l'allaitement était entièrement remplacé par une autre forme d'alimentation... si pères et frères avaient à s'occuper des enfants au même titre que la mère, cette constante biologique disparaîtrait. Au lieu que les filles apprennent simplement qu'elles *sont* et les garçons qu'ils doivent *devenir*, l'intérêt se porterait sur des questions telles que la taille et la force relative, les préoccupations de l'enfant changeraient et par là peut-être toute la psychologie des sexes ».

82. *Ibid.*, p. 149.

83. Qu'il s'agisse de cultiver des jardins, d'élever du bétail, tuer du gibier ou des ennemis, de construire des ponts ou de manipuler des valeurs en Bourse...

infiniment plus tenace chez l'homme que chez la femme.

Contrairement à Freud, Stoller [84] ne pense pas que la relation première de l'enfant mâle avec sa mère soit hétérosexuelle. Au contraire, l'hétérosexualité ne s'accomplit qu'après un travail intensif exécuté non sans douleur et peine. Depuis les travaux de Money [85], on sait que le petit garçon doit lutter durement pour se dégager de la symbiose originaire qui le confond à sa mère. « Il doit se désidentifier de sa mère pour enlever la part de femellité et de féminité de celle-ci [86]. »

L'étude des transsexuels montre qu'une symbiose excessive conduit à l'extrême féminité. Plus une mère prolonge cette symbiose et plus la féminité infiltre le noyau d'identité de genre. A l'extrême d'un tel continuum se trouve le *transsexualisme*. C'est quand le garçon peut se séparer de sa mère, de sa féminité, qu'il peut développer son identité de genre plus tardive : la masculinité. Alors, seulement, il verra sa mère en tant qu'objet séparé et hétérosexuel qu'il pourra désirer. Selon Stoller, la masculinité n'est pas présente à la naissance, elle est même menacée de façon latente par l'expérience de félicité vécue avec la mère.

En conséquence, le développement du noyau d'identité de genre n'est pas le même chez le mâle et la femelle. Les premiers connaissent un conflit qui est épargné aux secondes. Comme « le mâle transporte toujours avec lui le besoin pressant de régresser à l'état originel d'union avec la

84. Cf. deux articles : « Création d'une illusion : l'extrême féminité chez les garçons », *Nouvelle Revue de psychanalyse*, n° 4, 1974 ; « Examen du concept freudien de bisexualité », *Nouvelle Revue de psychanalyse*, n° 7, 1973.

85. J. Money, J.G. Hampson, J.L. Hampson, « Imprinting and the establishment of gender role », *Arch. Neurol. Psycha.*, 77, 1957, p. 333-336.

86. R. Stoller, « Faits et hypothèses : un examen du concept freudien de bisexualité », *Nouvelle Revue de psychanalyse*, p. 150.

mère [87] », il est constamment en position de défense contre le féminin. Ainsi les pulsions homosexuelles sont différemment vécues par l'homme et la femme. Au regard de l'approche stollerienne, les femmes sont « le sexe fort, le sexe premier » et il n'est pas exclu que leur homosexualité puisse leur conférer un avantage. En effet, le développement de la relation mère-fille des premiers mois — dans une symbiose normale — ne fait qu'augmenter chez l'enfant le sentiment d'identité [88]. Les femmes vivent mieux que les hommes une expérience homosexuelle qualifiée par Stoller de « fragment d'acting-out sur la voie de la maturité [89] ».

En revanche, le sentiment d'être mâle étant moins solidement ancré chez les hommes, l'homosexualité est ressentie comme une menace mortelle pour leur identité : « au fond, l'attirance d'une union avec la femellité maternelle terrifie et captive les hommes [90] ».

Finalement, Stoller inverse le propos de Freud : c'est la féminité qui est première et non la virilité. Autrement dit, en termes beauvoiriens : « on ne naît pas homme, on le devient »...

En enlevant aux enfants mâles les repères sociaux de leur virilité, nous avons amplifié une difficulté naturelle qui devient chez beaucoup source d'un vrai malaise. Et il nous faut bien reconnaître que, lorsqu'un des deux sexes souffre, l'autre souffre aussi. Les difficultés masculines concernant leur identité et leur bisexualité résonnent dans les rapports qu'ils entretiennent avec les femmes. Si elles se plaignent plus ouvertement d'eux qu'ils n'osent le faire d'elles, ce

87. *Ibid.*, p. 151.
88. *Ibid.*, p. 152. A l'inverse, quand la symbiose primaire fait massivement défaut avec une mère glaciale, la fille se consacrera à la recherche sans fin d'une bonne mère dans des aventures homosexuelles.
89. *Ibid.*, p. 152.
90. *Ibid.*, p. 153.

sont pourtant les hommes qui sont les victimes d'une évolution qu'ils n'ont pas impulsée. Tout en reconnaissant volontiers la légitimité des revendications égalitaires des femmes, beaucoup les ressentent comme une insupportable menace pour leur virilité. La ressemblance des sexes leur fait secrètement horreur parce qu'ils y voient la perte de leur spécificité [91], au profit d'une féminisation excessive de l'humanité. Fantasme qui est certainement lié au désir tant redouté de la toute-puissance maternelle originelle dont parlait R. Stoller.

Certains penseront que ce mal-être masculin n'est que l'effet passager de notre mutation et qu'avec le temps, une éducation plus bisexuée encore et un peu de bonne volonté, le problème sera résolu dans le sens souhaité par les femmes. Tel n'est pas exactement notre point de vue. Le malaise qui s'exprime vient des profondeurs de l'inconscient et ne s'apaisera que si l'on admet que le modèle de la ressemblance, qui rapproche homme et femme adultes, doit laisser aux enfants des deux sexes toute latitude pour s'ancrer tranquillement dans leur différence sexuelle. La nécessaire mixité à l'école ou le partage des tâches à la maison n'exclut pas les revendications identitaires, qu'on aurait bien tort de vouloir étouffer. Quels que soient les partis pris idéologiques, les enseignants savent bien qu'à partir d'un certain âge les enfants d'une même classe se séparent en deux groupes sexués, s'observent, affichent mutuellement une fausse indifférence ou se font la guerre, jusqu'au moment où ils reforment à nouveau un seul groupe. Alors, les adolescents s'unissent en fonction de leurs affinités personnelles et non plus au seul regard de la

91. Il n'est pas absurde de penser que les hommes qui se proclament (ou que l'on accuse d'être) machistes ou phallocrates sont justement ceux qui redoutent le plus pour leur spécificité sexuelle, signe de la faiblesse de leur sentiment d'identité virile.

distinction sexuelle. Les mères les plus féministes et les pères les plus à l'aise dans leur bisexualité ne pourront jamais empêcher que leurs enfants passent par une phase de revendication — parfois abrupte — de leur identité de genre. Celle-ci appelle le respect et l'aide du parent du même sexe. Ce qui revient à dire que le père a un rôle considérable à jouer auprès de son fils, et qu'il ne pourra le faire avec efficacité que si lui-même a su régler ses propres problèmes d'identité... Encore une fois, le modèle androgynal vers lequel on tend ne peut faire l'économie de l'acquisition par chacun — et particulièrement par les hommes — d'une solide assurance de sa spécificité sexuelle. C'est seulement celle-ci une fois acquise qu'hommes et femmes peuvent faire route commune.

Points de vue sur la ressemblance des sexes.

Trois attitudes sont de mise : le scepticisme, le pessimisme ou l'optimisme. La première se rencontre plus fréquemment chez les hommes que chez les femmes, pour les raisons que l'on vient de voir. C'est un scepticisme teinté de refus que l'on peut résumer ainsi : libre à vous, les femmes, de nous mimer ; mais ne comptez pas sur nous pour faire de même, ni pour vous aider à envahir notre territoire. Nous résisterons en espérant que vous finirez par vous lasser de tout assurer seules... Moins réactif est le scepticisme de nombreux anthropologues qui se fondent sur l'observation de sociétés connues pour récuser la réalité ou le bien-fondé du nouveau modèle occidental. Si, partout et toujours, disent-ils, on a pu constater l'existence de rapports complémentaires et a-symétriques entre les sexes, il y a de fortes chances que ce modèle relève d'une nécessité supra-culturelle. La ressemblance est un leurre idéologique, une illusion féministe qui fera long feu. Au doute se mêle le pessimisme au conditionnel. Si l'on admet la possibilité de ce modèle contraire à tous les autres, on redoute qu'une telle entorse à la nature soit signe de pathologie ou de dégénérescence, une menace supplémentaire pour la réalisation du bonheur humain. La ressemblance des sexes fait figure tout à la fois de transgression de la loi (paternelle) et de la nature (humaine), ce qui paraît absolument impensable à tous ceux qui ont été bercés au rythme des principes lévi-straussiens.

A ces théoriciens pessimistes, il faut ajouter les féministes déjà évoquées qui perçoivent la ressemblance des sexes comme un écrasement du féminin au profit du masculin [92]. Et plus généralement tous ceux qui ne pensent la différence qu'en termes d'enrichissement et ne voient dans la ressemblance qu'une uniformisation appauvrissante. Puisque le rapport complémentaire et tensionnel entre hommes et femmes, note G. Balandier, est « la matière première à partir de laquelle — et sur le modèle de laquelle — les rapports sociaux peuvent se concevoir et se former... l'union du semblable apparaît comme état zéro des relations sociales, non-relation, et en quelque sorte l'inverse de l'union des différences qui montre sa fécondité dans le caractère exemplaire attribué au rapport masculin/féminin [93] ».

Reste les optimistes qui croient, depuis M. Mauss, que « la division par sexes est une division fondamentale qui a grevé de son poids toutes les sociétés à un degré qu'on ne soupçonne pas [94] » ; ceux qui redoutent qu'en privilégiant

---

92. De ce point de vue, leur position est parfaitement symétrique de celle des machistes qui ressentent ce modèle comme un écrasement des valeurs et de la nature masculines.

93. *Anthropo-logiques*, *op. cit.*, p. 35-36.

94. « La cohésion sociale dans les sociétés polysegmentaires » (1931), in *Œuvres*, Éd. de Minuit, 1968, tome III, p. 15.

les différences on occulte une partie fondamentale de l'essence humaine. Edgar Morin considère comme un progrès dans la voie de l'humanisation la féminisation des hommes et la virilisation des femmes qui connaissent tous deux ainsi le cycle complet de l'humanité. Constatant qu'en devenant adulte, l'homme a longtemps refoulé sa culture féminine et juvénile, il remarque que, dans les sociétés modernes, on voit « surgir chez l'homme des aspects féminins... un être à la complexité instable, capable de passer de la dureté sans merci du chasseur-guerrier à la douceur, la bonté, la pitié de la part féminine-maternelle qu'il conserve en lui... Nul doute, à notre avis, que l'homme " s'humanise " en développant sa féminité génétique et culturelle [95] ».

Optimistes enfin ceux qui pensent que la bisexualité sacrifiée ressemble « à la destruction de l'individu [96] » et comme telle est la source d'une fondamentale incompréhension des sexes. Observant celle-ci chez les Maori de Nouvelle-Zélande, S. Dunis en a déduit tout naturellement que « pour être authentique le couple doit d'abord exister dans chacun des deux individus qui le composent [97] ».

Réaliste ou optimiste, le propos semble devoir être le modèle des sociétés de demain. Puisse-t-il aussi leur convenir !

Le recul de la « nature ».

Sans entrer dans l'interminable polémique qui oppose les culturalistes aux innéistes, le « tout culturel » au « roc de la

95. E. Morin, *Le Paradigme perdu...*, *op. cit.*, p. 87, note 1.
96. S. Dunis, *Sans tabou ni totem*, *op. cit.*, p. 263.
97. *Ibid.*

nature », chacun admet depuis le XIXᵉ siècle que les espèces évoluent en fonction des modifications écologiques (Lamarck) et de l'entourage des vivants (Darwin). Cette adhésion théorique ne protège pas des résistances multiples à admettre que « l'ensemble des caractères innés propre à l'homme » sont aussi sujets à changement. On parle volontiers de la « nature » humaine comme d'une entité universelle et éternelle, fixe et inaltérable. La raison en est que les mutations physiques ne sont pas à l'échelle d'une vie d'homme, ni même à celle de plusieurs générations. La transformation du primate en *homo sapiens* [98] s'évalue en termes de millions d'années et nous semble si lointaine qu'elle ne nous concerne plus. De surcroît, nous sommes irrésistiblement tentés de penser que les mutations sont derrière nous et que l'état présent constitue le stade le plus achevé de l'humanité. Dès lors, tout changement possible est envisagé comme une dégénérescence, un bouleversement fatal du bel équilibre que nous sommes censés avoir atteint.

Bien que la plupart des sciences humaines aient sérieusement mis à mal le concept de nature depuis plusieurs décennies, notamment celui de nature humaine, elles continuent de maintenir celle-ci à l'intérieur de critères reconnus : l'anatomie qui nous distingue, les besoins [99] qui nous unissent, auxquels on ajoute encore certains sentiments, comme l'instinct maternel chez les femmes ou la commune aversion de l'inceste. De tous ces déterminismes réels ou supposés, c'est notre corps qui nous paraît l'ancrage le plus solide. Le corps de l'homme *est fait pour pénétrer,* exercer

98. Avec les changements fondamentaux introduits dans la sexualité que nous avons vus (première partie, chap. I), notamment en ce qui concerne la disparition de l'œstrus chez la femme.

99. Même si nous avons différentes façons de les satisfaire selon la culture à laquelle nous appartenons.

sa force, etc., celui de la femme *pour recevoir,* faire des enfants... N'est-ce pas là l'origine obligée de notre destin psychologique et social ?

Il semble pourtant que, depuis quelque temps, notre appréhension du corps soit en train d'évoluer. L'importance qu'on lui attribue n'est plus du même ordre. Les raisons de notre intérêt pour lui se sont déplacées.

La prédominance contestée du biologique.

Tout commença il y a une trentaine d'années [100] aux USA avec les études des psychiatres J. Money et J.-L. Hampson sur des enfants intersexuels [101]. Ils confirmèrent un fait essentiel : l'absence possible du parallélisme entre le sexe somatique et le sexe psychologique. Ces travaux se sont avérés décisifs par l'abondance du matériel étudié (76 cas), leur rigueur scientifique et une approche plus précise de la psychosexualité.

L'expérience cruciale est la suivante [102] : deux enfants sont nés avec le syndrome génito-surrénal ; ils sont tous deux femelles sur le plan génétique, sur le plan des gonades

100. Les premières publications datent de 1955.
101. L'*intersexualité* se définit par une discordance entre les événements normalement présents pour caractériser le sexe somatique. Parfois, les organes génitaux externes sont d'une apparence ambiguë remarquée d'emblée ou plus tardivement. Parfois, les organes génitaux externes ont un aspect comparable à la normale, mais l'évolution des caractères sexuels secondaires se fait à la puberté en dysharmonie avec l'apparence. Cf. L. Kreisler, « Les intersexuels avec ambiguïté génitale », *La Psychiatrie de l'enfant,* vol. XIII, I, PUF, 1970. Il faut distinguer l'intersexualité du transsexualisme qui est le sentiment d'appartenir au sexe opposé, malgré une morphologie sexuelle normale, le plus souvent associé au désir de changer de sexe.
102. Rapportée par R. Stoller dans la préface de *Recherches sur l'identité sexuelle,* Gallimard, 1978, p. 13.

et de l'endocrinologie, et leurs structures sexuelles internes sont normales, bien que leurs organes génitaux externes soient masculinisés. Si, à la naissance, l'un de ces enfants est correctement désigné comme une fille et que l'autre est étiqueté à tort comme garçon, en raison de ses organes génitaux apparemment mâles, lorsque ces enfants atteignent cinq ans, celui que l'on a pensé sans équivoque être une fille ne doute pas d'*être* vraiment une fille et celui que l'on a pensé être un garçon *sait* qu'il est un garçon. Ce qui a déterminé le sentiment d'identité n'était donc pas leur sexe (biologique) mais leurs expériences vécues après la naissance, processus qui commence dès l'étiquetage autoritaire et arbitraire du petit enfant par la société comme mâle ou femelle.

De là découle la nécessaire distinction entre le « sexe » biologique et le « genre [103] » qui se rapporte au fait psychologique, inhérent au sexe auquel le sujet se sent appartenir et qui le pousse à jouer un rôle féminin ou masculin. Les termes « sexe » et « genre » indiquent le sens de la séparation entre la sexualité somato-biologique et la sexualité psychologique dans la possibilité d'un devenir divergent. « Alors que *sexe* et *genre* semblent être pratiquement synonymes pour le sens commun, et dans la vie de tous les jours pratiquement liés », le travail de Stoller sur l'hermaphrodisme, le transvestisme et le transsexualisme « confirme le fait que les deux domaines ne sont pas dans une relation de symétrie, mais peuvent suivre des voies totalement indépendantes [104] ».

Il estime en outre que le « *gender identity* » s'établit très tôt, certainement avant la fin de la deuxième année et

---

103. Money parle du « *gender role* » et Stoller du « *gender identity* ». Stoller se sert du mot « identité » pour signifier l'organisation des composantes psychiques qui doivent préserver la conscience que l'on a d'exister.
104. R. Stoller, *Recherches sur l'identité sexuelle, op. cit.*, p. 12.

peut-être dès la fin de la première année, donc avant le stade phallique et que, une fois établi, il est indélébile et subsiste quels que soient les avatars de l'individu.

Troisièmement, les travaux de Money et de Stoller confirment la primauté du facteur psychologique dans la détermination de l'orientation sexuelle. Autrement dit, ils contestent le fatum de l'anatomie. Le sentiment d'identité sexuelle est essentiellement déterminé par la culture, c'est-à-dire appris après la naissance. « Ce processus d'apprentissage vient du milieu social... Mais c'est par la mère que passe la connaissance, de sorte que ce qui atteint réellement l'enfant est la propre interprétation qu'elle donne des attitudes de la société. Plus tard, le père, les frères et sœurs... influent sur le développement de son identité [105]. »

Tout commence à la naissance quand le médecin déclare quel est le sexe de l'enfant et que celui-ci est enregistré à l'état civil. Les parents et la société le considèrent alors comme un garçon ou une fille. Ce n'est pas du fait de quelque force innée que le bébé saura qu'il est du sexe mâle et qu'il deviendra masculin. Les parents le lui apprennent et ils pourraient tout aussi bien lui apprendre autre chose. Dès le moment où ils savent qu'ils ont un garçon, ils entreprennent un processus qui, en fonction de ce qu'ils considèrent être la masculinité, les fera encourager certains comportements tandis que d'autres seront découragés. Choix du nom, style de vêtements, façon de porter l'enfant, genre de jeux, etc., constituent la majeure partie de la « formation » (training) [106] du petit enfant pour le développement de son identité de genre. Dans la plupart des cas, ce que notre société considère être la masculinité se voit encouragé et,

105. *Ibid.*, p. 15.
106. R. Stoller, « Création d'une illusion : l'extrême féminité chez les garçons », *Nouvelle Revue de psychanalyse*, n° 4, 1971.

vers la fin de la première année, la conduite du petit garçon a un caractère distinctement masculin.

Dans le cas du petit garçon transsexuel, la mère et l'enfant restent attachés l'un à l'autre : la mère vit avec lui dans une symbiose si étroite qu'elle traite celui-ci comme une partie de son corps et que lui se ressent comme telle. Les mères de transsexuels [107] ont en commun de se sentir en totale unité avec l'enfant, lequel vit en permanence en contact corporel avec celle-ci. Il a accès à sa nudité et à son intimité. Il couche dans son lit « comme s'il n'existait pas de limites entre leurs corps ». Ce contact répond à un besoin de la mère dont elle tire une jouissance intense et jamais assouvie [108]. Elle cherche à réduire chez lui toute tension désagréable et exclut les interdictions.

Les mères analysées présentent un sentiment d'incomplétude quasi dépressif, une forte composante homosexuelle, et une confusion entre leur propre identité et celle de l'enfant. Elles sont en outre mariées à des hommes totalement absents, pour lesquels elles éprouvent un véritable mépris. Le petit garçon ignore l'existence de son père, qui ne fait rien (quand par hasard il est présent) pour entrer en contact avec son fils. Sa complicité est évidente dans l'entretien de la féminisation de l'enfant. Il n'intervient pas pour interrompre le travestisme, etc. Du fait de la nature particulière de ces familles, le traumatisme nécessaire qu'est le conflit œdipien [109] est refusé au petit garçon : n'ayant pas adéquatement distingué sa mère comme objet sexuel désiré, il n'a pas à perdre une bataille contre un rival masculin plus puissant. Ainsi privé de l'insatisfaction œdipienne, il n'éprouvera aucun désir de réduire, avec une

107. R. Stoller note la rareté des cas de filles transsexuelles.
108. Le petit garçon est un substitut phallique pour la mère qui le traite comme un objet transitionnel.
109. R. Stoller, « Création d'une illusion... », op. cit., p. 70.

autre femme, cette tension que le conflit devait produire chez le garçon.

Les travaux de Stoller bouleversent certains principes de la théorie freudienne. L'étude des enfants intersexués [110] dément l'idée selon laquelle le biologique fonde le psychologique. La genèse de l'identité hermaphrodite est due aux conditions de l'environnement et en particulier à l'incertitude des parents au sujet du sexe de leur enfant, incertitude reprise et englobée dans l'organisation du moi. En revanche, si les parents adoptent une attitude inverse, l'enfant gagnera un fort sentiment d'identité sexuelle psychiquement indélébile. Les racines de la masculinité ou de la féminité sont donc le résultat du comportement des parents et non l'expression d'on ne sait quel instinct.

D'autre part, si Stoller est d'accord avec K. Horney, E. Jones et G. Zilboorg pour penser que la psychosexualité féminine est primaire et prend place avant le stade phallique, il soutient, contrairement à eux, comme une évidence clinique, que le sentiment pour la femme de se sentir féminine se fait indépendamment de la perception des organes génitaux. Il rejette en bloc les discussions sur la primauté du vagin ou du clitoris dans la détermination de la psychosexualité féminine [111]. Ni l'absence de vagin ou d'organes génitaux internes, ni la présence d'un bourgeon génital péniforme, ni l'absence de clitoris, n'empêchent la

110. Catégorie d'ambigus capables de voir modifier sans dommage leur sexe d'éducation.

111. *Recherches sur l'identité sexuelle, op. cit.,* p. 72-79. Cinq ordres de situations cliniques sont apportés à l'appui de cette conviction : les filles atteintes d'aplasie vaginale et normales à tout autre point de vue ; les sujets biologiquement neutres mais dont l'apparence génitale externe féminine n'a pas créé de doute dans l'esprit des parents ; les filles biologiquement normales dont les organes génitaux externes sont masculinisés, élevées sans équivoque comme des garçons ; les filles biologiquement normales mais dépourvues de clitoris.

constitution d'une psychosexualité féminine, pourvu que l'entourage n'ait pas de doute sur la féminité de l'enfant.

En ce qui concerne le petit garçon, Stoller soutient deux thèses nouvelles [112], clinique à l'appui. En premier lieu, le sentiment d'être mâle se fixe définitivement, bien avant le stade phallique classique (de 3 à 5 ans). Ensuite, si le pénis contribue à conforter ce sentiment, il n'est pas essentiel, comme le montre l'observation de deux garçons qui ont pu développer une identité masculine en dépit d'une aplasie pénienne congénitale. L'un et l'autre ont pu se créer un pénis fantasmé. Stoller pense que les sources de cette fantasmatisation sont moins une force instinctuelle que l'influence des pressions extérieures. Sans nier l'intervention de forces d'ordre biologique, il croit discerner à travers ses nombreuses études cliniques que les facteurs psychologiques postnataux d'ordre relationnel peuvent en effacer la poussée au point de maîtriser la direction de l'identité.

Ainsi, toute l'œuvre de Money et de Stoller tend à montrer que c'est l'environnement qui domine le biologique et non l'inverse. Leurs thèses n'ont pas été sans soulever les objections des tenants de « la nature » qui y voient l'ultime avatar du culturalisme ambiant. Deux reproches leur ont souvent été adressés [113]. Le premier est que les cas d'hermaphrodisme ou d'ambiguïté sexuelle sont trop exceptionnels pour en tirer des conclusions générales sur l'ensemble de la population humaine. Le second met en cause l'analyse des hermaphrodites. Comment conclure à la prédominance de l'environnement sans avoir procédé à une séparation systématique des effets des facteurs anatomiques et hormonaux de ceux des facteurs comportementaux, ce qui est pour l'instant impossible ?

112. *Ibid.*, p. 60-68.
113. S. Mellen, *The Evolution of love*, Oxford, W.H. Freeman, 1981, p. 165-166.

Ces objections soulèvent à leur tour deux remarques. Stoller n'identifie pas le normal et le pathologique [114] mais, tel le fondateur de la psychanalyse, utilise celui-ci pour mieux comprendre celui-là. D'autre part, l'absence d'une « séparation systématique » entre le biologique et l'environnement n'annule pas la portée de ses expériences quitte à ce qu'elles soient affinées plus tard. A ce jour, personne n'a pu démontrer que Stoller s'était trompé, n'en déplaise à certains socio-biologistes. Au demeurant, si les études de cas aussi exceptionnels que les hermaphrodites ou les transsexuels suscitent le scepticisme, il est d'autres aspects de la vie, familiers à tous, qui tendent à montrer que l'anatomie et la biologie ne font pas nécessairement la loi dans l'espèce humaine.

Dissociation féminité/maternité.

Elle s'observe à différents niveaux : psychologique, social et même physique. Les processus physiologiques ne commandent plus la vie des femmes. La contraception, en mettant fin au diktat de la nature, a révélé une vérité impensable il y a encore peu de temps : le destin féminin n'est plus circonscrit à la maternité. Certaines choisissent même de l'exclure délibérément de leur existence. Ces femmes qui ont radicalement dissocié féminité et maternité ne représentent à coup sûr qu'une infime minorité de la population [115]. Est-ce une raison pour les traiter comme des

---

114. G. Canguilhem, *Le Normal et le Pathologique,* PUF, 1966.
115. Les statistiques sont rares et difficiles à établir, car un laps de temps suffisamment long est nécessaire pour pouvoir être sûr qu'une femme ne sera pas mère. Reste les sondages sur le nombre d'enfants souhaités. Le dernier fait par la SOFRES pour *le Nouvel Observateur* (14 janvier 1983) indique que 4 % des personnes interrogées ne souhaitaient pas d'enfants.

malades ? A ce jour, elles sont, en France, davantage objets de réflexion pour les psychanalystes [116] que pour les historiens et sociologues. Pourtant, l'interrogation sur leur inconscient ne devrait pas dispenser de celle sur leur projet, leur conception de la vie à deux et non à trois...

Les seules enquêtes sur ce thème proviennent des USA et du Canada [117]. Elles portent sur des couples mariés depuis au moins cinq ans qui affirment ne pas vouloir d'enfants. De ces interviews en profondeur, il ressort que ces couples « *child free* » ne s'estiment pas seulement libérés des soucis inhérents à la présence d'un enfant, mais considèrent qu'ils protègent mieux la qualité et l'intensité de la relation du couple : « mari et femme, amant et maîtresse, meilleurs amis l'un pour l'autre, ils répondent à eux deux à la plupart, sinon à la totalité, de leurs besoins sociaux et affectifs [118] ». Ces couples dyadiques paraissent, dit-on, très heureux et estiment qu'une naissance perturberait leur équilibre. Les femmes interrogées se considèrent « libérées » à l'égard de leur mari, à un même niveau d'autorité et de compétence que lui.

Quelle que soit l'origine psychologique de ce refus d'enfant, commun aux deux membres du couple, ils font la preuve que le bonheur humain ne passe pas nécessairement par la présence d'enfant dans un foyer. Et, en particulier, que les femmes peuvent trouver leur équilibre ailleurs que dans la maternité, hors de la procréation. Même si les relations au sein du couple n'excluent pas des sentiments paterno-maternels mutuels et même si le désir d'enfant surgit de temps à autre, le calcul des avantages et des

116. Cf. les travaux d'Édith Vallée, notamment « Les anti-mères », *Perspectives psychiatriques*, 1978, IV, n° 68.
117. Cf. les travaux de J.E. Veevers rapportés par Michelle de Wilde : *Le Groupe familial*, n° 84, juillet 1979 : « Ceux qui n'en veulent pas... »
118. *Ibid.*, p. 52.

inconvénients de la parentalité aboutit au refus de celle-ci.

On peut contester ce modèle de vie au nom des intérêts de l'espèce, mais certainement pas au nom de la santé mentale. Ce serait postuler que le désir d'enfant est un critère de la normalité psychique, alors que l'on sait bien qu'il n'est pas sans ambiguïté. Celles qui choisissent de ne pas être mères ne sont pas nécessairement moins équilibrées que les autres.

La grande majorité des femmes n'ont pas cette attitude de refus. Elles n'en ont pas moins pris de nettes distances à l'égard de la maternité. Les femmes occidentales font de moins en moins d'enfants et se refusent elles aussi à prendre en considération les intérêts de l'espèce. L'indice de fécondité est partout inférieur à deux enfants par femme [119], ce qui tend à montrer que la maternité n'est plus pour elles qu'une étape parmi d'autres dans leur vie. Le temps de la maternité s'est considérablement raccourci pour deux raisons. D'abord l'espérance de vie féminine frôle les quatre-vingts ans et l'éducation de deux enfants ne représente qu'une quinzaine d'années de maternité active, soit moins d'un cinquième de leur vie. Il n'est donc plus raisonnable de considérer le maternage comme l'axe principal de la vie féminine, lequel se déplace vers d'autres domaines. Jadis, l'intérêt de la femme était centré sur ses enfants ; aujourd'hui, il est centré sur elle-même : sa vie affective et professionnelle. Elle ne construit plus son existence en fonction de sa progéniture mais force celle-ci à s'adapter à son projet de vie personnel.

Le temps de maternité est également moindre dans la vie

119. *Population et Sociétés,* octobre 1985, n° 195, publie les derniers chiffres connus en 1983-1984 : RFA 1,27 ; Danemark 1,40 ; France 1,81 ; Italie 1,53 ; Pays-Bas 1,47 ; G.-B. 1,77 ; Canada 1,68 ; USA 1,75 ; Australie 1,93, etc.

quotidienne des femmes. On a vu qu'une majorité d'entre elles continuent de travailler quand elles sont mères, quitte à opérer des prodiges pour concilier des impératifs contraires. Le tête-à-tête avec l'enfant s'en trouve notablement raccourci. La crèche, l'école et la télévision se substituent aux mères de jadis. Aujourd'hui, il reste le premier et le dernier repas de la journée, le moment de la toilette, des devoirs, des courses et les week-ends. Tout compte fait, on est mère à peine un tiers du temps... La qualité compte plus que la quantité, et le père est supposé prendre le relais.

En vérité, la maternité ne change pas fondamentalement la vie sociale des femmes, pas plus d'ailleurs que les autres étapes de sa vie biologique. Que l'âge de la première menstruation se soit abaissé, et celui de la ménopause retardé [120], contribue au contraire à l'unification des étapes de la vie féminine. Une vie sexuelle plus précoce [121] et plus longue donne aux femmes le sentiment d'une vie active prolongée. La ménopause ne modifie plus leur statut [122]. Jadis, il correspondait à l'âge de la retraite sexuelle ; aujourd'hui, il ne scande plus aucune étape, ni professionnelle, ni affective, ni sexuelle. C'est à peine si les mères se perçoivent comme grands-mères.

La maîtrise de la nature ou le détachement à l'égard des fonctions physiologiques est rendu plus évident encore par les nouvelles techniques de procréation. Au XIXe siècle, les découvertes pastoriennes avaient permis l'allaitement arti-

120. G. Doucet et Dr D. Elia, *Femme pour toujours, la ménopause oubliée,* Hachette, 1985.

121. *Le Fait féminin, op. cit.,* p. 468-469. M. Livi-Bacci déclare que l'âge de la première menstruation s'est abaissé de deux ou trois ans depuis un siècle alors que celui de la ménopause est passé de 46 à 49 ans.

122. Deux sondages récents en témoignent. Le sondage IFOP pour *Parents* (mai 1982), sur un millier de jeunes de 15 à 18 ans, indique qu'une majorité de filles et garçons ont leur première expérience sexuelle à cette époque. Ce que confirmait plus récemment le sondage du magazine *l'Étudiant* portant sur 5 110 lycéens (1983).

ficiel et ôté aux seins leur finalité nourricière. Aujourd'hui, on peut être enceinte sans faire l'amour [123], emprunter un ovocyte à X, du sperme à Y, féconder le tout *in vitro,* se faire réimplanter l'embryon ou le faire porter par une autre. Il n'est peut-être pas loin le temps où une mère artificielle pourrait se substituer à une femme de chair et de sang. Après les seins, c'est le ventre de la femme qui deviendrait contingent : une option laissée au libre choix de chacune !...

Tout ceci implique une nouvelle conception de la maternité. La vraie mère serait moins celle qui lègue son matériel génétique, porte l'enfant et accouche, que celle qui l'élève et lui donne son amour. Plus les « impératifs de la nature » reculeront et plus le concept de maternité se rapprochera de celui de la paternité.

Le détachement à l'égard des fonctions physiologiques constitue, après la mixité des rôles, le plus puissant facteur de la ressemblance des sexes. Or, il est indéniable que tous nos efforts convergent, à long terme, pour ôter aux organes du corps leur caractère impérialiste. A défaut de supprimer la mort, on prolonge la vie, on rend fertiles des femmes qui n'auraient pu l'être il y a seulement quelques années. Bref, on fait tout pour plier le corps à nos désirs et ne plus faire de nécessité vertu. L'importance que nous lui attribuons n'en est pas moindre mais a complètement changé de signification. D'objet « technique », il est devenu objet « esthétique [124] ». Nous ne voulons plus tant nous en servir que nous

123. Un homme peut être père sans contact sexuel avec sa femme. Depuis dix ans, 10 000 enfants sont nés par insémination artificielle, et le recours aux mères porteuses repose sur « l'interdit pour le père génétique d'avoir des relations sexuelles avec la mère de son enfant ». Paul Yonnet parle d'un processus de « dégénitalisation ». Cf. « Mères porteuses, père écarté », *Le Débat,* Gallimard, n° 36, septembre 1985.

124. Kant, *Critique de la faculté de juger,* 39 et 17 : la beauté est une finalité sans fin.

en étonner, l'admirer et le faire admirer. Dans notre civilisation, personne ne s'offusque d'une mère qui n'allaite pas son enfant, mais nous trouvons choquant un corps qui se laisse aller. Tout doit être fait pour reculer sa vieillesse, cacher ses faiblesses, et le tenir coûte que coûte en bon état de séduction. Certains disent que c'est une affaire d'éthique !

Notre dépendance à l'égard du corps n'est peut-être pas moindre mais elle ne ressemble pas à celle de jadis. Peu à peu nous maîtrisons mieux le biologique et trouvons des armes contre l'inesthétique. La sacro-sainte nature est manipulée, modifiée et défiée au gré de nos désirs.

Même si notre psyché a parfois du mal à suivre, nous serions bien naïfs de croire qu'il y a une fin à cela.

La différence individuelle avant la différence sexuelle.

Les stéréotypes de l'homme viril et de la femme féminine sont pulvérisés. Il n'y a plus un modèle obligatoire mais une infinité de modèles possibles. Chacun tient à sa particularité, à son propre dosage de féminité et de masculinité. « Les différences nécessaires à la séduction s'établissent dans l'intimité du couple et de moins en moins par le biais de la collectivité [125]. »

La mixité des rôles et des sentiments nous rend de plus en plus difficile la discrimination sexuelle. Celle-ci a perdu son caractère premier et fondamental, et nous paraît souvent secondaire. La différenciation des individus et des groupes se fait selon des clivages plus subtils que le sexe, comme, par exemple, l'âge, la culture ou la sensibilité. Cette dernière n'est d'ailleurs pas étrangère à la façon dont nous appréhendons le masculin et le féminin en nous.

125. E. Sullerot, *Demain, les femmes*, Laffont, 1965, p. 106.

Dans certaines sociétés, ce qui distingue l'homme de la femme est moins le sexe que le pouvoir de fécondité. La femme stérile a un statut particulier. Chez les Samo de Haute-Volta, elle est assimilée à un enfant : « ce qui donne à la jeune fille le statut de femme, ce n'est pas la perte de virginité, ni le mariage : c'est la conception. Il suffit d'une grossesse dont il importe peu qu'elle soit suivie d'une fausse couche ou d'une naissance. La femme stérile n'est pas considérée comme une vraie femme ; elle mourra jeune fille immature et sera inhumée dans le cimetière des enfants [126] ».

En revanche, chez les Nuer d'Afrique orientale, les femmes stériles sont considérées comme des hommes et ont droit à tous les avantages qui sont les leurs. « Si une jeune fille se marie et n'a pas d'enfants, au bout de quelques années, elle revient dans sa famille d'origine avec un statut d'homme. Elle sera appelée " oncle " par ses neveux et nièces. Elle recevra une part de bétail, aura peu à peu un troupeau et paiera alors la dot nécessaire pour se procurer une épouse. Ses femmes l'appelleront " mon mari ". Elle engage un géniteur qui sera aussi son domestique. Ses femmes auront des enfants qui l'appelleront " père " [127]. »

Il n'en est pas de même dans nos sociétés. Les femmes stériles ne sont pas identifiables à des jeunes filles ou à des hommes. Même si l'on peut penser que la grossesse distingue moins le groupe des femmes de celui des hommes que celles qui ont conçu de tous les autres (hommes et femmes qui ignorent cette expérience), la contraception et la catégorie des femmes volontairement stériles ôtent à la

---

126. F. Héritier, *Le Fait féminin, op. cit.,* p. 392. Elle montre que le sort de la femme stérile est tragique. Comme les Samo redoutent que le corps qui n'a jamais connu la douleur de l'enfantement, la déchirure des reins, connaisse ces souffrances après la mort, il est d'usage en certains endroits du pays Samo de procéder sur la femme stérile, avant de l'enterrer, à une opération qui vise à lui briser les reins.

127. *Ibid.,* p. 401.

grossesse son caractère d'expérience cruciale, d'étape nécessaire pour accéder à la féminité. Celles qui ne veulent pas d'enfants ne se sentent pas moins femmes pour autant. Elles mettent leur féminité ailleurs que dans leurs ovaires et ressentent des sentiments maternels pour d'autres que leurs enfants. En outre, les nouvelles techniques de procréation brouillent nos vieux critères de la fécondité. Lorsque plusieurs femmes peuvent participer au processus maternel, comment déterminer laquelle sera dite « féconde » ? Dans les cas de « maternité éclatée », est-ce celle qui donne l'ovocyte ou celle dont le ventre accueille l'embryon ? Faute d'y voir clair, on préfère minimiser l'importance du biologique au profit des désirs. De la mère génétique, la mère porteuse et la mère éleveuse, c'est finalement cette dernière qui nous paraît devoir porter le nom de mère. Auquel cas, rien ne sépare plus la maternité de la paternité, même si cela demeure l'exception.

De nombreuses sociétés distinguent le géniteur, donneur de sperme, du père, donneur de soins. Nous voilà conduits à faire de même pour certaines femmes. Il faut à présent distinguer les génitrices des mères, donneuses d'amour. Les différences entre père et mère ne relèvent plus tant de leur physiologie que de leur identité de genre. Elles sont plus individuelles que sexuelles. Même si le modèle dominant commande un père viril et une mère féminine, nous percevons de mieux en mieux que chacun est un mélange unique des deux composantes et que les figures imposées craquent de partout.

L'humanité bisexuelle rapproche les sexes jusqu'à la plus grande ressemblance possible. Ce faisant, elle permet l'expression de toutes les différences personnelles. Elle n'est plus scindée en deux groupes hétérogènes, mais est constituée d'une multiplicité d'individualités qui à la fois se ressemblent et se distinguent par toutes sortes de nuances.

CHAPITRE II

Le couple,
ou les mutations du cœur

La ressemblance des sexes est lourde de conséquences sur nos désirs. La dialectique de l'Un et de l'Autre perd de sa tension originelle, faute d'étrangeté, d'opposition, voire de combattants.

La notion traditionnelle du couple vacille. La durée qui le caractérisait a valeur d'idéal et non plus d'impératif, car on refuse d'obéir aux contraintes qui la rendait possible.

Philémon et Baucis, tel est le fantasme romanesque qui commande le réel sous peine de rupture. Foin des demi-mesures et des à-peu-près ! L'idéal ne se négocie pas. C'est la politique du tout ou rien qui mène le couple : plutôt multiplier les essais, dans l'espérance de réaliser la parfaite unité, que d'accepter les compromis propres à la longévité. Comme les impératifs (sociaux, économiques, religieux) qui pesaient jadis en faveur de la durée ont pour la plupart disparu, c'est le cœur, seul, qui commande notre vie à deux. Contrairement à l'âge classique, qui avait une conscience aiguë de la contingence de l'amour et refusait de bâtir une union sur une base aussi fragile, nous donnons la priorité absolue à ce qu'il y a de plus irrationnel et d'inconstant en nous. Là, comme ailleurs, ce ne sont plus tant nos « passions » que nos « névroses » qui président — en dernière instance — à notre destin. On aime, on évolue, on n'aime plus. Puis l'on recommence...

Les intermittences du cœur ne sont pas le signe de la légèreté de nos amours. Celles-ci sont contingentes par nécessité de perfection. C'est parce que l'unité recherchée est bien plus exigeante que jadis que nous avons tant de mal à la réaliser et à la faire durer. La qualité et l'intensité du lien prenant le pas sur tout le reste, l'indifférence, les défaillances ou les conflits font éclater l'unité et mettent en jeu la survie du couple. A quoi bon rester deux si l'on ne fait plus un ? Que les cœurs cessent de communier, que le silence s'installe, et le couple se dissout faute de raison d'être. On ne pardonne jamais à l'étrangeté de s'être substituée à l'intimité recherchée.

Reste que l'unité symbiotique dont nous rêvons est rendue plus difficile encore par notre mutation androgynale. Nos exigences ont redoublé, parfois contradictoires. Androgynes imparfaits, nous recherchons à la fois l'autosuffisance et la relation fusionnelle, conçue comme l'emboîtement parfait de nos deux doubles natures.

Nous voilà donc confrontés à un triple défi : concilier l'amour de soi et l'amour de l'autre ; négocier nos deux désirs de liberté et de symbiose ; adapter enfin notre dualité à celle de notre partenaire, en tentant d'ajuster constamment nos évolutions réciproques.

Pari d'autant plus risqué que jamais le Moi n'a été si fort et le besoin d'amour si exigeant.

L'individu avant le couple.

Jadis, le couple constituait l'unité de base de la société. Formé de deux moitiés qui chacune avait à cœur de jouer sa

« partition », il représentait une entité transcendante à chacune des parties. Socialement et même psychologiquement, il était entendu que l'Un était incomplet sans l'Autre. Le célibataire, méprisé ou plaint, était perçu comme un être inachevé. L'usage d'un seul nom patronymique pour deux reflète encore cette conception globalisante du couple qui gomme les individualités. Opération mentale et sociale plus compliquée à effectuer lorsque chacun conserve son propre nom et son indépendance.

La tendance actuelle n'est plus à la notion transcendante du couple, mais à l'union de deux personnes qui se considèrent moins comme les moitiés d'une belle unité que comme deux ensembles autonomes. L'alliance admet difficilement le sacrifice de la moindre partie de soi. L'hypertrophie du moi et l'individualisme militant sont de rudes obstacles à la vie à deux telle que nous la désirons. Il est vrai que nos objectifs ont changé et que nous ne sommes plus prêts à payer n'importe quel prix la présence de l'Autre à nos côtés.

La valeur absolue du Moi.

L'émergence de notre nature androgynale multiplie nos exigences et nos désirs. Nous voulons tout parce que nous nous éprouvons nous-mêmes comme une totalité en soi. Nous avons le sentiment plus ou moins prononcé d'être un exemplaire représentatif de toute l'humanité. Un succédané de la totalité divine. Nous nous voulons complets et autosuffisants, mais l'altérité intériorisée enlève de l'urgence et du piquant à sa recherche. A présent, l'Autre a un prix à ne pas dépasser. Il est désiré s'il enrichit notre être, rejeté s'il lui demande des sacrifices.

L'aspiration sans précédent à la totalité rend plus douloureuse que jamais la conscience du manque. C'est pourquoi la plupart des couples stériles sont prêts à tout pour mettre fin à une insatisfaction qui les prive d'un caractère commun à toute l'humanité. Le stoïcisme n'est plus de ce monde, la nécessité n'est plus vertu. Si la nature nous joue le mauvais tour de nous amputer d'une partie de nous-mêmes, de nous interdire une expérience qu'elle permet aux autres, nous nous rebiffons et prenons les chemins de traverse.

Si c'est l'Autre qui est cause de notre insatisfaction, nous le quittons. Mieux vaut cultiver son Moi qu'étouffer un aspect de sa personnalité. Si nous ne savons pas nous faire aimer tels que nous sommes, en revanche nous sommes toujours prêts à nous aimer avec passion.

Le Moi est devenu notre bien le plus précieux, puisqu'il a tout à la fois valeur esthétique, économique et morale. Jadis, il était « mal élevé » d'en parler et répréhensible d'en faire le fondement de son existence. Il fallait à tout prix donner le sentiment que l'Autre était plus important que le Moi. Les nouvelles générations n'ont que faire de cette morale ou de ces hypocrisies. Leur obsession n'est pas tant d'exploiter l'Autre que de s'exploiter soi-même au maximum. Les objectifs ont radicalement changé : on ne pense plus guère qu'à gérer son temps de vie et à utiliser toutes ses capacités. Laisser en friche quelques-unes de ses potentialités est un crime impardonnable contre le nouveau capitalisme du Moi. Les parents, conscients de leurs responsabilités, sont pris d'une frénésie d'expériences pour leurs enfants. On leur fait tout essayer dans l'espoir de leur découvrir quelques talents qui seront des « plus » pour leur Moi. C'est ainsi qu'on voit les enfants courir d'une séance de judo à un cours de danse, de l'atelier de poterie à un cours de musique... même s'ils préféreraient rester chez eux à ne rien faire. Mais le loisir improductif suscite remords et angoisse chez les parents, qui « investissent » dans le Moi de leur enfant parfois plus encore que dans le leur.

L'exploitation du Moi commande une nouvelle méthodologie : le narcissisme. « Connais-toi toi-même » et « aime-toi » sont les deux conditions préalables à toute mise en valeur du Moi. L'heure n'est plus aux fausses pudeurs et modesties. Puisque inaptitudes et inappétences sont mises au compte d'un Moi malheureux, « bloqué », c'est un devoir de l'écouter, le regarder, le disséquer, pour être en mesure de le libérer.

Le Moi est objet de culte et de culture, parce qu'on mise tout sur lui. Il est censé nous apporter plaisir, bonheur, gloire et peut-être même l'éternité, plus sûrement que *quoi* ou *qui* que ce soit. Notre suprême ambition est donc d'en faire un chef-d'œuvre envié et admiré par les autres. G. Lipovetsky a raison de souligner que « le Surmoi se présente actuellement sous la forme d'impératifs de célébrité, de succès qui, s'ils ne sont pas accomplis, déchaînent une critique implacable contre le Moi [1] ».

Aujourd'hui, il n'y a pas pire malheur que l'échec et la dévalorisation du Moi. Ils provoquent des réactions désespérées comme le suicide ou la drogue. En dernier ressort, ne pas s'aimer est mortel et l'on ne demande *rien* d'autre à la psychanalyse que d'apprendre à se supporter.

Le Moi a valeur morale puisque l'amour de soi est devenu une éthique. L'impératif catégorique n'énonce plus les conditions du rapport entre Moi et Autrui mais celles de mon rapport à moi-même. Il ordonne de m'aimer, de « m'épanouir » et de « jouir ». La finalité de la morale s'est déplacée de l'Autre à Soi. « L'authenticité l'emporte sur la réciprocité, la connaissance de soi sur la reconnaissance [2]. »

1. *L'Ère du vide,* Gallimard, 1983, p. 81.
2. *Ibid.,* p. 67 : « Mais simultanément à cette disparition sur la sphère

Lorsque le Moi devient notre préoccupation centrale et qu'il importe avant tout de « s'épanouir indépendamment des critères de l'Autre », force est de reconnaître que la relation intersubjective perd de sa valeur : « L'espace de la rivalité interhumaine fait place peu à peu à une relation publique neutre où l'Autre, vidé de toute épaisseur, n'est plus hostile ou concurrentiel, mais indifférent, *désubstantialisé* à l'instar des personnages de P. Handke et de Wim Wenders [3]. »

La valeur absolue attribuée au Moi va de pair avec la valeur relative reconnue à l'Autre. Les grandes passions ne sont plus de mise. La haine et la jalousie sont condamnées [4], au profit du détachement, signe de maîtrise de soi et antidote de la souffrance. Les couples qui divorcent mettent un point d'honneur « à se quitter bons amis », comme si l'attachement excessif était la marque de la pauvreté et de l'incomplétude du Moi. Il est de bon ton de donner l'apparence — quelles qu'en soient les difficultés — que l'on se suffit à soi-même.

Cette morale égocentrique met en péril l'éthique christiano-kantienne. L'altruisme qui la fonde n'est guère compatible avec notre individualisme militant. A force de proclamer le devoir d'épanouissement personnel (Moi d'abord, Moi totalement), l'idée de sacrifice n'apparaît plus que sous l'aspect négatif d'une auto-mutilation. Nous ne pouvons agréer l'altruisme que s'il sert les buts du Moi : son esthétique et sa grandeur. De là à faire passer l'Autre avant Moi, il y a un abîme que nous franchissons de plus en plus rarement...

---

sociale de la figure de l'Autre, réapparaît une nouvelle *division,* celle du conscient et de l'inconscient... » JE est un autre « amorce le procès narcissique... ».

3. *Ibid.,* p. 78.

4. Il y a de moins en moins de crimes passionnels dans nos sociétés.

Tout cela influe directement sur notre façon d'aimer. L'amour oblatif [5] — qui a longtemps incarné le modèle de l'amour — a de sérieuses limites, ainsi qu'on l'observe dans la relation conjugale et même maternelle. Jadis, la maternité se définissait en termes de dévouement et de sacrifices. On faisait des enfants pour obéir à Dieu (« croissez et multipliez »), pour donner une descendance à son mari et pour accomplir son destin de femme. Le symbole de la bonne mère était le pélican qui s'ouvre les entrailles pour nourrir ses petits. Il était entendu que le bien-être de l'enfant exigeait de sa mère le don de sa personne, voire de sa vie. Aujourd'hui, cette conception de la maternité n'est plus celle de notre société. D'abord on procrée pour satisfaire en priorité un désir personnel et l'on répugne à avoir un enfant dont on n'a pas envie, dans le seul but de faire plaisir à l'Autre. Encore moins pour que survive l'espèce, ou autre nécessité socio-économique. On procrée avant tout pour soi, pour satisfaire et enrichir son Moi. L'honnêteté commande de reconnaître que le désir d'enfant est profondément égoïste et narcissique, deux sentiments qui garantissent, mieux que tout autre, la survie de l'espèce. Nous faisons des enfants pour nous re-produire nous-mêmes, nous voir, nous admirer dans cet Autre qui est une partie du moi. Si la natalité du monde occidental oscille autour de deux enfants par femme, c'est peut-être aussi parce que nous désirons nous reproduire en masculin *et* féminin. L'idéal étant de connaître l'expérience de l'élevage d'un mâle et d'une femelle. Au-delà, la procréation est répétition... Et si la chance ne nous sourit pas, la plupart d'entre nous préfèrent arrêter « les frais » et faire le deuil de leur désir de reproduction bisexuelle. Au-delà de

5. Dictionnaire *Robert* : « qui s'offre à satisfaire les besoins d'autrui au détriment des siens propres ».

deux enfants, la charge semble trop lourde, le sacrifice du Moi trop grand pour les parents.

Nous devons admettre que les enfants dont nous rêvons sont conçus à la fois comme des chefs-d'œuvre du Moi — les perfections que nous ne sommes pas mais que nous pensons savoir réaliser à travers eux — et comme des sources inépuisables d'amour. Bref, nous procréons davantage par narcissisme, pour assurer notre survie, renouveler notre plaisir, et moins pour donner vie à un être humain que nous acceptons d'avance avec ses faiblesses et ses inévitables haines. Prêt à sacrifier beaucoup de lui-même, l'altruisme maternel rencontre des limites qui sont justement celles du Moi de la mère. On peut tout donner tant qu'on y trouve des gratifications. Mais quand il arrive que ce ne soit plus le cas, on « désinvestit » l'Autre pour se protéger des angoisses, remords, déceptions et sauver sa propre intégrité. Même si la plupart des parents sont prêts à de grandes largesses d'amour pour le bien-être de leur enfant, sans en attendre de bénéfice immédiat, la gratuité n'est jamais totale, ni les désirs narcissiques abandonnés. On garde l'espoir de faire rejoindre l'enfant réel et l'enfant fantasmé. Que cet espoir soit réduit à néant, que la haine l'emporte sur l'amour, et l'on ressentira le sacrifice du Moi comme inutile, voire dangereux.

Qu'on le veuille ou non, ce ne sont plus les seuls enfants qui « règlent leurs comptes ». Les parents le font aussi, même si c'est d'une manière moins brutale et revendicatrice. L'amour maternel lui-même n'est plus ce qu'il était, ou plus exactement ce qu'il était supposé être. Les mères aussi font leurs « comptes » en vue de les régler. Elles ont compris que s'arracher les entrailles n'est pas nécessairement payé de retour. Elles y laissent leur Moi sans garantie que le sacrifice ait servi à quelque chose...

Jusqu'à présent, l'image de la mère sacrificielle avait

réussi à se maintenir comme modèle. Celles qui se rebif-
faient le faisaient entre elles, à mi-voix, dans le cercle clos
de l'amitié, de peur de ne pas être comprises ou d'être
rejetées. Aujourd'hui, on peut dire publiquement à ses
enfants qu'ils vont trop loin et abusent de votre amour. En
titrant son livre *Moi, ta mère* [6], Christiane Collange a
rappelé opportunément — au soulagement des unes et au
scandale des autres — que les mères aussi avaient un Moi
qui appelait un minimum de considération sous peine de
rupture. Le succès de cet ouvrage courageux est dû au fait
que l'auteur disait tout haut ce que l'on pensait tout bas
depuis un moment : nous vous donnons volontiers tout
notre amour [7] à condition que vous nous en rendiez une
part suffisante... Faute de preuves tangibles de votre
attachement, nous nous désengagerons de la passion que
nous vous portons pour moins souffrir de votre apparente
indifférence.

L'amour oblatif est encore plus limité dans la relation
conjugale, notamment parce que l'Autre n'est pas une
partie de soi au même titre que l'enfant. L'altruisme est
contre-balancé par l'impératif de la réciprocité. Consciem-
ment ou non, nous procédons à une stricte évaluation des
pertes et profits du Moi. Donner pour recevoir, telle est la
condition de la survie du couple.

L'Amour idéal, dont la première vertu est de nous
protéger contre la solitude, est généralement perçu comme
un dialogue permanent qui prend sa source dans le respect
et la tendresse pour l'Autre et s'exprime par une attention

6. Fayard, 1984.
7. Donner tout son amour à l'enfant ne signifie pas qu'on donne tout
l'amour qui lui est *nécessaire* pour bien vivre, mais que nous donnons tout ce
que nous *pouvons* ou savons donner. L'amour maternel est très différent
d'une femme à l'autre. Il y a celles qui le dispensent presque sans compter et
les autres qui ne peuvent donner que ce qu'elles ont reçu, et qui est parfois
bien peu.

particulière pour celui-ci. Respect et dialogue impliquent l'égalité des partenaires amoureux, et l'amour conjugal ne va pas sans la règle absolue de la réciprocité. *Je t'aime autant que moi-même, à condition que tu m'aimes autant que toi-même et que tu me le prouves.* Ainsi la réciprocité du sacrifice annule-t-elle le sentiment de celui-ci.

Cette règle implique que rien n'est gratuit, et que l'amour peut difficilement être unilatéral. Elle a toujours existé dans le mariage, même si les termes du potlatch ont varié suivant les époques et les classes sociales. Si l'on n'échangeait pas une part égale d'amour, chacun apportait quelque chose d'équivalent à ce que l'Autre donnait : un titre ou un statut social contre une dot, ou plus prosaïquement l'entretien contre les soins du ménage et des enfants.

Cette règle est plus que jamais mise à l'épreuve dans la vie privée du couple. Comme de plus en plus fréquemment, homme et femme rapportent tous les deux un salaire à la communauté familiale, la règle de réciprocité ne concerne plus que les preuves d'amour. Celles-ci se manifestent dans les gestes apparemment les plus anodins qui constituent la trame essentielle de cette vie de couple [8]. Telle attention qu'Il a pour Elle devra bientôt être récompensée par une autre similaire de la part de la partenaire, et réciproquement. Même si l'on affecte de ne pas compter, la comptabilité n'en est pas moins tenue. Indigne ! diront certains. Non, l'amour ne s'exprime que par des preuves, et sa survie se nourrit de réciprocité. Si l'on ne veut pas le voir dépérir,

---

8. Sabine Chalvon-Demersay, *op. cit.,* p. 57 : « On ne compense plus un travail à l'extérieur par un travail domestique, mais un travail actuel par son équivalent dans le futur : " Je fais la vaisselle aujourdhui, tu la feras demain. Je fais le ménage aujourd'hui, la semaine prochaine ce sera ton tour ; si je m'occupe du bébé aujourd'hui, demain ce sera toi. " Chacun, en accomplissant une tâche, ouvre une *dette* dont l'extinction ne sera assurée que par la réalisation ultérieure d'une tâche similaire. »

il faut donc constamment négocier entre ses pulsions égoïstes et son désir de maintenir l'union vivace. Un manquement prolongé à la règle de réciprocité est toujours vécu, en fin de « compte », comme une injustice, une preuve d'indifférence ou un manque de considération. Toutes choses qui finissent invariablement par miner l'entente, et donc la raison d'être du couple. Si le contentieux s'alourdit, le dialogue cesse pour laisser place à la pire des contraintes : le face-à-face hostile.

Plutôt la solitude que la contrainte !

L'augmentation constante du nombre des divorces est un phénomène qui touche l'ensemble des pays industrialisés, à l'Est comme à l'Ouest, depuis une quinzaine d'années. En Suède, aux États-Unis et en Union soviétique [9], on recense près d'un divorce pour deux mariages. La France a suivi le même chemin, puisqu'en 1984 on comptait 130 000 divorces pour 284 000 mariages. Le nombre de mariages n'est plus supérieur au nombre de couples qui se dissolvent par divorce ou veuvage [10]. Le divorce touche en priorité les jeunes couples, après trois ou quatre ans de mariage, et les populations urbaines moins sujettes aux pesanteurs — sociales, économiques ou religieuses — existant dans certaines régions [11]. Mais, phénomène plus intéressant encore, partout où le divorce existe, ce sont les femmes qui en sont massivement demanderesses. Depuis son institution en France en 1884, la proportion de demandes féminines est

9. Hélène Yvert-Jalu, « Le divorce en Union soviétique », *op. cit.*, p. 79-198.
10. *Population et Sociétés*, n° 195, octobre 1985.
11. Ainsi c'est en Vendée, région à forte tradition religieuse, que l'on divorce le moins. Cf. *Données sociales*, INSEE, 1984.

toujours supérieure [12] à celle des demandes masculines, sauf dans les périodes suivant immédiatement la Première et la Seconde Guerre mondiale. Les statistiques tendent à montrer que les femmes ressentent, plus amèrement que les hommes, les inconvénients de la vie conjugale.

Si l'on considère la vie actuelle des ménages, on peut observer que la règle de réciprocité est constamment bafouée au détriment des femmes. Toutes les études de l'emploi du temps quotidien des couples montrent que le travail domestique est le moins équitablement réparti selon les sexes.

EMPLOI DU TEMPS QUOTIDIEN MOYEN DE CITADINS MARIÉS
AYANT UN OU DEUX ENFANTS (FRANCE 1974-1975) [1]

	Hommes ayant une activité professionnelle	Femmes ayant une activité professionnelle	Femmes sans activité professionnelle
Soins aux enfants	0 h 17	1 h 05	1 h 59
Autres activités ménagères	1 h 13	3 h 53	5 h 53
Temps passé au travail professionnel y compris les trajets	6 h 48	4 h 52	— —
Temps personnel [2]	11 h 06	10 h 50	11 h 19
Temps libre [3]	3 h 52	2 h 39	3 h 52
Trajets non professionnels	0 h 43	0 h 41	0 h 52
Total	24 heures	24 heures	24 heures

1. Marie-Thérèse Huet, Yannick Lemel, Caroline Roy, *Les Emplois du temps des citadins*, document « Rectangle », INSEE, décembre 1978.
2. Sommeil, repas à domicile et extérieurs, soins personnels et médicaux.
3. Éducation, religion, associations, spectacles, réceptions, sports, excursions, lecture, télévision, musique, bricolage, ouvrage et tous autres loisirs.

12. Phénomène qu'on observait déjà dans la période d'application de la loi révolutionnaire de 1792. En 1979, sur 100 requêtes de divorces, 64 ont été déposées par des femmes.

S'il est vrai que l'emploi du temps professionnel des femmes est moins chargé (en termes de statistiques) que celui des hommes, force est de constater qu'elles ont 8 heures et demie de loisirs en moins par semaine.

Ce déséquilibre est sensiblement le même aux États-Unis [13] ou en Union soviétique [14]. Lors d'une grande enquête faite sur 2 214 ménages représentatifs américains, James Morgan constatait qu'en se mariant, les hommes effectuent par semaine deux fois moins d'heures de production domestique que durant leur vie de célibataire (4 heures par semaine au lieu de 8) tandis que l'inverse est vrai pour les femmes (40 heures par semaine contre 20 heures pour les célibataires). Certes, le phénomène n'est pas nouveau puisque Durkheim écrivait il y a près de quatre-vingt-dix ans : « il faut admettre que la société conjugale, si désastreuse pour la femme, est au contraire, même en l'absence d'enfants, bienfaisante pour l'homme [15] ». Mais cette inégalité est de plus en plus mal ressentie par les femmes. La fatigue qui en résulte engendre un mécontentement latent, d'autant plus perceptible qu'elles auront acquis leur indépendance économique. Toutes les enquêtes montrent que plus leur niveau d'instruction et leur statut professionnel sont élevés et moins elles se déclarent satisfaites de leur vie maritale [16].

L'égalité de condition avec leurs collègues masculins les incite à la rechercher aussi chez elles, auprès de leur compagnon. Considérant qu'elles n'ont pas plus d'instinct

13. James Morgan, Ismaïl Sirageldin, Nancy Baerwaldt, *Productive Americans*, University of Michigan, 1966. Cité par Andrée Michel, *Les Femmes dans la société marchande*, PUF, 1978, p. 151.

14. Hélène Yvert-Jalu, *op. cit.*, p. 186.

15. *Le Suicide*, PUF, éd. 1967, p. 201.

16. Cf. en URSS : H. Yvert-Jalu, *op. cit.*, p. 182. Pour les USA et la France, cf. A. Michel, *Activité professionnelle de la femme et Vie conjugale*, CNRS, 1974.

maternel que d'instinct ménager, que rien dans leur nature ne les prédispose à laver les couches ou se lever la nuit, elles sont de plus en plus conscientes de l'aspect contraignant de ces tâches quand elles ne sont pas partagées. Et quand les hommes rechignent au partage, ils rompent le contrat de solidarité et de réciprocité, fondement de la vie conjugale.

La lassitude des femmes qui travaillent hors de chez elles engendre du ressentiment à l'égard du conjoint. L'ère du dialogue est bientôt terminée, laissant place à une sorte de solitude contre laquelle on pensait se prémunir en cohabitant ou en se mariant, solitude faite d'hostilité contre l'Autre perçu comme exploiteur.

Dans ces conditions, pourquoi rester ensemble ?

Lorsque les femmes jouissent d'une relative indépendance économique, elles ont alors tout intérêt à divorcer. La séparation est à la fois un soulagement physique, psychologique et une source d'espérance. Elles continueront d'assumer les charges de la vie professionnelle et familiale, mais elles seront débarrassées du poids d'un conjoint devenu étranger. En outre, la femme qui divorce est quasiment assurée d'obtenir la garde de ses enfants [17], remède sans prix contre la solitude [18].

Avec ou sans enfant, la séparation signifie aussi l'espoir de renouer des liens plus heureux avec un autre [19]. Mieux

17. Les enfants sont confiés à la mère dans 85 % des cas.
18. En revanche, s'ils ne divorcent pas pour se lier à une autre, la plupart des hommes ont tout à perdre dans leur séparation. Outre la disparition du confort ménager, ils sont confrontés à une réelle solitude. Puisque moins de 10 % des pères divorcés obtiennent la garde de leurs enfants, on peut dire sans dramatisation excessive que certains se sentiront veufs de leurs enfants. Alors, si la vie conjugale ne leur est pas insupportable, pourquoi partiraient-ils ?
19. C'est entre 25 et 35 ans que les épouses sont le plus demanderesses de divorce. Elles sont à l'origine des deux tiers des demandes.

vaut une solitude momentanée (et relative), que le partage de sa vie avec un être qu'on ne reconnaît plus pour sien. La nouvelle morale conjugale réprouve sévèrement l'union poursuivie par « la force des choses ». Quand le cœur n'y est plus, on considère que demeurer ensemble serait céder à l'hypocrisie. Le lien forcé est à la fois une lâcheté morale et un inconfort affectif grave.

A tout prendre, les jeunes générations choisissent de plus en plus aisément les risques de la solitude à l'union tensionnelle de moins en moins supportée. Trois mots expliquent ce changement d'attitude : liberté, complétude, et apathie, avec ses connotations positives et négatives.

Dans les années 1970, de nombreuses féministes ont fait l'éloge de la solitude. S'inspirant de Virginia Woolf, elles demandaient le droit de posséder « une chambre à soi », voire seulement « un lit à soi [20] », un lieu où vivre libre, pour et par soi-même. Cette revendication allait de pair avec une critique féroce du couple, perçu comme « une illusion destinée à pousser les individus à se détruire eux-mêmes en se fondant l'un dans l'autre, ce qu'ils ne feraient pas si ce n'était au nom d'une religion, d'un idéal [21] ». E. Le Garrec dénonce le mythe du Grand Amour, qui n'est en réalité qu'un combat permanent où chacun trompe l'Autre, où le plus fort s'approprie le plus faible.

« Quel rôle ai-je joué en écrivant sur la nécessité du partage des tâches à l'intérieur du couple ?... J'ai cru que disparaîtraient les rapports de domination... Je me suis trompée. Se battre à l'intérieur du couple, c'est épuiser, dans une bataille quotidienne, jamais gagnée, toujours à engager de nouveau, une énergie qui ne pourra plus

20. Évelyne Le Garrec, *Un lit à soi*, Le Seuil, 1979 ; coll. « Points », 1981.
21. *Ibid.*, p. 12.

s'employer ailleurs... C'est jouer la carte de la réforme du couple, comme les travailleurs jouent celle de la réforme de l'entreprise [22]. » En vain.

A cette époque, de nombreuses féministes font le choix de vivre seules [23], non seulement pour mettre en accord leur vie privée avec leur idéologie, mais aussi pour se récupérer en tant que personne, « je » libre et autonome. E. Le Garrec souligne que le couple annihile la personne humaine dans une confusion aliénante : « " je " disparaît, absorbé, noyé dans " nous ". Jamais seule. Car le couple ne permet pas cette part de solitude indispensable à l'existence de l'individu. Même absent, l'Autre est là, point de référence, trace pesante dans la maison, lourde d'attente qu'il suscite [24]. »

En vérité, le couple, loin d'être un remède contre la solitude, en sécrète souvent les aspects les plus détestables. Il fait écran entre soi et les autres, il affaiblit les liens avec la collectivité. En nous faisant abdiquer notre liberté et notre indépendance, il nous rend plus fragiles encore, en cas de rupture ou de disparition de l'Autre. « Celle ou celui qui reste est alors renvoyé à la solitude totale, à l'isolement et au rejet, complément sans objet direct, résidu inutilisable d'une paire. Solitude totale, dès lors que l'individu n'existe pas en lui-même, et que n'existe pas non plus la collectivité dans laquelle il continuerait à avoir sa place. " Nous " disparu, reste une moitié de quelque chose, infirme, débile, non viable, comme un nouveau-né qui n'aurait personne pour le nourrir et le vêtir, en proie à la peur [25]. »

Pour lutter contre cette solitude-là — la pire des aliéna-

22. *Ibid.* p. 16.
23. Dans le « Programme commun des femmes », G. Halimi suggère en 1978 que la suppression de la famille patriarcale nécessite peut-être la suppression de la cohabitation du couple pendant une génération.
24. *Op. cit.,* p. 18.
25. *Ibid.,* p. 19.

tions —, on apprend, non sans plaisir, à vivre pour soi et à cultiver son Moi. Nul doute que nous y sommes puissamment aidés par notre narcissisme exacerbé et l'idéal de la complétude qui est devenu le nôtre. Protéger son Moi des risques d'une souffrance venue de l'Autre est devenu un impératif catégorique. Certains, comme Jerry Rubin, ex-leader contestataire américain, ont été jusqu'à prôner le désinvestissement de l'intersubjectivité : « Renoncer à l'amour pour m'aimer moi-même suffisamment afin de ne pas avoir besoin d'un autre pour me rendre heureux [26]. »

G. Lipovetsky voit dans cette recherche narcissique d'autonomie à tout prix le symptôme d'une apathie pathologique, proche de l'état dépressif. Le procès de personnalisation est à ses yeux un agent de déstabilisation : « Il engendre une existence purement actuelle, une subjectivité totale sans but ni sens, livrée au vertige de son autoséduction. L'individu, enfermé dans son ghetto de messages, affronte désormais sa condition mortelle sans aucun appui transcendant (politique, moral ou religieux) [27]. »

Au demeurant, nous ne sommes pas forcés de nous en tenir à cet aspect pessimiste de l'apathie. Primitivement, stoïciens et épicuriens l'identifiaient à la sagesse, c'est-à-dire la quiétude. La recherche de l'autonomie ne signifie pas nécessairement l'incapacité d'établir une relation duelle, mais le refus de la payer n'importe quel prix. La tranquillité de l'âme, chère à Démocrite, se méfie des passions et des excès en tous genres. Elle redoute plus que tout la perte de la maîtrise de soi, mais elle appelle aussi la sérénité d'un cœur satisfait.

Androgyne imparfait, notre complétude n'est jamais totale. L'apprentissage de la solitude est une force et non

26. Cité par G. Lipovetsky, *op. cit.*, p. 61.
27. *Ibid.*, p. 69.

un but. Elle permet une exigence extrême dans la relation de couple vécue à présent comme la fusion de deux entités respectueuses de leur liberté mutuelle.

La passion en moins, la tendresse en plus.

L'affaiblissement des passions.

> « *Je le vis, je rougis, je pâlis à sa vue ;*
> *Un trouble s'éleva dans mon âme éperdue ;*
> *Mes yeux ne voyaient plus, je ne pouvais parler ;*
> *Je sentis tout mon corps et transir et brûler* [28]. »

Le propos de Phèdre, hélas ! n'est plus guère le nôtre. Celle qui incarne les désordres absolus de la passion n'offre qu'une pâle ressemblance avec les femmes d'aujourd'hui. A première vue, le constat emporte la mélancolie. L'acuité des sentiments n'est-elle pas chose délicieuse ? Dans un deuxième temps, on se souvient que la passion de Phèdre est dévastatrice et qu'elle a les accents d'une effroyable violence. « Violence des insultes par laquelle s'achève la déclaration à Hippolyte ; violence qui ouvre l'acte III où Phèdre est prête à tout pour assouvir sa folie ; violence hallucinante de l'acte IV, quand elle découvre les tourments de la jalousie [29]. »

On dira que la passion n'exclut pas forcément la tendresse. Mais celle-ci est aisément emportée par toutes sortes de sentiments contradictoires. Elle n'a pas le premier rôle auprès duquel le reste est secondaire. La sérénité

28. Racine, *Phèdre*, 1677, acte I, scène III.
29. Notes de Jean Balou, *Nouveaux Classiques illustrés*.

qui est sa marque se perd à tout instant au profit d'une déraison qui peut aller jusqu'au meurtre ou au suicide. Conformément aux stoïciens, nous ressentons la passion comme une maladie de l'âme, qui entrave notre liberté plus sûrement que n'importe quel lien. On désire « tomber » amoureux tout en échappant aux dérèglements qui aliènent notre personne. Notre idéal de la maîtrise et de l'épanouissement ne peut s'accommoder longtemps d'un sentiment aussi douloureux.

On imagine mal une Phèdre du XXIe siècle consumée par le désir, prête à se tuer, et tout aussi mal le héros de l'*Ange bleu*, pantin pitoyable de la femme fatale... Quand on éprouve les vertiges de l'amour, on prend soin d'en limiter les effets dangereux pour le Moi. Si les promesses de souffrance doivent l'emporter sur les plaisirs, on préfère se détacher. Là aussi on fait des comptes, peu propices aux excès des passions qui menacent l'intégrité du Moi.

La passion est en voie d'extinction, le vertige sensuel aussi [30]. Dans notre éthique analgésique, il n'y a pas de place pour les risques de souffrance. Hommes et femmes, nous rêvons d'autre chose que de déchirements. Mais même le voudrions-nous, que nous ne le pourrions plus. Les conditions de la passion ne sont plus réunies, tant du point de vue social que psychologique.

Nous sommes à mille lieues de l'érotique courtoise si brillamment décrite par Denis de Rougemont [31]. Celui-ci a montré que le désir se nourrit de son impossibilité. Les épreuves, les obstacles, les interdictions, sont les conditions de la passion. En aimant le fils de son époux, Phèdre éprouve un sentiment doublement interdit par la loi et la nature. L'adultère est coupable, l'inceste est monstrueux.

---

30. Pour Anne Martin-Fugier, *Les Indépendantes*, Grasset, 1985, p. 149, « La passion est déjà morte ».

31. *Op. cit.*, cf. deuxième partie, chap. II.

Deux obstacles incontournables qui excitent un désir ina-
vouable. La passion est indissociable de la transcendance
de la loi morale et sociale. Sa transgression réelle ou
imaginaire ne peut avoir pour prix que la mort ou son
équivalent. Roméo et Juliette se suicident pour échapper à
la loi de leurs pères ; Phèdre, pour se punir d'avoir éprouvé
des sentiments contraires à l'humanité ; la Princesse de
Clèves s'enferme dans un couvent, parce qu'elle sait que sa
passion a tué M. de Clèves [32]. Dans tous les cas, il faut avoir
une haute idée de la morale pour être un héros ou une
victime de la passion !

Tel n'est plus le cas aujourd'hui. A l'heure où les couples
incestueux font leurs confidences aux caméras de la télévision, où le mariage n'est plus sacré, où les fidélités sont
successives, la permissivité ôte à la passion son plus puissant
moteur. Ayant admis que le cœur n'est plus hors la loi, mais
au-dessus d'elle, on a joué un très mauvais tour au désir. En
lui donnant droit de cité, on lui enlève sa force et sa
substance. C'est à peine si on lui permet de naître. Tout va
trop vite pour qu'il puisse mûrir, s'exaspérer et envahir la
scène érotique. Notre rapport au temps a changé pour deux
raisons. D'abord, la femme n'est plus « inaccessible » et
n'exige pas de son amant un long parcours initiatique avant
de se livrer. D'autre part, notre rapport à la temporalité se
mesure à l'aune de l'individu et non plus à celle de la
société.

---

32. Parce qu'elle sait aussi qu'une passion se nourrit d'obstacles :
« Dois-je espérer, confie-t-elle à M. de Nemours, un miracle en ma faveur et
puis-je me mettre en état de voir certainement finir cette passion dont je
ferai toute ma félicité ? M. de Clèves était peut-être l'unique être du monde
capable de conserver de l'amour dans le mariage... Peut-être aussi que sa
passion n'a subsisté que parce qu'il n'en aurait pas trouvé en moi. Mais je
n'aurais pas le même moyen de conserver la vôtre : Je crois même que les
obstacles ont fait votre constance. » *La Princesse de Clèves*, éd. « Folio »,
p. 306.

Les préliminaires sont transformés : « à une succession logique et chronologique unique, chaque couple peut substituer le désordre anarchique de ses désirs. Il peut choisir son rythme, construire les étapes de son histoire en dehors de tout arbitrage social, car personne, à l'exception d'eux-mêmes, n'interviendra pour orchestrer et organiser les moments de leur *installation* [33] ».

Après une étude en profondeur auprès de plusieurs dizaines de jeunes couples de concubins [34], S. Chalvon-Demersay constate que « les événements peuvent se succéder extrêmement vite : on brûle les étapes, les phases intermédiaires sont télescopées, sans contrainte, sans obstacle, sans délai ; le désir fond dans sa réalisation immédiate [35] ».

On peut décider de vivre ensemble après une soirée « coup de foudre », sans s'être donné le temps de « tomber amoureux ». Une jeune femme raconte : « on a tout de suite été plongés dans une *intimité* très grande et des liens très forts. Mais on n'a pas eu le temps de se découvrir. On a court-circuité toute la période d'*attente*, de recherche, où on *rêve* à l'autre, où on attend ses regards... En trois jours, on était déjà un vieux ménage [36] ».

Même si d'autres couples diffèrent leur décision de vivre ensemble, ils retardent rarement le moment de la satisfaction érotique. Le temps n'est plus un obstacle à l'assouvissement du désir, mais une marque de prudence quant à leur engagement. Le but reste le même pour tous : l'installation, l'intimité, la complicité. A la limite, on évacue la phase

---

33. Sabine Chalvon-Demersay, *Concubin-Concubine*, *op. cit.*, p. 100. (Souligné par nous.)

34. Il s'agit de 70 personnes de 20 à 35 ans vivant maritalement depuis plusieurs années.

35. *Op. cit.*, p. 101.

36. *Ibid.*, p. 102. (Souligné par nous.)

passionnelle faite d'incertitudes, de malaise, d'étrangeté, pour pouvoir s'aimer plus vite. Lorsque Sylvie dit : « En trois jours, on était déjà un *vieux ménage* », elle donne une signification très positive à ce que les tenants de la passion jugeraient désolant. Sans parler des éternels Don Juan...

Notre cœur mutant ne recherche plus les affres du désir. On pourrait presque dire qu'il n'en a que faire. Le modèle de la ressemblance va de concert avec l'éradication du désir. En intégrant mieux que jadis l'altérité en soi, on limite l'étrangeté et le mystère propres à l'autre sexe. Doué chacun de virilité et de féminité, on aime à mettre en harmonie telle partie de l'Un avec telle partie de l'Autre. C'est la multiplicité des cas de figures qui fait la spécificité et le mystère des couples. Les hommes les plus virils peuvent être aimés pour leur féminité, les femmes les plus féminines pour leur virilité. Les êtres psychiquement bisexuels « s'adaptent » au mieux de leurs doubles désirs pour trouver la paix des cœurs. Si l'on recherche chez l'Autre ce dont on est le moins bien pourvu, cette complémentarité n'exclut plus la complicité de la ressemblance ni même certains sentiments homosexuels.

On est loin de l'approche traditionnelle du désir en termes d'opposition, qui caractérisait bien le modèle complémentaire. Non pas que le manque et la différence ne jouent aucun rôle dans nos attachements. Mais ils servent d'autres buts que l'idéal guerrier [37] qui définissait l'amour-désir. La conquête sexuelle n'est plus l'apothéose de nos rapports amoureux. La perception des relations sentimentales l'emporte sur la sexualité. Même s'ils sont d'abord indissociables, le cœur prime sur le corps. On a donc inversé les facteurs de causalité : l'entente des corps est

37. *Vocabulaire de la psychanalyse* de Laplanche et Pontalis, article *Désir* : « Le désir cherche à s'imposer sans tenir compte du langage et de l'inconscient de l'autre. »

subordonnée à celle des cœurs qui devient la grande aventure du couple.

L'évolution des mentalités se reflète dans la littérature et le cinéma qui ne racontent plus les mêmes histoires. Hier, elles avaient pour trame le long processus de la conquête, semé d'embûches et de résistances. Le *happy end* prenait effet quand les deux héros allaient enfin former un couple. Sous prétexte que les gens heureux n'ont pas d'histoire, nul ne s'intéressait plus à ce qu'ils allaient devenir. Seule comptait la réunion des corps, qui supposait la fusion éternelle des cœurs. Aujourd'hui, la conquête sexuelle nous passionne moins que la vie d'un couple, avec ses difficultés et ses ruptures. On s'intéresse aux problèmes de communication, à la vie familiale, au divorce, à l'insatisfaction des héros du quotidien. Le *happy end* a changé de nature : on triomphe des obstacles propres à la vie commune, ou bien on se sépare pour reconstituer un autre couple. Quoi qu'il en soit, si le désir de l'Autre est toujours le *primum movens* des affaires de cœur, il n'en est plus la substance. Aussi délicieuse soit-elle, l'étrangeté préliminaire reste une phase à dépasser. Le but de l'union est d'une tout autre nature. A présent, nous avons hâte de déposer les armes pour tester notre complicité. La transparence guide nos relations amoureuses. Nous ouvrons plus largement notre cœur à l'Autre dans l'espoir de trouver notre jumeau. C'est quand la passion se tait que peut naître le véritable amour, qui n'est plus seulement désir de possession et de soumission.

Le désir de tendresse.

Les Anciens distinguaient radicalement l'amour-amitié de l'amour-passion. Le premier définissait une relation fraternelle, où le sexe n'avait pas sa place. Le second caractérisait la relation érotique. Il leur semblait que l'un et l'autre avaient des origines si différentes que lorsque la passion s'éteignait, il était vain de parler d'amour : Éros est passionnel ou n'est pas. Le sociologue Francesco Alberoni reproduit la distinction classique en ces termes : « L'amour est une passion... L'amour est extase, mais aussi tourment. En revanche, l'amitié a horreur de la souffrance... Des amis veulent être ensemble pour être heureux. S'ils n'y parviennent pas, ils se quittent... L'amour n'est pas forcément un sentiment réciproque et l'un de ses caractères est de chercher à le devenir. L'amitié, au contraire, requiert toujours la réciprocité... En amour, nous pouvons haïr la personne que nous aimons... En amitié, il n'y a pas de place pour la haine [38]. »

Plusieurs indices semblent montrer que la relation amoureuse que nous recherchons s'inspire davantage du modèle de l'amitié que de celui de la passion. Aux déchirements, à l'étrangeté, à la défiance, nous préférons la sérénité, la transparence, la confiance. L'absence de réciprocité nous détache et nous ne pouvons plus nous morfondre longtemps dans un amour non partagé. Comme les amis décrits par Alberoni, les amants veulent avoir d'eux-mêmes des images réciproques semblables, ou à tout le moins sans dissonances excessives. On s'assemble parce qu'on se ressemble et que l'on désire voir d'un même regard une même réalité. Les amants marchent côte à côte, solidaires, pour affronter la vie.

Le vocabulaire qui les désigne aujourd'hui est très significatif du type de relation qui est le leur. On parle moins d'amants ou de conjoints que de compagnons. Mariés ou non, l'Autre est ressenti comme tel. A l'origine,

38. *L'Amitié*, Ramsay, 1985, p. 14 et 43.

le « compagnonnage » désignait des associations de solidarité entre ouvriers ; le « compagnon », celui avec lequel on partage le pain. Par extension, il est devenu « celui qui partage les sentiments ou l'idéal d'une autre personne ». Le terme implique l'identité de condition entre deux êtres humains qui éprouvent des sentiments fraternels.

Paradoxe apparent : les amants sont frères. La relation sexuelle devient une des composantes de cette relation fraternelle qui possède comme un léger parfum d'inceste. D'ailleurs, les sentiments familiaux l'emportent sur ceux qu'éprouvaient les héros de Mme de Lafayette ou de Racine. On cherche moins à dominer et posséder l'Autre qu'à en être aimé, protégé, consolé, compris et pardonné. Comme le dit Theodor W. Adorno, seul celui-là nous aime auprès duquel on peut se montrer faible sans provoquer la force. Le modèle de l'amour est, plus que jamais, celui de la mère pour son enfant : on l'imagine désintéressé, oblatif et au-dessus des conflits. Le désir archaïque de retour à la symbiose maternelle n'a jamais été si vivace, tant chez les hommes que chez les femmes. La fusion désirée est de même nature, à une exception majeure près. Nous recherchons la transparence des rapports, le lait de la tendresse humaine, la complicité parfaite qui nous unissait à notre mère, tout en refusant de ressentir les contraintes de la dépendance. Même si nous n'entendons pas en user, nous considérons notre liberté comme la condition primordiale de notre relation fusionnelle. Sans elle, le paradis devient l'enfer et la tendresse se mue en haine. Le Moi ne supporte que l'aliénation volontaire qui participe à son épanouissement affectif. Le lien imposé se défait de lui-même.

Pour que survive le couple, il ne suffit pas d'être l'enfant aimé, il faut savoir aussi être la mère maternante. Puisque l'on veut tout recevoir, il faudrait tout donner. Or, on l'a vu, notre individualisme exacerbé rend plus difficiles le sacrifice et le dévouement. On aime passionnément être aimé, mais savons-nous aimer l'Autre pour lui-même ? La gratuité a ses limites et, avec elles, la tendresse maternelle que l'on désire si passionnément. La solution, toujours précaire, passe par de subtiles négociations qui ont toutes pour objet la satisfaction du Moi. Que celui-ci se sente lésé, incompris ou aliéné et le couple perd toute raison d'être.

La conscience de sa fragilité est si aiguë [39] que la rupture est envisagée comme une partie intégrante de l'histoire d'amour. Pourtant, si mariage et divorce semblent devenus de simples formalités [40], ils ne sont pas que cela. Il n'est pas interdit de penser que les jeunes couples se marient de moins en moins, non seulement parce qu'ils refusent de s'inscrire dans le définitif [41] — contraire à la liberté — mais aussi parce qu'ils redoutent les traumatismes d'une rupture institutionnelle, de plus en plus fréquente. Celle-ci ajoute son poids de chagrin à celui du divorce des cœurs. Le mariage fait peur parce qu'il semble toujours plus lié au divorce, c'est-à-dire à l'échec.

Le mariage — n'étant plus un lien divin, ni l'alliance de deux familles, ni une union économique — est, pour ceux qui le pratiquent, une ultime preuve de tendresse. Souvent lié au désir d'enfant, il est le fruit d'une longue maturation et non le résultat d'un coup de tête passionnel. La cohabitation devenant une façon banalisée de vivre en couple, le moment du mariage étant de plus en plus reculé, il est facile de concevoir que le temps des premières passions n'est pas

39. Seuls 15 % de ceux vivant en union libre et pas même un sur trois des couples mariés estiment que « deux êtres peuvent rester réellement unis » pour toujours. E. Sullerot, *Pour le meilleur et sans le pire, op. cit.*, p. 91.

40. En 1977, une enquête de Louis Roussel indiquait que 80 % des moins de 30 ans ne voyaient dans le mariage qu'une simple formalité.

41. *Concubin-Concubine, op. cit.*, p. 91.

celui de l'Institution. Pour ceux-là, la traditionnelle lune de miel, qui devait préparer à la vie conjugale, n'a plus de sens. Maintenant, on épouse un amant que l'on connaît bien, pour ainsi dire l'ami privilégié [42].

En un sens, le mariage des temps présents ressemble davantage à celui de l'époque classique — récusant la passion comme fondement — qu'à celui que l'on connaissait avant les années 1960. A cette époque, on se mariait pour fonder une famille avec la personne que l'on aimait. Aujourd'hui, le mariage ne change guère la vie du couple préexistant. En revanche, la nature du lien marital a radicalement changé depuis ce numéro du *Mercure galant* (1678) où l'on pouvait lire : « il n'est rien de si commun que de se marier, et rien qui le soit si peu que d'être heureux dans le mariage. L'amour qui doit y être le premier des invités ne s'y trouve presque jamais ».

Aujourd'hui, l'amour-tendresse est au rendez-vous du mariage ; on reste marié tant que l'on en éprouve de la satisfaction. En revanche, bientôt peut-être, il n'y aura rien de « moins commun » que de se marier. De plus en plus de couples persistent dans le refus du mariage parce qu'ils ne voient pas ce qu'il apporte à leur condition. Pour beaucoup, « l'Institution, vidée de sa signification, est inutile [43] ».

Quoi qu'il en soit, le couple amoureux reste « la valeur première et dernière qui fonde l'union légitime ou non [44] ». L'amour se veut intense mais non passionnel, la relation paisible et non guerrière. L'union des cœurs se nourrit de la transparence propre à l'amitié. Contrairement à ce que l'on

---

42. Michel Lévy note que « le mariage intervient de plus en plus au cours de la vie commune des couples, au lieu d'en marquer le début », *Population et Sociétés*, octobre 1985, n° 195.

43. *Concubin-Concubine, op. cit.*, p. 131.

44. E. Sullerot, *Pour le meilleur et sans le pire, op. cit.*, p. 93.

a longtemps laissé croire, celle-ci n'est pas incompatible avec l'érotisme. C'est même ce sentiment qui lui donne une chance de perdurer dans les douceurs de la tendresse.

Entre le chaud et le tiède.

Il est d'usage d'opposer la chaleur du couple à la froideur de la solitude. Le temps n'est pas loin où cette dernière faisait tellement horreur qu'on préférait se contenter d'une harmonie partielle au sein du ménage. Aujourd'hui, remarque Louis Roussel, on attend du couple une réussite parfaite dans tous les domaines : affectif, sexuel, intellectuel, matériel... Rien ne sera fait pour sauver une union branlante. Au nom de l'authenticité, on se sépare. C'est le salut ou l'enfer.

Au spectre de la solitude s'est substitué l'enfer d'une vie à deux ratée. Contrairement à nos ancêtres, rien ne nous semble pire que la mésentente conjugale. La fin de la symbiose, marquée par l'absence de dialogue, nous jette dans une solitude bien plus insupportable que si nous vivions réellement seuls, déliés des contraintes imposées par la présence de l'Autre. A la douceur d'une vie fusionnelle harmonieuse, nous n'opposons plus la dureté de la vie solitaire, mais le malaise suscité par l'échec amoureux. Là est la véritable froideur à côté de laquelle la solitude nous paraît presque tiède.

S'il est vrai que nos exigences n'ont jamais été si grandes — nos grands-parents peuvent nous regarder comme des enfants gâtés —, cette évolution n'en a pas moins bien des aspects positifs. Quand l'on gémit sur le nombre croissant des séparations et des divorces, il faudrait garder à l'esprit les enfers conjugaux de jadis qui étaient autant de condamnations à perpétuité. Qui nous dira jamais le nombre de vies gâchées par la haine, la violence et la souffrance ? Aujourd'hui, nous ne permettons plus au couple d'en arriver à ces extrémités. Lorsque la mésentente se fait jour, on en prend acte et l'on se quitte « bons amis ». D'ailleurs, à quoi bon les raccommodages sommaires et provisoires quand les cœurs ne sont plus au même diapason ? Un couple branlant a perdu sa raison d'être. Faire mine de l'ignorer relève d'une hypocrisie contraire à notre morale de l'authenticité.

Résultat : le nombre des « ménages d'une personne » a augmenté d'une manière foudroyante depuis trente ans. « Vers 1950, dans la plupart des pays industriels, la fraction de la population vivant dans ce type de ménages était généralement inférieure à 3 %... Depuis, leur nombre a souvent triplé ou quadruplé [45]. » En France, on en recense près de 5 millions, soit une augmentation de plus de 70 % depuis 1962. Un ménage sur quatre est composé d'une personne seule et cette proportion monte à un sur deux à Paris, comme à New York. Ceux que l'on appelle, faute de mieux, des « célibataires » forment une population fort hétérogène. Ils désignent à la fois les véritables solitaires, les personnes qui vivent avec un ou plusieurs enfants, les

45. L. Roussel, « Les ménages d'une personne : évolution récente », *Population*, n° 6, 1983, p. 996. Il publie, p. 998, le tableau suivant :

AUGMENTATION EN % DU NOMBRE DES MÉNAGES D'UNE PERSONNE

	1re période (*a*)	2e période (*b*)	Ensemble
Allemagne	48,3	39,4	106,7
Autriche	37,4	11,3	52,9
Norvège	33,7	55,5	107,9
Pays-Bas	81,3	22,2	121,2
Suède	47,7	48,9	119,9
Suisse	79,3	76,1	217,
Canada	91,	107,3	295,4
USA	61,1	64,2	164,5

a) 1960 ou 1961 à 1970 ou 1971.
b) 1970 ou 1971 à 1980 ou 1981, sauf pour les Pays-Bas : 1971-1978.

couples à temps partiel, les concubins, etc. Mais le phénomène qui nous paraît important est le nombre grandissant de personnes acceptant de prendre le risque de la solitude. Même si la plupart l'espèrent provisoire — une phase temporaire entre deux liaisons —, la solitude devient une expérience banalisée qui risque de nous concerner tous à un âge ou l'autre de la vie. Jadis, elle touchait en priorité les femmes âgées, aujourd'hui elle progresse dans le groupe des moins de 30 ans et des divorcés. L. Roussel pense que la propension à vivre seul résulte partiellement de la plus grande précocité des divorces qui concerne davantage des couples sans enfant dont la rupture crée deux ménages d'une personne. En outre, la probabilité d'un prompt remariage a sensiblement baissé. Même si nombre de divorcés s'installent par la suite dans l'union libre, ils font souvent le détour par une période de véritable solitude.

Les temps de transit solitaire n'ont plus la même signification que jadis, car l'image du célibataire a perdu sa connotation négative. Dans la société traditionnelle, vivre seul était anormal et suspect. Dans la seconde moitié du XIXe siècle, « les statisticiens bourgeois traquaient le célibataire sur les registres d'écrou, d'hôpital, d'asile, de morgue pour démontrer sa nocivité et sa détresse [46] ». Selon les uns, leur mortalité était plus grande que celle des hommes mariés, mieux soignés par leur femme. Pour les autres, ils étaient les meilleurs candidats au suicide et au crime. Pire encore était le statut des « vieilles filles », qui ne pouvaient arguer de la condition d'artiste ou d'étudiant prolongé. Michelle Perrot résume ainsi le regard que l'on portait sur elles : « Célibataire, la femme est à la fois en danger et un danger. En danger de mourir de faim et de perdre son honneur. Menace pour la famille et la société. Oisive, si les

46. Dossier du *Nouvel Observateur*, sur les aventuriers du célibat, n° 2228, 8-14 novembre 1985.

334

bonnes œuvres ne l'accaparent pas, elle passe son temps en intrigues et en ragots... Sans famille où exercer son pouvoir, elle vit en parasite sur celle des autres... Non assignées à résidence dans leur foyer, les femmes seules circulent. Elles sont marchandes à la toilette, entremetteuses, avorteuses, un peu sorcières [47]. »

Aujourd'hui, le célibataire a droit de cité au même titre que l'individu marié, puisque l'on estime que plus de 36 % des Françaises et des Français peuvent ne jamais se marier. Mieux, la solitude est parfois le résultat d'un choix. Plus la position est élevée dans l'échelle sociale et plus le taux de célibat progresse ; de 10 % chez les ouvrières, il atteint 24 % chez les femmes cadres supérieurs [48]. Rien d'étonnant à lire les statistiques de F. de Singly qui montrent que l'état matrimonial est pour elles un handicap. Célibataires et donc plus disponibles, elles s'approprient de meilleures positions professionnelles que les hommes célibataires. Mariées, de moins bonnes positions que les hommes mariés [49]. L'ambition féminine et les carrières valorisantes sont de puissants facteurs de solitude ou d'appartements séparés. Même si les unes et les autres s'en plaignent parfois, et gémissent sur l'absence du grand amour, ce sont elles qui, en dernier ressort, préfèrent leur liberté à un lien jugé médiocre.

Reste les vrais célibataires, décidés à le rester parce qu'ils l'ont voulu. Ceux-là choisissent d'exercer leur droit à l'égoïsme absolu. Ils mettent leur disponibilité [50] au-dessus

47. *Autrement*, dossier n° 32, juin 1981 : « Célibataires », p. 223.

48. François de Singly, « Mariage, dot scolaire et position sociale », *Économie et Statistiques*, n° 142, mars 1982.

49. *Ibid.*, p. 10 : près de 28 % des femmes célibataires sont cadres moyens ou supérieurs contre 8 % des hommes célibataires ; 14 % des femmes mariées sont cadres contre 21 % des hommes mariés.

50. Les célibataires achètent trois fois plus de livres que les gens mariés, vont deux fois plus au restaurant, vont neuf fois plus au cinéma. Leurs

de tout et considèrent la vie à deux comme un obstacle à celle-ci. Militants du lit non partagé, la chaleur de leur nid leur paraît supérieure à celle des couples plus ou moins réussis. Ils aiment la découverte, l'aventure, mais aussi le silence et, par-dessus tout, ne pas se sentir obligés de faire quelque chose pour faire plaisir à l'Autre. Certes, à côté de ces solitaires triomphants, il y a les autres [51], frustrés, qui rêvent secrètement du grand amour. Ceux-là n'ont pas choisi leur solitude qu'ils traînent comme un boulet. Cependant, leur situation n'est pas catastrophique comme aux siècles précédents, et il n'est pas certain que la vie conjugale leur conviendrait mieux.

Choisie ou forcée, transitoire ou définitive, la solitude est de plus en plus préférée au lien forcé. On apprend à l'aménager et à profiter de son égoïsme. Même si elle reste synonyme de malheur pour certains, elle n'est plus envisagée comme une calamité sociale et économique. Psychologiquement, elle peut même être un plaisir. Qu'on le veuille ou non, elle devient une part de notre vie qui « éclate en séquences, plus ou moins brèves, de vies communes et de vie solitaire... A côté des individus qui connaîtront encore un cycle unique de vie familiale, le nombre ne cesse d'augmenter de ceux dont la biographie est formée de séquences juxtaposées, faites de solidarités successives et coupées de temps plus ou moins longs de solitude. Tout se passe pour eux comme s'ils disposaient de plusieurs vies très courtes au lieu d'une histoire unique [52] ».

Vivre une seule histoire d'amour jusqu'à la mort sera encore le privilège de certains. Il n'y a d'ailleurs nulle raison

---

dépenses de week-ends et de vacances sont dix fois supérieures à celles d'un ménage.

51. Voir notamment les problèmes de célibat en milieu rural. Proportionnellement, il y vit trois fois plus de célibataires qu'en ville (INSEE).

52. L. Roussel, article cité, p. 1012.

de penser qu'ils seront moins nombreux demain qu'hier. Mais si la vie à deux se révèle insupportable, voire seulement décevante, on choisit à présent la tiédeur de son « lit à soi ». A défaut de l'union parfaite avec l'Autre, nous préférons revenir à nous-mêmes et dorloter notre Moi. Ce retour à soi fortifie notre égoïsme et rend parfois plus difficile l'établissement de nouveaux liens. Tel est le prix à payer pour notre mutation. Partagés entre notre volonté d'indépendance et de complétude, et notre désir de fusion idéale, la logique qui préside à notre rapport à l'Autre oscille entre deux extrêmes : l'indifférence et l'interférence. A défaut d'être au chaud avec Toi, je choisis d'être confortable avec Moi. Mais nous avons laissé derrière nous la vieille logique de l'opposition qui engendrait haine et guerre.

Entre le chaud et le tiède, il n'y a plus de place pour le reste.

Retour à la question
du pouvoir

Le survol du temps et de l'espace a laissé entrevoir une constante relation de complémentarité entre les sexes. La distribution des pouvoirs oscille entre l'équilibre presque parfait et l'inégalité la plus flagrante. Elle commande le respect mutuel ou l'oppression brutale. Même lorsque s'imposa ici ou là le patriarcat absolu, avec la volonté d'accaparer tous les pouvoirs et sa logique de l'exclusion, l'homme marqué du signe positif et la femme du signe négatif n'en ont pas moins continué à se partager le monde. Même nanti de tous les privilèges et se voulant maître de la femme, l'homme devait encore composer avec celle dont dépendait sa reproduction, la gestion du quotidien et la paix avec les autres hommes.

Dans les sociétés occidentales, plus exigeantes que d'autres sur le chapitre de la démocratie, les femmes ont profité de l'idéologie dominante pour mettre fin à la relation inégalitaire qui les unissait aux hommes. Leurs fonctions traditionnelles dépréciées, elles n'ont pas voulu se contenter de l'antique distinction des rôles, même également partagés et revalorisés [1]. En combattant de toutes leurs forces le modèle complémentaire dont on a vu qu'il distingue l'homme du primate, elles ont ainsi fait naître un

1. Voir l'extrême valorisation de la mère au XIXᵉ siècle.

type de relations entre les sexes sans précédent dans l'histoire de l'humanité. Le monde est de moins en moins partagé en sphères féminines ou masculines qui se complètent, mais offrent un aspect uniforme auquel chaque sexe a également accès. La question de l'égalité devient insensiblement celle de la spécificité de l'Un et de l'Autre.

A ce jour, le modèle de la ressemblance, allant de pair avec le repli sur soi, semble avoir dissous la question du pouvoir. Dieu n'étant plus un enjeu pour l'Occident, il devient impossible de dire quels sont les pouvoirs d'un sexe sur l'autre, dès lors qu'ils accèdent tous deux aux sphères économique, politique, sociale, culturelle, etc. Apparemment, il ne subsiste qu'un seul type de pouvoir s'exerçant d'individu à individu : la faculté d'indifférence qui se déduit de notre liberté. On peut ne pas se lier comme on peut se séparer. Mais cette liberté-là n'est pas le pouvoir d'un sexe sur l'autre puisqu'il appartient à tous les deux.

Reste une différence essentielle qui s'est muée, grâce à la science, en inégalité fondamentale. Que les femmes portent les enfants des hommes est la constante « naturelle » qui les relie aux plus lointaines de leurs ancêtres et les distingue des hommes. Mais à la faculté éternelle de procréation s'est ajouté un pouvoir exclusif de décision sans aucune contrepartie pour la gent masculine. Même si les femmes n'abusent que rarement de leur pouvoir, les hommes savent bien qu'elles le détiennent. Admettront-ils longtemps de tout partager avec elles, sauf peut-être l'essentiel, leur reproduction, et tout d'abord la décision de procréer ? Non seulement l'idéal égalitaire de la ressemblance leur a fait perdre toutes leurs spécificités traditionnelles, mais la découverte de la contraception les met objectivement en état d'infériorité. S'ils désirent un enfant dont leur compagne ne veut pas, il leur faut s'incliner.

De leur point de vue, l'égalité des sexes est un leurre dès

qu'ils ont le sentiment d'avoir tout cédé sans compensation. D'ailleurs, beaucoup ne sont pas loin de penser qu'ils ont été floués. On comprendrait qu'ils vivent secrètement cette nouvelle étape avec des sentiments analogues à ceux éprouvés par les femmes lorsque régnait le Patriarcat Absolu, à savoir une dépossession de leurs pouvoirs.

En revanche, on peut s'étonner du silence des hommes depuis le début de cette mutation extraordinaire qui a commencé voilà vingt ans. Ni livres, ni films, ni réflexions en profondeur sur leur condition nouvelle [2]. Ils restent muets, comme tétanisés par une évolution qu'ils ne contrôlent pas. A côté de ceux qui font mine de nier le changement, et d'une poignée d'individus qui militent pour une véritable égalité parentale, nous ne constatons aucune prise de conscience masculine collective sur le nouveau rapport des sexes. Ils le nient, le subissent ou régressent silencieusement.

Le silence de la moitié de l'humanité n'est jamais de bon augure. Il faut donc s'attendre, à plus ou moins long terme, à une réponse des hommes au changement qui leur a été imposé. Celle-ci dépendra à coup sûr de la façon dont ils régleront leurs problèmes d'identité. Seront-ils mieux en mesure de cohabiter avec leur féminité intérieure ou au contraire seront-ils plus angoissés quant à l'assurance de leur virilité ?

Selon la réponse à la question, on peut imaginer deux types d'évolution visant à rétablir l'équilibre en leur faveur. Celui-ci peut être obtenu, soit en renforçant le schéma complémentaire aujourd'hui affaibli, soit en développant plus encore le modèle égalitaire de la ressemblance. Comme il n'est guère envisageable que les hommes

---

2. C'est une femme, Coline Serreau, qui a réfléchi sur la nouvelle relation entre l'homme et le bébé dans *Trois Hommes et un couffin*.

recréent un territoire ou une activité qui leur soit propre — symétrique de la maternité pour les femmes —, reste l'hypothèse d'une réaction pure et simple. Grâce à un renversement idéologique, les hommes pourraient, sous un prétexte nataliste, imposer aux femmes un brutal retour en arrière. Il suffirait de leur enlever la maîtrise de leur fécondité [3] (suppression de la contraception et du droit d'avorter), pour qu'elles retournent dans leur foyer prendre soin d'une progéniture dont elles ne contrôleraient plus le flux... Solution qui n'est pas impossible en période de crise ou de guerre.

D'autres hypothèses peuvent être formulées, qui respecteraient les libertés conquises par les femmes, même si elles supposent des limites à leur toute-puissance procréatrice. Ainsi, les hommes pourraient reprendre leur responsabilité en matière de procréation [4]. Bien que rares soient les cas où ils sont traités en simples géniteurs, l'exigence de liberté subsiste. A défaut d'égalité devant la reproduction, ils pourraient aisément partager le pouvoir de décision, ou plus précisément la responsabilité du non-désir d'enfant. Il est vrai qu'il ne s'agit là que d'une liberté négative. Mais celle-ci n'en serait pas moins importante du point de vue symbolique et psychologique.

Il se peut aussi que les hommes ne se contentent pas du pouvoir de dire non et cherchent à ôter aux femmes le privilège de la maternité. Toute évolution en ce sens impliquerait un outrage sans précédent à la Nature, qui terrorise par avance l'« honnête homme » du xxe siècle. Au demeurant, de multiples raisons peuvent être avancées pour que soit mise au point la couveuse faisant office de mère artificielle durant neuf mois pour l'embryon de la

3. Déjà aux USA et en Europe sont apparus des mouvements d'opinion moralo-natalistes qui réclament l'abolition du droit à l'avortement.
4. Par la mise au point de nouveaux contraceptifs masculins.

FIVETE [5]. Le malheur des femmes qui ne peuvent mener à terme une grossesse, le petit nombre des mères porteuses et des enfants adoptables, le « droit » si discuté à la parentalité peuvent conduire les scientifiques à travailler dans cette direction. Mais nul doute que si l'on arrive à se passer du corps des femmes, ce sont les hommes qui en seront à long terme les grands bénéficiaires. Ils pourront avoir un enfant sans mère, un peu comme certaines femmes font des enfants sans père...

A ce jour, nul ne peut envisager sans effroi le développement complet d'un fœtus *in vitro,* dans un milieu aseptisé, privé d'échanges physiologiques et affectifs avec une mère. Mais si les désirs humains l'emportent sur la peur de l'inconnu — ce qui ne serait guère une nouveauté dans l'espèce humaine —, il n'est pas impossible que les femmes partagent un jour leur prérogative avec la machine.

Reste une autre façon de voler aux femmes leur pouvoir maternel, qui impliquerait une incroyable révolution des mentalités, et en particulier celles des hommes. C'est l'éventualité de l'homme enceint. Délire ? Science-fiction ? Peut-être pas. Les deux principaux responsables du premier bébé-éprouvette français ont déjà eu l'occasion d'émettre des doutes sur son impossibilité.

En avril 1985, à une question de Michèle Manceaux pour un magazine féminin : « L'homme enceint est-il vraiment envisageable ? », le professeur René Frydman avait simplement répondu : « Il y a deux ans, je ne l'envisageais pas. Mais maintenant, franchement, je ne sais plus [6]. » Quelques mois plus tard, le père d'Amandine est nettement plus affirmatif. A un autre magazine qui lui posait la même question, il répond : « Techniquement, c'est possible... Le

---

5. FIVETE : Fécondation *in vitro* et transfert d'embryon.
6. « Le procès des mères porteuses », *Marie Claire,* avril 1985.

343

mythe de la grossesse masculine peut devenir aujourd'hui une réalité [7]. »

Plus explicite est le propos du biologiste Jacques Testart qui écrit : « On peut aussi imaginer qu'un homme demande à vivre une grossesse en recevant dans son abdomen un embryon âgé de quelques jours. Une telle demande nous a été adressée avant la naissance d'Amandine par un transsexuel. On ne peut oublier que, sur un plan strictement médical, la grossesse masculine (comme la grossesse féminine se déroulant hors de l'appareil génital) présente des risques mortels [8]. »

Néanmoins, le biologiste complète son propos par la note suivante : « La grossesse masculine n'est pas seulement un fantasme. *Deux notions physiologiques montrent qu'elle est possible* ; d'abord l'embryon humain peut se développer jusqu'à terme hors de la matrice (dans la cavité abdominale) et des enfants sont ainsi nés après césarienne ; ensuite les régulations hormonales au cours de la grossesse peuvent être assurées sans la présence des ovaires, grâce à des injections hormonales appropriées [9]. »

Au demeurant, si les deux hommes émettent un avis positif quant aux possibilités futures de l'homme enceint — à l'instar d'autres médecins américains [10] ou néo-zélandais [11] —, ils rejettent radicalement l'opportunité de telles recherches. R. Frydman pense que « c'est le monde à

7. « A quand la grossesse masculine ? », *Actuel,* n° 76, février 1986.
8. J. Testart, *De l'éprouvette au bébé spectacle,* Éd. Complexe, 1984, p. 103.
9. *Ibid.,* p. 103, note 17. (Souligné par nous.)
10. Le Dr Cecil Jacobsen, directeur du Reproductive Genetics Center de Vienna, Washington ; le Dr Landrum Shettles, directeur du service de gynécologie-obstétrique au Women's Hospital de Las Vegas. A lire l'interview qu'ils ont accordée au magazine *Actuel,* ces deux médecins américains paraissent beaucoup moins réticents que leurs collègues français à l'égard de l'homme enceint.
11. Cf. *Actuel,* février 1986.

l'envers... et qu'un médecin ne doit pas accepter de transplanter un embryon dans l'abdomen d'un homme ». J. Testart, pour sa part, place l'hypothèse de la grossesse masculine dans la liste des « détournements » de la FIVETE.

On cerne mal les principes philosophiques et moraux qui fondent le rejet d'une telle hypothèse. Mais à mesurer la réaction de la plupart des hommes à cette évocation, on se prend à douter que des équipes scientifiques se mettent à l'ouvrage pour réaliser un tel but. Cependant, les dégoûts d'aujourd'hui peuvent cacher les désirs de demain. Le fantasme de la grossesse hante depuis si longtemps l'inconscient masculin [12], qu'il n'est pas exclu que certains hommes tentent de mettre fin à une nostalgie, une impuissance qu'ils évoquent de plus en plus ouvertement.

Il est vrai qu'il y a un monde entre le fantasme et la réalité, mais jamais époque ne fut plus favorable à la réalisation des désirs et la transgression des interdits. En ouvrant aux hommes la porte de la nursery et en les associant si étroitement à l'accouchement, on les a rapprochés du nourrisson et pris le risque d'exciter chez certains des désirs jusque-là inavouables de maternité. Qui peut dire aujourd'hui que nul ne franchira l'ultime frontière, bouleversant du même coup la donne naturelle immémoriale ?

Quand la société occidentale a reconnu à la femme le droit de se débarrasser de son fœtus, elle a admis que le désir de l'adulte l'emportait sur toute autre considération et que la vie d'un être achevé était plus importante que celle d'un être en puissance. Comment savoir si l'humanité ne franchira pas une étape supplémentaire sur la voie de

12. Roberto Zapperi, *L'Homme enceint*, PUF, 1983.

l'égoïsme absolu [13], et si l'on ne fera pas naître des enfants dans des conditions contraires à la nature, au risque de leur faire courir des dangers impossibles à évaluer ? Mais, après tout, qui aurait pu jurer, il y a peu, que le premier embryon fécondé *in vitro* deviendrait un bel enfant comme les autres ?

Si l'humanité de demain accepte de voir naître des enfants maternés par une machine ou par un homme, il est probable qu'elle déclenchera une mutation de l'espèce. A supposer que de tels enfants ne soient pas des monstres, l'extrême similitude des sexes et l'individualisme radical qu'elle suppose nous paraissent *a priori* une menace pour notre survie. Comment admettre la fin du lien nécessaire établi par la nature entre la femelle mammifère et son petit ? Comment penser le rapport des sexes et la survivance des sociétés, dès lors que seraient rompus tous liens de dépendance obligée entre l'homme et la femme ?

Si la prudence nous dicte de refuser de telles hypothèses, il n'empêche que le *statu quo* auquel nous sommes parvenus implique d'ores et déjà une remise en question de nos certitudes. Hier encore, chacun s'accordait à penser que la complémentarité des rôles et des fonctions était le plus sûr critère de distinction entre l'homme et le primate [14]. Aujourd'hui, le critère devient caduc. Nous devons constater — non sans humour — que du simple point de vue de la complémentarité, nous sommes plus proches des primates que des premiers hommes... Comme si, sous cet angle-là du moins, la boucle était bouclée.

Pourtant, même si l'on admet que nos sociétés fassent

13. Les psychanalystes parlent de perversité.
14. On a vu que, chez les primates, la quête alimentaire est individuelle et qu'il n'existe nulle trace de spécialisation sexuelle, alors que la complémentarité techno-économique est le propre des rapports entre l'homme et la femme (première partie, chap. i).

une pause, nous serions bien naïfs de croire que l'évolution s'arrêtera à l'étape qui est la nôtre. Rassurons-nous en pensant que, si certaines espèces se sont jadis éteintes faute de pouvoir s'adapter aux changements écologiques, d'autres sont apparues comme autant de démentis au mythe de la fin du monde. Demain, l'espèce humaine — grâce aux découvertes scientifiques — pourrait bien se donner à elle-même les moyens d'une mutation plus radicale encore.

La fin de l'Homme ? Non, un nouvel Homme.

ANNEXE : CHRONOLOGIE DES CIVILISATIONS

Découvertes

I. Le paléolithique

Moyen : —100 000/—35 000 : *homo sapiens*, dit l'homme de Néanderthal
- Outils sur éclats.
- Culte des morts.

Supérieur : —35 000/—9 000 : *homo sapiens sapiens* (traits physiques qu'on lui connaît actuellement)
- Outillage allégé et composite en os et ivoire.
- Art pariétal et mobilier.

comporte 4 périodes :

a) —70 000/—35 000 : le moustérien

b) —35 000/—25 000 : l'aurignacien ou le périgordien
- Pointes de Châtelperron.
- Les « Vénus ».
- Pointes de la Gravette.

c) —25 000/—16 000 : le châtelperronien et le solutréen
- Aiguilles percées d'un chas.
- Feuilles de laurier.
- Chauffage du silex.

d) —16 000/—10 000 : le magdalénien
- Harpons.
- Burins.
- Raclettes.
- Outillage microlithique.

II. Le mésolithique ou épipaléolithique
De —10 000 à —5 000 au Proche-Orient

Développement des microlithes.
L'arc.
Cueillette des graminées.
Élevage embryonnaire du mouton.
Domestication des chiens.
Fabrication des pirogues.
Début de la céramique.

III. Le néolithique proche-oriental
—9 000/—4 000 : néolithique ancien
—4 000/—3 000 : néolithique moyen et final

Sédentarisation.
Agriculture.
Élevage.
Céramique et poterie.
Culte des déesses.

IV. Le chalcolithique : âge du cuivre
—3 000/—1 800

Début de la métallurgie.
Apparition du bronze.
Hiéroglyphes.
Utilisation de l'énergie animale.
La charrue.
La roue.
Poterie industrielle.
Les déesses accompagnées de dieux.
Diffusion de l'écriture linéaire.
Développement de la guerre.
Début du monothéisme juif.
Hégémonie du dieu mâle.

V. Age des métaux
—1 800 à —750 : *âge du bronze*
—1 000 à   —50 : *âge du fer*

Bibliographie

Préface et première partie

Baechler, J., *Démocraties*, Calmann-Lévy, 1985.

Balandier, G., *Anthropo-logiques*, PUF, 1974.

Beauvoir, S. de, *Le Deuxième Sexe*, collection « Idées », NRF, 1974.

Boulding, E., *The Underside of history ; a view of woman through time*, Boulder, Westview Press, 1977.

Bulletin du MAUSS, n° 10, 1984 : « La non-utilité des femmes ».

Camps, G., *La Préhistoire. A la recherche d'un paradis perdu*, Perrin, 1982.

Cauvin, J., *Religions néolithiques de Syro-Palestine*, Maisonneuve, 1972.

—, *Les Premiers Villages de Syrie-Palestine du IXe au VIIe millénaire avant J.-C.*, collection de la Maison de l'Orient méditerranéen ancien, n° 4, Série archéologique 3, Lyon, 1978.

Coppens, Y., *Le Singe, l'Afrique et l'Homme*, Fayard, 1984.

Delporte, H., *L'Image de la femme dans l'art préhistorique*, Picard, 1979.

Devereux, G., *Femme et Mythe*, Flammarion, 1982.

—, *Baubo, la vulve mythique*, J.-C. Godefroy, 1983.

Dictionnaire des mythologies, sous la direction de Y. Bonnefoy, 2 tomes, Flammarion, 1981.

Eaubonne, F. d', *Les Femmes avant le patriarcat*, Payot, 1976.

Eliade, M., *Traité d'histoire des religions*, Payot, rééd. 1983.

—, *Histoire des croyances et des idées religieuses*, tome I, Payot, rééd. 1984.

353

Escalon de Fonton, M., « La fin du monde des chasseurs et la naissance de la guerre », *Courrier du CNRS*, juillet 1977, p. 28-33.

Le Fait féminin, sous la direction d'E. Sullerot, Fayard, 1978.

Fischer, H., *La Stratégie du sexe*, Calmann-Lévy, 1983.

Gernet, L., *Anthropologie de la Grèce antique*, Champs-Flammarion, 1982.

Goodall, J., *Les Chimpanzés et moi*, Stock, 1971.

Gordon-Childe, G., *La Naissance de la civilisation*, Gonthier, 1964.

—, *De la préhistoire à l'histoire*, collection « Idées », NRF, 1963.

Guilaine, J., *Premiers Bergers et Paysans de l'Occident méditerranéen*, Hachette, 1976.

—, *La France d'avant la France, du néolithique à l'âge du fer*, Hachette-Littérature, 1983.

Héritier, F., « L'Africaine. Sexes et signes », *Cahiers du GRIF*, n° 29, automne 1984.

—, « Fécondité et stérilité : la traduction de ces notions dans le champ idéologique au stade préscientifique », in *Le Fait féminin*, Fayard, 1978.

Histoire générale des techniques, publiée sous la direction de M. Daumas, tome I, PUF, 1962.

Hrdy, S., *Des guenons et des femmes. Essai de sociobiologie*, Éd. Tierce, 1984.

James, E.O., *Le Culte de la Déesse-Mère*, Payot, 1960.

Johanson, D., et Edey, M., *Lucy, une jeune femme de 3 500 000 ans*, Laffont, 1983.

Lacoste-Dujardin, C., *Des mères contre les femmes ; maternité et patriarcat au Maghreb*, La Découverte/Textes à l'appui, 1985.

Lederer, W., *Gynophobia ou la peur des femmes*, Payot, 1970.

Leroi-Gourhan, A., *Ethnologie des sociétés primitives : les Bochimans*, cours polycopié, 1956-1957, Groupe de sociologie, Paris.

—, *Préhistoire de l'art occidental*, Mazenod, 1965.

—, *Le Geste et la Parole*, Albin Michel, 1970, 2 tomes.

—, « Les signes géométriques dans l'art paléolithique. France/Espagne », in *Courrier du CNRS*, janvier 1978.

—, *Les Racines du monde*, Belfond, 1982.

—, *Le Fil du temps*, Fayard, 1983.

—, *Les Chasseurs de la préhistoire*, A.M. Métailié, 1983.

—, *Les Religions de la préhistoire*, PUF, 1964 ; rééd. 1983.

Loraux, N., « Le lit et la guerre », in *L'Homme*, janvier-mars 1981, XXI.

—, *Les Enfants d'Athéna*, Maspero/Textes à l'appui, 1981.

—, *Façons tragiques de tuer une femme*, Hachette, Textes du xxᵉ siècle, 1985.

Lowie, R., *Traité de sociologie primitive*, Payot, 1969.

Mahindra, I., *Des Indiennes*, Éd. des Femmes, 1985.

Maringer, J., *L'Homme préhistorique et ses dieux*, Arthaud, 1958.

Markale, J., *La Femme celte*, Payot, 1972.

Mead, M., *L'Un et l'Autre Sexe*, Denoël-Gonthier, 1975.

Mellen, S., *The Evolution of love*, Oxford, W.H. Freeman, 1981.

Moret, A., *Mélanges offerts à Jean Capart*, Bruxelles, 1935.

Morin, E., *Le Paradigme perdu : La nature humaine*, Le Seuil, 1973.

—, *L'Homme et la Mort*, Le Seuil, collection « Points », 1976.

Moscovici, S., *La Société contre nature*, collection « 10/18 », UGE, 1972.

Mumford, L., *Le Mythe de la machine*, tome I, Fayard, 1973.

Otto, W.F., *Les Dieux de la Grèce*, Payot, rééd. en 1984, préface de M. Détienne.

Pelletier, A., *La Femme dans la société gallo-romaine*, Picard, 1984.

Picard, Ch., *Les Religions pré-helléniques*, PUF, 1948.

Picq, F., *Sur la théorie du droit maternel, discours anthropologiques et discours socialistes*, thèse pour le doctorat d'État, octobre 1979, Paris IX.

Przyluski, J., *La Grande Déesse*, Payot, 1950.

Reed, E., *Féminisme et Anthropologie*, Denoël-Gonthier, 1979.

Roumeguère-Eberhardt, J., *Les Maasai, guerriers de la savane*, Berger-Levrault, 1984.

Schmitt-Pantel, P., « La différence des sexes. Histoire. Anthropologie et Cité grecque », in *Une histoire des femmes est-elle possible ?*, Rivages, 1984.

Tanner, N., et Zilman, A., « Woman in evolution : innovation and selection in human origins », *Signs I* (3), 1970.

Testart, A., *Essai sur les fondements de la division sexuelle du travail chez les chasseurs-cueilleurs*, Éd. de l'École des hautes études en sciences sociales, 1986.

Vernant, J.-P., *Mythe et Pensée chez les Grecs*, 2 volumes, Maspero, 1971.

—, *Mythe et Société en Grèce ancienne*, Maspero, 1974.

Vidal-Naquet, P., *Le Chasseur noir*, rééd. LD/Fondations, 1983.

Weiner, A., *La Richesse des femmes, ou comment l'esprit vient aux hommes*, Le Seuil, 1983.

Zimbalist Rosaldo, M., et Lamphère, L., « Editor's introduction », in *Woman, culture and society*, Stanford, Stanford University Press, 1974.

Deuxième partie

Abensour, L., *Histoire générale du féminisme*, Ressources, 1921.

Ait Sabbah, F., *La Femme dans l'inconscient musulman*, Le Sycomore, 1982.

Albistur, M., et Armogathe, D., *Le Grief des femmes. Anthologie de textes féministes du Moyen Age à 1848*, Éd. Hier et Demain, 1978.

Aristote, *De la génération et de la corruption*, trad. et notes de P. Louis, les Belles Lettres, 1961.

—, *La Métaphysique*, 2 tomes, trad. et notes de J. Tricot, Vrin, 1964.

—, *De l'Ame*, trad. et notes de J. Tricot, Vrin, 1964.

Badinter, E., *L'Amour en plus*, Flammarion, 1980.

Benveniste, E., *Le Vocabulaire des institutions indo-européennes*, Éd. de Minuit, 1975, tome I.

Bettelheim, B., *Les Blessures symboliques*, Gallimard, 1971.

La Bible, traduite par les membres du rabbinat français sous la direction de Z. Kahn, Paris, Librairie Durlacher, 1952.

La Bible, traduite et présentée par A. Chouraqui, Desclée de Brouwer, 1985.

Bril, J., *Lilith ou la mère obscure*, Payot, 1981.

Cahiers de doléances des femmes, 1789, Éd. des Femmes, 1981.

356

Chalier, C., *Les Matriarches, Sarah, Rebecca, Rachel et Léa*, Le Cerf, 1985.

Chesler, P., *Les Femmes et la Folie*, Payot, 1975.

Chouraqui, A., *Des hommes de la Bible*, Hachette, rééd. 1985.

Condorcet, « Lettres d'un bourgeois de New Haven à un citoyen de Virginie », *Recherches sur les États-Unis*, tome I, 1788.

—, *Sur l'admission des femmes au droit de cité*, 3 juillet 1790.

Delaisi de Parseval, G., *La Part du père*, Le Seuil, 1981.

Deutsch, H., *La Psychologie des femmes*, tome I, PUF, 1949.

Diabate, M.-M., *Comme une piqûre de guêpe*, Présence africaine, 1980.

Diderot, *Sur les femmes* (1772), in *Œuvres complètes*, tome X, Club français du livre, 1971.

Dolle, J.-M., *Diderot, politique et éducation*, Vrin, 1973.

Duby, G., *Le Chevalier, la Femme et le Prêtre*, Hachette, 1981.

—, *Guillaume le Maréchal ou le meilleur chevalier du monde*, Fayard, 1984.

Duchet, M., « Du sexe des livres, sur *les Femmes* de Diderot », *Revue des sciences humaines*, tome XLIV, n° 168, octobre-décembre 1977.

Duhet, P.M., *Les Femmes et la Révolution, 1789-1794*, collection « Archives », Gallimard, 1977.

Dunis, S., *Sans tabou ni totem*, Fayard, 1984.

Dupuy, J., « La laïcité dans les déclarations internationales des droits de l'homme », *La Laïcité*, PUF, 1960.

Épinay, Mme d', *Correspondance avec l'abbé Galiani*, Fausto Nolini, Bari, 2 tomes, 1929 et 1933.

Eschyle, *Théâtre complet*, GF/Flammarion, 1964.

Euripide, *Théâtre complet*, GF/Flammarion, 1965.

Flandrin, J.-L., *Le Sexe et l'Occident*, Le Seuil, 1981.

Génétique, Procréation et Droit, Actes du colloque, Actes Sud, 1985.

Godelier, M., *La Production des grands hommes*, Fayard, 1982.

Gouges, O. de, *Déclaration des droits de la femme et de la citoyenne*, 1791.

Griaule, M., *Dieu d'eau*, Fayard, rééd. 1983.

Groddeck, G., *Le Livre du ça*, TEL/Gallimard, 1978.

Hippeau, C., *L'Instruction publique en France pendant la Révolution* (1881), Librairie académique.

Histoire mondiale de l'éducation, PUF, 1981.

Illich, I., *Le Genre vernaculaire*, Le Seuil, 1983.

Klein, M., *Essais de psychanalyse*, Payot, 1968.

Kristeva, J., *Pouvoirs de l'horreur. Essai sur l'abjection*, Le Seuil, 1980.

Lacroix, J., « Paternité et démocratie », *Esprit*, mai 1947.

Latreille, A., « L'Église catholique et la laïcité », *La Laïcité*, PUF, 1961.

Lévi-Strauss, Cl., *La Pensée sauvage*, Plon, 1962.

—, *Race et Histoire*, Gonthier, 1967.

—, *Mythologiques*, I, II, III, Plon, 1964, 1967, 1968.

—, *Les Structures élémentaires de la parenté*, Mouton, 1973.

Macciocchi, M.-A., *Les Femmes et leurs maîtres*, Christian Bourgois, 1978.

Le Mahabharata, vol. I, GF/Flammarion, 1985.

Mayeur, F., *L'Éducation des filles en France au XIXᵉ siècle*, Hachette, 1979.

Mendel, G., *La Révolte contre le père*, Payot, 1978.

Michel, A., *Activité professionnelle et Vie conjugale*, CNRS, 1974.

—, *Femmes, Sexisme et Sociétés*, PUF, 1977.

—, *Les Femmes dans la société marchande*, PUF, 1978.

Millett, K., *La Politique du mâle*, Stock, 1973.

Nouvelle Revue de psychanalyse, n° 7, 1973, Gallimard : « Bisexualité et différences des sexes ».

Ouvry-Vial, B., *Femmes made in USA*, Autrement, 1984.

Poulain de la Barre, *De l'égalité des sexes*, 1673, rééd. Le Corpus des œuvres de philosophie de langue française, Fayard, 1984.

Rabaut, J., *Histoire des féminismes français*, Stock, 1978.

Rocheblave-Spenlé, A.M., *Les Rôles masculins et féminins*, PUF, 1964.

Roncin, F., *La Grève des ventres*, Aubier, 1980.

Rougemont, D. de, *L'Amour et l'Occident*, collection « 10/18 », UGE rééd. 1977.

Rousseau, J.-J., *L'Émile*, in *Œuvres complètes*, tome IV, Bibliothèque de la Pléiade, NRF, 1969.

Sullerot, E., *Histoire et Sociologie du travail féminin*, Stock, 1971.

Thalmann, *Être femme sous le IIIe Reich*, R. Laffont, 1982.

This, B., *Le Père : acte de naissance*, Le Seuil, 1980.

Thomas, *Sur le caractère, les mœurs et l'esprit des femmes*, 1772.

Tillion, G., *Le Harem et les Cousins*, Le Seuil, 1966.

Tocqueville, A. de, *De la démocratie en Amérique*, GF/Flammarion, 1981.

Tristan, A., et Pisan, A. de, *Histoires du MLF*, Calmann-Lévy, 1977.

Vingt-cinq ans d'histoire du Planning familial, Éd. Tierce, 1982.

Zénié-Ziegler, W., *La Face voilée des femmes d'Égypte*, Mercure de France, collection « Mille et une femmes », 1985.

Troisième partie

Alberoni, F., *L'Amitié*, Ramsay, 1985.

Badinter, E., « Des causes de l'évolution du modèle paternel », *Le Groupe familial*, n° 92, juillet-septembre 1981.

Ballorain, R., *Le Nouveau Féminisme américain*, Denoël-Gonthier, 1972.

Benedeck, Th., « Parenthood as a developmental phase », in *Journal of the American psychoanalytic Association*, 1959, 7.

Caron, J., *Des mères célibataires*, Pierre Horay, 1982.

Castro, G., *Radioscopie du féminisme américain*, Presses de la Fondation nationale des sciences politiques, 1984.

Chalvon-Demersay, S., *Concubin-Concubine*, Le Seuil, 1983.

Clément, C., et Cixous, H., *La Jeune Née*, collection « 10/18 », UGE, 1975.

David, C., « Rapport sur la bisexualité psychique », *Revue française de psychanalyse*, n°s 5-6, 1975.

Delaisi de Parseval, G., et Lallemand, S., *L'Art d'accommoder les bébés*, Le Seuil, 1980.

Delaisi de Parseval, G., et Janaud, J., *L'Enfant à tout prix*, Le Seuil, collection « Points », 1985.

Deleuze, G., et Guattari, F., *L'Anti-Œdipe*, Éd. de Minuit, 1973.

Le Divorce en France, 3 vol., publié par le ministère de la Justice et l'INSEE, 1981.

Doucet, G., et Élia, Dr D., *Femme pour toujours, la ménopause oubliée*, Hachette, 1985.

Feigen-Fasteau, M., *Le Robot mâle*, Denoël-Gonthier, 1980.

Femmes et Russie 1980, collectif de rédaction de l'Almanach, Éd. des Femmes, 1980.

Freud, S., *Naissance de la psychanalyse*, PUF, 1979.

—, *Les Trois Essais sur la théorie de la sexualité*, collection « Idées », NRF.

—, *Névrose, Psychose et Perversion*, PUF, 1973.

—, « Analyse terminée et analyse interminable » (1939), *Revue française de psychanalyse*, mai-juin 1975, n° 3.

Frischer, D., *Les Mères célibataires volontaires*, Stock 2, 1979.

Frydman, R., *L'Irrésistible Désir de naissance*, PUF, 1986.

Garcia, I., *Promenade femmilière. Recherches sur l'écriture féminine*, Éd. des Femmes, 1981.

Gorny, V., *Le Divorce en face*, Hachette, 1985.

Hermann, C., *Les Voleuses de langue*, Éd. des Femmes, 1976.

Irigaray, L., *Speculum. De l'autre femme*, Éd. de Minuit, 1974.

—, *Ce sexe qui n'en est pas un*, Éd. de Minuit, 1983.

—, Entretien avec X. Gauthier et A.M. de Vilaine, revue *Sorcières*, n° 20, « La nature assassinée ».

Kreisler, F., « Les intersexuels avec ambiguïté génitale », *La Psychiatrie de l'enfant*, vol. XIII, fasc. 1, PUF, 1970.

—, « L'enfant et l'adolescent de sexe ambigu ou l'envers du mythe », *Nouvelle Revue de psychanalyse*, n° 7, 1973.

Laplanche, J., et Pontalis, J.B., *Vocabulaire de psychanalyse*, PUF, 1967.

Leclerc, A., *Parole de femmes*, Grasset, 1976.

Le Garrec, E., *Un lit à soi*, Le Seuil, collection « Points », 1981.

Lilar, S., *Le Malentendu du deuxième sexe*, PUF, 1962.

Lipovetsky, G., *L'Ère du vide*, Gallimard, 1983.

Maggiori, R., *De la convivance*, Fayard, 1985.

Marbeau-Cleirens, B., *Les Mères célibataires et l'Inconscient*, J.P. Delarge, 1980.

BIBLIOGRAPHIE

Martin-Fugier, A., *Les Indépendantes*, Grasset, 1985.

Mitscherlich, M., *La Fin des modèles*, Éd. des Femmes, 1983.

Mitscherlich, M., et Dierichs, H., *Des hommes. Dix histoires exemplaires.* Éd. des Femmes, 1983.

Le Monde de l'éducation, mars 1985.

Money, J., Hampson, J.G., Hampson, J.L., « Imprinting and the establishment of gender rôle », *Arch. Neurol. Psych.*, 77, 1957.

Norvez, A., Court, M., Vingt-Trois, A., *Dossier : La cohabitation juvénile*, Belgique, Chalet, 1979.

Nouvelle Revue de psychanalyse, n° 7, 1973, Gallimard, « Bisexualité et différence des sexes ».

Orr, A., *Devenir père*, Dossier 90, F. Nathan, 1981.

Partisans, *Libération des femmes*, F.M. Maspero, 1974.

Les Pères aujourd'hui, Actes du colloque international, 17, 18, 19 février 1981, INED, 1982.

Platon, *Le Banquet*, GF/Flammarion.

Revue *Autrement*, n° 32, juin 1981, « Les célibataires ».

—, n° 61, juin 1984, « Pères et fils, masculinités aujourd'hui ».

—, n° 72, septembre 1985, « Objectif bébé... ».

Revue *Le Débat*, n° 36, septembre 1985, Gallimard « Le droit, la médecine et la vie ».

Revue *Le Genre humain*, n° 10, printemps-été 1984, Ed. Complexe, « Le masculin ».

Revue *Le Groupe familial*, n° 84, juillet 1979, « Vouloir un enfant ».

Revue *Sorcières*, Éd. Garance, voir en particulier :

—, n° 4, « Enceintes ».

—, n° 7, « Écritures ».

—, n° 9, « Le sang ».

—, n° 20, « La nature assassinée ».

Stoller, R., *Recherches sur l'identité sexuelle*, Gallimard, 1978.

—, « Création d'une illusion : l'extrême féminité chez les garçons », *Nouvelle Revue de psychanalyse*, n° 4, 1971.

—, « Faits et hypothèses : un examen du concept freudien de la bisexualité », *Nouvelle Revue de psychanalyse*, n° 7, 1973.

Sullerot, E., *Demain les femmes*, R. Laffont, 1965.

—, *Pour le meilleur et sans le pire*, Fayard, 1984.

Tabard, N., *Besoins et Aspirations des familles et des jeunes*, Éd. par la

BIBLIOGRAPHIE

Caisse nationale des allocations familiales et le Centre de recherches et de documentation sur la consommation, 1974.

Testart, J., *De l'éprouvette au bébé spectacle*, Éd. Complexe, 1984.

Vallée, E., « Les anti-mères », *Perspectives psychiatriques*, 1978, IV, n° 68.

—, *Pas d'enfant, dit-elle*, Éd. Tierce, 1981.

Wolff, E., *Les Changements de sexe*, Gallimard, 1946.

Yogman, Dr M., « La présence du père », *Autrement*, n° 72, septembre 1985 : « Objectif bébé... ».

Yvert-Jalu, H., « Le divorce en Union soviétique », *Femmes, Sexisme et Sociétés*, PUF, 1977.

Zapperi, R., *L'Homme enceint*, PUF, 1983.

Table

TROISIÈME PARTIE

L'Un *est* l'Autre

ACHEVÉ D'IMPRIMER
LE 12 DÉCEMBRE 1986
SUR LES PRESSES DE
L'IMPRIMERIE HÉRISSEY
À ÉVREUX (EURE)
POUR LE COMPTE DE FRANCE LOISIRS
123, BOULEVARD DE GRENELLE, PARIS

N° d'Éditeur : 12124
N° d'Imprimeur : 41447
Dépôt légal : décembre 1986
Imprimé en France